드림 프로듀서

박명성 스페셜 에디션

Producer

Dream

북하우스

김진, 〈맘마미아!〉 무대 스케치.

신시 30년

연극에 입문한 지 어느덧 35년이 되었다. 2018년은 신시가 창단 30주년을 맞은 해였다. 30여 년간 나는 프로듀서로서, 소재를 찾는 일에서부터 공연 후 뒤풀이까지 책임지는 역할을 해왔지만, 고작 30여 년의 연극쟁이 노릇으로 폼 잡을 만한 일을 한 것은 눈을 씻고 봐도 없는 듯하다. 다만 젊음을 밑천 삼아 패기 있게 살아온 것만은 자신할 수 있다. 공연예술계의 열악한 환경 속에서도 모험적이고 위험한 발상의 작품들을 쉴 틈 없이 구상하고 만들어냈으니 말이다.

그동안 참 많은 연극과 뮤지컬을 무대에 올렸다. 작품 수만큼이나 우여곡절도 많았다. 언제나 막이 열릴 때면 아쉬움과 부족함을 느끼곤 했지만, 긴 세월 부모처럼, 형제처럼 묵묵히 지켜봐주신 분들, 항상 함께해준 스태프와 배우들 덕에 든든함을 느끼고 부족함도 채워나갈 수 있었다. 무엇보다 우리 작품을 사랑해준 관객들 덕분에 그래도 행복한 연극쟁이의 길을 걸어올 수 있었다.

신시는 연극과 뮤지컬, 두 장르 모두 균형 있게 작업해왔다. 사람들은 돈 안 되는 연극을 왜 하느냐고 묻지만, 나는 미래의 신시를 이끌어갈 후진들에게 무대예술의 기본과 뿌리를 깨닫게 해주고 싶었다. 연극을 잘 만드는 집단이 뮤지컬도 잘 만든다는 확신을 주고 싶었다. 지금까지 이런 연극정신을 바탕으로 작품을 개발하고 운영해왔다. 하지만 이것으로 만족하고 머무른다면 한가한 생각이다. 이제 컴퍼니의 운영부터 작품의 제작 시스템까지 끊임없는 변화와 혁신을 이루지 못하면 살아남기 어려운 세상이 되었기 때문이다.

한동안 정체되었던 세계 공연시장의 트렌드가 이제 1년이 다르게 진화하고 있다. 변화의 속도가 너무 빨라 숨이 가쁠 정도다. 불과 10년 전 뉴욕과 런던의 작품 스타일과 지금의 작품들을 비교해보면 전혀 과장이 아님을 알 수 있다. 세계의 공연시장은 번뜩이는 아이디어와 기상천외한 메커니즘으로 탄성을 자아내는 공연들이 쏟아져나오고 있다. 감동적인 스토리와 경이로운 기술력의 결합을 주목해야 한다. 공연 프로듀서에게는 하이테크 사회에서도 공연이 도태되지 않도록 고민해야 하는 숙제가 더해진 셈이다.

세계 공연시장이 급변하고 있지만, 신시의 미래는 밝다. 우리는 도전적인 콘텐츠뿐 아니라 안정적인 콘텐츠를 가장 많이 보유하고 있다. 게다가 나로 인해 모험 속에서 살아온 모든 구성원이 어떤 어려움도 극복할 수 있다는 엄청난 맷집과 자신감이 있다. 그래서 신시의 미래는 밝다. 우리는 한길을 뛰는 마라토너와 같은 심정으로 묵묵히 달릴 것이다. 성공과 실패를 거듭하며 축적된 노하우가 있지만, 여전히 매 작품마다 새롭게 시작하는 마음으로 만들겠다는 각오를 다진다. 또한 앞으로 30년은 차세대 후진들에게 배턴을 넘겨주기 위한 준비에 힘쓸 것이다.

이제, 젊고 번뜩이는 아이템으로 무장한 후진들이 무대 중심에 설 수 있게 사람을 키우는 리더십이 필요한 때다. 후진들이 책임 있는 공연 제작을 이어가도록 세대교체의 좋은 본보기가 되고 공연계의 귀감이 되어야 한다. 자유로움 속에서도 비전을 공유하며 상호 존중이 이뤄지도록 리더십을 펼친다면, 신바람 나는 조직문화가 정착될 것이다. 이를 바탕으로 세계 공연 트렌드와 발맞춰간다면 앞으로도 한국 공연계에서 중추적인 역할을 해나갈 수 있지 않을까 소망해본다.

신시 30주년을 맞아 전작 세 권 중 글을 선별하고 다듬고 덧붙여서 한 권의 통합본을 만들었다. 그간 프로그램에 쓴 원고와 강의자료들에 살을 붙인 제작노트라고 생각하면 될 것 같다. 작업의 전 과정과 뒷이야기를 소개하고, 무대가 생생히 느껴지도록 사진도 최대한으로 실었다. 공연예술을 사랑하는 관객들에게는 즐거운 작품 기행이, 공연예술을 공부하는 예술학도들과 현장에서 뛰고 있는 프로듀서들에게는 아주 작은 참고가 되길 바란다.

마지막으로 15년, 20년 넘게 긴 세월 동안 작품마다 신뢰를 쌓으며, 신시를 '믿고 보는 브랜드'로 자리잡도록 이끌어온 최은경 대표를 비롯, 정소애 본부장, 박지형 실장, 최승희 실장, 이지영, 이재은, 김태훈 연출팀, 오춘택 본부장, 신선영 실장, 김아롬, 최태권, 이은진, 김세라, 양능문, 이정욱, 박주영, 장원석, 이윤희, 정옥희, 백현지, 박지현, 김민하, 김상우, 박혜미, 박준경, 이민정, 이희정, 도현태, 이용재 등 신시 식구들에게 뜨거운 감사를 전한다. 참으로 최고의 앙상블팀이다.

그리고 돈키호테보다 어려운 것이 돈키호테의 가족이 되는 것이다. 특히 내가 연극쟁이의 삶을 살도록 방목해준 아내에게 미안하고 고마운 마음이다. 아내와 정윤, 찬웅에게 돈키호테의 사랑을 전한다.

박명성 

천재소녀가 열연하는 뮤지컬 〈마틸다〉 중에서 ‘어른이 되면(When I grow up)’. 이 작품에서 명장면 중의 명장면으로 손꼽힌다.

차례

뮤지컬 〈아리랑〉
제작기간 3년 동안 46억 원의 제작비가 투입된 〈아리랑〉은 〈댄싱 섀도우〉 이후 가장 모험적이고 위험한 발상의 도전이었다. 때때로 "얼마나 망하는지가 문제다"라고 농담을 하기도 했다. 30년 넘게 연극쟁이로 살면서 성공하는 선택만 하지는 못했지만 항상 멋진 선택을 했다는 자부심은 있다.

뮤지컬 〈고스트〉

내 가슴을 뛰게 만든, 도전해보고 싶게 만든 점은 무대 메커니즘이었다. 환상 그 자체! 마술까지 동원한 무대 메커니즘의 최첨단을 보여주고 싶었다. 〈맘마미아!〉에 쓰인 특수 조명기의 숫자는 180대였고, 〈아이다〉가 240대를 썼다. 〈고스트〉에는 무려 400대가 쓰였다.

뮤지컬 〈아이다〉

이집트가 중앙아시아 전체를 식민지화했던 시절, 누비아 공주 아이다와 이집트 파라오의 딸 암네리스 공주, 그리고 두 여인에게 사랑받는 라다메스 장군의 슬픈 사랑 이야기를 소재로 한 〈아이다〉. 이 작품의 아름다운 스토리와 무대는 브로드웨이에서 4년 가까이 롱런하며 세간의 이목을 집중시켰다.

뮤지컬 〈시카고〉
화려한 무대와 숨막히는 군무, 재지한 음악 속에 댄서가 핑거스냅을 시작하면 객석은 마법에 걸린 듯 숨을 죽인다. 서울에서도 브로드웨이에서도 시카고의 열기는 식을 줄 모른다.

천재소녀의 이야기, 뮤지컬 〈마틸다〉

'어린이 뮤지컬'이란 낙인은 반갑지 않은 게 사실이다. 흥행면에서나 작품성 평가에서나 도움될 것이 없다. 그럼에도 불구하고 〈빌리 엘리어트〉에 이어, 또 한 번 아이들을 주인공으로 내세웠다. 단언컨대, 후회는 없다. 성인 배우 못지않게 치열하게 무대에 오른 작은 배우들의 열정에 오히려 정신이 번쩍 들었다.

뮤지컬 〈원스〉

〈원스〉는 청각의 즐거움에 초점을 맞춘 작품이다. 연극적인 스타일의 작품으로 현란한 조명도 격렬한 춤도 없고 무대도 원 세트 개념이다. 없는 것이 또 하나 있는데, 바로 오케스트라다. 대신 13명의 배우들이 2시간 30분 동안 직접 악기를 연주하면서 노래를 부른다. 배우들이 오케스트라인 셈이다. 그래서 〈원스〉에는 76개의 마이크 주파수를 사용했다.

기적의 아이들, 뮤지컬 〈빌리 엘리어트〉

관객을 행복하게 하는 꿈, 그래서 내가 행복해지는 꿈. 그 꿈의 질료는 바로 작품이다. 그런 점에서 〈빌리 엘리어트〉는 특별한 애착이 가는 작품이다. 녹록치 않은 현실에 발을 딛고, 손에 잡히지 않을 듯한 꿈을 쫓는 소년의 이야기가 마치 1세대 프로듀서의 숙명을 닮았다.

POLICE

연극 〈렛미인〉

연극 〈렛미인〉은 레플리카 방식으로 제작되었다. 오리지널 스태프들을 참여시키려면 제작비의 규모가 달라진다. 대형 뮤지컬에서는 일반화되었지만 최대한 제작비를 아껴도 적자가 나기 일쑤인 연극에서는 엄두도 못 낼 시스템이다. 수익성 면에서는 망하기로 작정을 했기에 시작할 수 있었다. 연출가 존 티파니는 이 연극을 계기로 뮤지컬 〈원스〉와 〈피노키오〉, 연극 〈해리포터〉, 〈유리동물원〉 등을 연출하면서 세계적인 연출가가 되었다.

뮤지컬 〈맘마미아!〉

〈맘마미아!〉는 중년들의 가슴에 불을 질렀다. 불길이 워낙 거세 같이 있던 젊은 사람들의 가슴에도 번질 정도였다. 공연이 끝날 즈음에는 자신도 모르게 일어나 춤을 췄고, 공연이 끝나자 모두들 일어나 기립 박수를 쳤다.

제1부

돈키호테의 꿈

김진, N_either11c09, 117×91cm, oil on linen, 2011

돈키호테는 미쳤고
미치지 않은 돈키호테는 아무 매력이 없다.
그래서 일 저질렀다는 말을 들어야 한다.
그 말을 듣는 동안에는 아직은 내가 쓸 만한
프로듀서일 것이기 때문이다.

박명성, 또 일 저질렀네!

가장 처절한 실패의 기억은 뮤지컬 〈갬블러〉다. 변명의 여지가 없는 실패였다. 책임감이나 사명감을 가지고 있었던 것도 아니고, 새로운 도전을 한 것도 아니었다. 그저 자만한 프로듀서가 흥행 성적을 빨리 내고 싶어 벌인 과욕의 결과였다. 1990년대 후반, 뮤지컬 관객이 많지 않았던 시기에 초연의 막을 내린 지 두 달 만에 재공연이라니 말도 안 되는 결정이었다. 이 실패를 통해 과욕에 대한 경계와 최악의 상황에 대한 대비가 필요하다는 것을 배웠다. 그래도 여전히 부끄러운 실패의 기억이다.

연극쟁이로 살면서 가장 아쉬웠던 실패는 뮤지컬 〈댄싱 섀도우〉였다. 7년 동안 45억 원을 들인 작품으로 극본, 연출, 음악, 안무, 무대 · 의상 · 조명 디자인 등을 해외 유명 아티스트에게 맡기는 파격적인 시도를 했다. 공연예술계에서도 한국 창작 뮤지컬 제작 시스템의 수준을 한 단계 높였다는 평가를 해주었다. 그러나 흥행에는 실패했다.

당시 내가 받았던 충격은 컸다. 나 자신에 대한 실망감, 이렇게 공을 들인 작품에 호응해주지 않는 관객에 대한 섭섭함, 무대공연 자체에 대한 회의감 등이 한꺼번에 몰려왔다. 우리 컴퍼니 식구들을 볼 낯도 없었다. 불면증에 시달릴 만큼 괴로웠다.

그때 내게 다시 일어설 힘을 주신 분이 김성녀 선생이다. 선생은 내 제안을 한 번도 거절하신 적이 없다. 아무리 바빠도 어떻게든 시간을 쪼개서 우리 작품에 출연해주셨다. 뮤지컬 〈댄싱 섀도우〉에서도 극의 중심을 잡아주셨고, 뮤지컬 〈엄마를 부탁해〉에서는 엄마 역을 맡아주셨다. 이외에도 함께 작업한 작품들이 많다. 선생은 좌절하고 있는 내게 이렇게 말씀하셨다.

"너무 낙담하지 마. 박 대표는 우리 연극계의 희망이야. 충분히 이걸 딛고 일어설 수 있어."

그러고는 출연료를 받지 않겠다는 말까지 하셨다. '일방적으로' 출연료를 드리긴 했지만 선생은 끝까지 받지 않겠다고 하셨다. 출연료의 문제가 아니라 선생의 그런 마음이, 앞으로 어떻게 컴퍼니를 다시 일으켜 세워야 할까 고민하고 있는 나에게 큰 용기와 힘이 되었다. 금전적인 면에서 보면 〈댄싱 섀도우〉가 〈갬블러〉보다 더 큰 실패이지만 부끄러운 기억은 아니다. 새로운 제작 시스템에 대한 시도였고, 새로운 도전이었기 때문이다.

"박 대표, 또 일 저질렀네!"

〈댄싱 섀도우〉의 실패 이후, 김성녀 선생은 내가 어려운 도전을 할 때

런던에서 열린 뮤지컬 〈댄싱 섀도우〉의 첫 워크숍. 웨스트엔드의 노련한 배우들이 참가해서 새로운 대본과 노래를 처음으로 무대에 올렸다. 지금 생각해도 대단히 과감한 시도였음이 틀림없다.

뮤지컬 〈댄싱 섀도우〉
차범석의 〈산불〉을 원작으로 한 창작 뮤지컬인 이 작품은 금전적인 면에서는 손실을 보았지만 해외 유명 아티스트들과 창작 작업을 함께 하면서 선진 제작 시스템을 배운 것은 또 다른 자산이 되었다. 〈댄싱 섀도우〉는 그해 한국뮤지컬대상에서 4개 부문의 상을 휩쓸었고 최우수작품상까지 받는 등 작품성에서도 좋은 평가를 받았다.

마다 이렇게 말씀하셨다. 그러시면서 우리 공연의 티켓 판매 순위를 직접 확인하시고 전화로 걱정을 해주시고 작품이 잘되면 너무 좋다고 기뻐해주신다. 그리고 함께 일을 저질러보자고 말씀드리면 두말없이 동참해주신다.

비슷한 말씀을 해주시는 분이 또 있다. 손숙 선생이다. 연극 〈엄마를 부탁해〉 재공연에 엄마 역을 맡으셨을 때였다. 재공연은 대극장인 국립중앙박물관의 용극장을 선택했다. 초연 때도 600석이 넘는 세종문화회관 M시어터에서 한다고 주변분들에게 걱정을 들었던 터였다. 작품에 대한 자신감, 대극장 연극의 가능성 타진 등의 이유로 M시어터를 선택했는데 두 달 동안 거의 매진이었다. 그런데 용극장은 800석인데다, 위치도 M시어터에 비해 열악하다. 지역적인 환경 면에서는 척박한 변두리 지역이나 다름없었다.

"박 대표 너는, 도대체 이 큰 극장에다가…. 어떡하려고 찬바람 부는 이 겨울에 허허벌판에 있는 극장을 잡았어? 두 달 동안 손님을 어떻게 채우려고, 무슨 똥배짱으로 그러는 거야?"

그리고 공연이 성공한 이후에는 이렇게 말씀해주셨다.

"우리 박 대표가 키가 작달막해도 통이 커. 추진력도 좋고, 자기 생각에 확신을 갖고 밀고 나가는 배짱도 좋고 말이야. 역시 작은 거인이야."

'또 일 저질렀다', '무슨 똥배짱이냐', '역시 작은 거인이다'라는 선생들의 말에서 나는 걱정과 기대, 칭찬과 나무람을 한꺼번에 듣는다. 나는 이런 말씀을 해주시는 것이 좋다. 내가 매너리즘에 빠지지 않고 새로운 시도를 하고 있다는 증거이고, 그런 나를 걱정해주시는 마음을 느낄 수 있으니 말이다.

돈키호테 같은 프로듀서

대형 창작 뮤지컬 〈아리랑〉 얘기를 안 할 수가 없다. 〈아리랑〉은 조정래 선생의 대하소설을 원작으로 한 작품이다. 내가 『아리랑』을 뮤지컬로 만들겠다고 하자 조정래 선생께서 "지금까지 신시컴퍼니를 이끌어온 걸로 봐서는 박명성이는 하겠다, 해라, 아리랑이 이제 주인을 찾았다" 하고 말씀하셨다. 영화, TV 드라마, 뮤지컬로 만들겠다고 찾아온 사람은 많았는데 결과물은 없었다는 것이다. 그만큼 무대 언어로 바꾸기 어려운 작품이다.

3년 동안 46억 원의 제작비가 투입된 〈아리랑〉은, 〈댄싱 섀도우〉 이후 가장 모험적이고 위험한 발상의 도전이었다. 때때로 "얼마나 망하는지가 문

7년 동안 45억 원을 들인 뮤지컬 〈댄싱 섀도우〉. 극본부터 연출, 음악, 안무, 무대 · 의상 · 조명 디자인까지 해외 유명 아티스트에게 맡기는 파격적인 시도를 했다. 공연예술계에서도 한국 창작 뮤지컬의 수준을 한 단계 높였다는 평가를 해주었다. 그러나 흥행에는 참패했다. 연극쟁이로 살면서 가장 뼈아픈 경험이었다.

오랜 노력 끝에 만들어진 〈아리랑〉은 2015년 7월 LG아트센터에서 두 달 동안 관객을 만났다.

제다"라고 농담을 하기도 했다. 30년 넘게 연극쟁이로 살면서 성공하는 선택만 하지는 못했지만 항상 멋진 선택을 했다는 자부심은 있다. 창작 뮤지컬의 새로운 길을 열어간다는 생각으로 열정적으로 작업했다. 오랜 노력 끝에 만들어진 〈아리랑〉은 2015년 7월 LG아트센터에서 두 달 동안 관객들을 만났다.

"주옥같은 캐릭터와 이야기와 문장과 풍경 묘사와 상황 들을 1퍼센트도 담지 못했습니다. 하지만 원작에 누가 되지 않으려 몸부림친 날들이 숱하다는 것만은 알아주십시오."

연출이 원작자에게 고백한 말이다. 숱한 몸부림의 날들은 나도 잘 안다. 연출뿐 아니라 배우, 스태프, 신시의 기획팀은 저마다 자기 분야에서 몸부림을 쳤다.

그렇게 각자가 자기 자리에서 최선을 다해준 덕분에 공연은 120퍼센트 성공을 거두었다. 공연 초반을 제외하고는 매회 매진이었다. 평소 초대해달라던 지인들이 나에게 표를 사달라고 부탁할 정도였다. 중장년 관객층이 두터운 〈맘마미아!〉보다도 중장년 관객들의 비중이 높았던 점도 긍정적이었다. 50대부터 70대까지 손을 잡고 온 부부 관객이 많았다. 평소 뮤지컬이란 장르를 즐겨 보지 않던 어르신들까지 찾아오면서, 관객의 저변 확대에도 기여를 한 것이 아닌가 생각한다. 조정래 선생도 몇 번을 보시고는 "주위 사람들이 너무 좋아한다, 특히 영상 전문가인 아들이 스토리와 영상이 빈틈이 없을 정도로 적절하게 사용되었다고 하더라"라고 하시며 행복해하셨다.

2개월 동안 5만 명이 넘는 관객이 〈아리랑〉을 만났다. 어떤 관객은 슬프고 처연하고 답답하고 울화가 치민다고 했다. 티슈 몇 장으로는 흐르는 눈물을 다 닦을 수 없었다고 했다. 득보와 수국이 달콤한 사랑을 속삭일 때조차 눈물이 났다고 했다. 그렇게 울고도 남은 울음이 있어서 목이 아프고 다음 날 아침까지도 눈이 아팠다고 했다. 낡디 낡았다고 여겼던 아리랑이 이렇게 깊게 현재의 아픔으로 다가올 줄 몰랐다고 했다.

고맙지 않은 사람이 없다. 조정래 선생을 비롯해 연출, 스태프, 배우, 기획팀 그리고 관객들까지 모두에게 감사의 인사를 드린다. 이분들 덕분에 〈댄싱 섀도우〉 때 맺혔던 한을 한꺼번에 날려버릴 수 있었다. 덕분에 조금은 뒤로 물러서는 여유를 가질 수 있었다. 프로듀서의 자리가 그렇다. 공연이 성공하면 뒤로 물러서서 감사의 인사를 하고 박수를 치면 된다. 그러나 실패하면 공연에 참여했던 모든 사람들 앞에서 비바람을 막아주어야 한다.

실패했더라도 나는 '이럴 줄 알았다' 하면서 새로운 꿈을 향해 나아갔을 것이다. 공연을 만드는 데는 정답이 없다. 연극을 만드는 일은 혼을 담아내는 작업으로, 자신의 뜻에 따라 나아갈 뿐 고정된 형식이나 관념에 구속될 필요가 없다. 뮤지컬 〈아리랑〉이 성공했다고 그것이 정답은 아니다. 수많은 선택지 중에 오로지 〈아리랑〉만의 개성을 살릴 새로운 스타일을 선택했을 뿐이다. 용기 넘치는 일을 반복하다 보면 성공한 작품도 있고 실패한 작품도 있다. 쓰디쓴 실패의 구배길 없이 곧게 뻗기만 하는 삶이 어디 있던가. 낙담도 좌절도 즐겨야 한다. 모든 것을 내동댕이치고 싶을 때가 바로 성공의 문턱에 다다랐다는 증거라 여기며 작업해왔고 앞으로도 그럴 것이다.

〈아리랑〉이 연일 매진 행렬을 하고 있다는 소문이 돌면서 만나는 사람마다 돈을 좀 벌었느냐고 묻는데 어림없는 소리다. 두 달 내내 만석이었어도 초연으로는 손익분기점을 맞추지 못한다. 그러나 소문이 퍼지기 시작한 후로는 내내 매진되어 객석만은 초대박이 났다. 재공연에 대한 명분, 재공연에 대한 기틀을 만든 것이고, 상업 뮤지컬로 거듭날 수 있다는 자신감도 얻었다.

하루 연장한 마지막 공연의 무대인사에서 김성녀 선생이 "박명성 대표가 〈아리랑〉을 계속할 수 있게, 새로운 창작 뮤지컬을 할 수 있게 신시의 〈원스〉, 〈아이다〉, 〈맘마미아!〉, 〈시카고〉도 많이 봐달라"고 하셨다. 객석에서는 폭소가 터졌고, 나는 얼굴이 붉어지는 고마움을 느꼈다. 그렇지 않아도 또다시 다음 작품을 만들 예정이다. 여러 가지 감동적인 소재들을 개발하고 있고, 언젠가 꼭 무대에 올릴 것이다. 그 무렵이 되면 창작 뮤지컬을 하라고 하셨던 김성녀 선생을 비롯한 많은 어른들께서 또 말씀하실 것이다.

"박 대표, 또 일 저질렀네! 박명성 똥배짱을 누가 말려!"

그 똥배짱의 결과가 신통치 않으면 나도 후회할지 모른다. '이럴 줄 알았다' 하고 말이다. 그러나 다음 해에도 또 그 다음 해에도, 이런 걱정과 응원을 듣고 싶다. 프로듀서로 살고 있는 한 '저지르는' 작품을 하고 싶다. 세밀한 전략을 세우고 저지르는 것이 아니라 저질러놓고 치밀한 전략을 세우는 프로듀서로 살고 싶다. 햄릿처럼 심사숙고하고 고뇌하는 프로듀서가 아니라 돈키호테처럼 일단 시작부터 하고 보는 프로듀서가 되고 싶다. 돈키호테는 미쳤고 미치지 않은 돈키호테는 아무 매력이 없다. 그래서 일 저질렀다는 말을 들어야 한다. 그 말을 듣는 동안에는 아직은 내가 쓸 만한 프로듀서라는, 존재 이유가 있는 프로듀서일 것이기 때문이다.

〈엄마를 부탁해〉를 함께한 전무송, 손숙 선생. 연극계 어른들의 걱정과 기대, 칭찬과 꾸중 덕에 나는 매너리즘에 빠지지 않을 수 있었는지도 모른다.

〈아이다〉는 〈라이온킹〉, 〈미녀와 야수〉, 〈타잔〉 등과 함께 디즈니를 대표하는 뮤지컬이다. 디즈니의 뮤지컬 중 유일하게 애니메이션을 원작으로 삼지 않은 작품이다. 천재 음악가 엘튼 존과 〈에비타〉, 〈지저스 크라이스트 슈퍼스타〉, 〈라이온킹〉의 전설적 작사가 팀 라이스가 콤비를 이뤄 현대적으로 재해석했으니 '물건'이 나오지 않을 수 없다.

열정, 그 하나로

2007년 여름, 나는 좌절했다. 차범석 선생의 희곡 〈산불〉을 원작으로 한 뮤지컬 〈댄싱 섀도우〉는 작곡과 연출을 비롯한 핵심 분야에 해외 크리에이티브팀이 대거 참여했다. 주제가 좋은 작품은 크게 실패하지 않는다는 소신이 있었기에 이 어마어마한 모험을 결심하고 실행한 것이다.

하지만 7월 8일 막이 오른 후, 관객의 반응은 싸늘했다. 예상치 못한 반응이었다. 언론에서도 기대에 미치지 못한다는 평가를 내렸다. 8월 30일, 신시의 창작 뮤지컬 1호 〈댄싱 섀도우〉가 쓸쓸히 막을 내리는 것을 바라보는 심정은 참담했다. 공허함과 싸우며 다시는 창작 뮤지컬 따위는 만들지 않겠노라 수없이 다짐했다. 그렇게 바닥으로 내려가던 나는, 아주 오래된 질문과 마주했다.

"내가 왜 〈산불〉을 뮤지컬로 재탄생시키려고 했지?"

그 질문이 내게 박차고 올라갈 힘을 주었다. 연극계 선후배들의 말도 나를 일으켜 세웠다.

"〈댄싱 섀도우〉가 못 만든 작품이야? 관객이 몰리지 않았다고 해서 나쁜 작품인 거야? 내가 보기에 5년은 앞서 나간 작품이야!"

그해 가을 한국뮤지컬대상에서 〈댄싱 섀도우〉는 5개 부문의 상을 받았다. 원작자께 그나마 예의를 갖출 수 있어서 다행이었다.

나는 〈댄싱 섀도우〉가 실패하지 않았다고 자신 있게 말할 수 있다. 실패와 성공의 차이는 다시 도전하는가, 거기에서 멈추는가다. 좌절에 빠져 다시는 창작 뮤지컬을 만들지 않았다면 실패였을 것이다. 나는 값을 따질 수 없는 경험을 얻었고, 그 경험은 나의 자산으로 남았다. 2007년의 쓰라린 도전이 〈퀴즈쇼〉, 〈엄마를 부탁해〉, 〈미남이시네요〉, 〈에어포트 베이비〉, 〈아리랑〉 등의 작품들을 계속 만들어내는 양분이 되었다.

눈에 보이는 표지판을 따라만 가도 길을 헤매는 걸 보면 창작 뮤지컬이 쉬운 일은 아니다. 하지만 나는 길을 잃어본 사람으로서, 다음 사람들을 위한 표지판을 세웠다. 그리고 그 표지판은 계속 창작 뮤지컬을 만들어가는 나를 위해서도 유효한 표지판이다.

김상열 선생을 만나다

나는 배우가 되고 싶었다. 그래서 고등학교를 졸업하고 곧바로 연극판

차범석 선생님, 김상열 선생님, 정우 스님. 연극인으로서, 사람으로서, 나는 이 세 분 멘토께 너무나 큰 빚을 졌다.(아래 사진, 앞에서 두 번째 열 오른쪽에서 네 번째 분이 정우 스님)

에 뛰어들었다. 군 복무한 3년을 제외하고 20대를 오롯이 연극에 바쳤건만 이렇다 할 출연작이 없다. 모두 작은 역할이었다. 그나마도 김갑수 형과의 인연 덕분에 가능한 일이었다. 그는 자신에게 출연 섭외가 들어오면 작은 배역이나마 내게 돌아갈 수 있도록 배려해주었다. 이 극단 저 극단 다니며 많은 경험을 할 수 있는 기회가 됐지만 그것이 배우로서의 자리매김을 할 수 있도록 해주지는 못했다.

그런 내가 안타까웠던 것일까. 하루는 김갑수 형이 나를 불렀다. 이번에는 어떤 배역일까 궁금해하며 갔는데 다른 소리를 했다.

"김상열 선생이 나를 부르셨는데, 같이 가자. 그분 마음에 들면 거기서 연극을 할 수도 있을 거야."

세상에! 김상열 선생이라니. 80년대 연극판에 조금이라도 기웃거린 사람이라면 모두가 그분과 작업을 하고 싶어했다. 연극계에서 그를 추종하는 연극인들을 일컬어 '김상열 사단'이라고 부를 정도였다. 1983년 말쯤이었던 것으로 기억된다. 그때 김상열 선생은 마당세실극장의 대표로 계셨다. 운이 좋으면 연극계의 거물이 이끌고 있는, 실력파 연극인들이 모여 있는 극단에서 제대로 배울 수 있는 기회가 될지도 몰랐다.

거물 앞에 서 있다는 사실만으로도 나는 충분히 긴장하고 있었다. 면담 때 몇 가지 짤막한 질문을 던지셨는데 무엇을 물으셨는지도, 어떻게 대답했는지도 기억이 나지 않는다.

"연극해서 먹고산다는 게 만만치 않은 일인데, 왜 이렇게 어려운 일을 하려고 해? 그래도 꼭 연극을 계속하겠다는 생각이면 여기서 해봐라. 그 대신 슈퍼마켓에 담배 사러 가듯 아무 생각 없이 왔다갔다 하는 건 시간낭비야. 난 그 꼴 못 봐! 열심히 해라."

내 대답이나 짧은 경력이 그분을 만족시켰을 것 같지는 않다. 모두 김갑수 형이 말을 잘해준 덕분일 것이다. 입단하자마자 준비하고 있던 뮤지컬 〈님의 침묵〉에 배우로 출연하게 되었다. 맡은 역할은 코러스. 모든 장면에 출연하는 일인다역이었다. 눈에 띄지 않는 역이지만 잘하고 싶은 마음에 밤잠을 설쳐가며 연습을 했다.

공연을 위한 총리허설이 시작되었다. 모든 조명이 꺼진 컴컴한 어둠 속에서의 장면 전환은 막노동 수준이었다. 특히 이 작품은 장면 전환이 많아 연습을 별도로 할 정도였다. 그것은 순전히 우리 코러스들의 몫이었지만, 그래도 즐거웠다.

공연은 성공적이었다. 1984년 3월부터 장장 3개월 동안 공연이 이어졌다. 그러나 공연의 성공이 나의 배우로서의 성공으로 이어지지는 못했다. 〈님의 침묵〉을 끝으로 극단 운영 방침이 바뀌면서 배우가 적게 나오는 작품만 공연작으로 선정하기 시작했다. 배역이 적으니 후배들에게는 기회가 오지 않았다. 나는 〈님의 침묵〉 이후로 단 한 차례도 배역을 맡지 못했다.

이쯤 되면 누구라도 고민을 하게 된다. 노력이 부족했던 것도 아니고 세월이 부족했던 것도 아니다. 언감생심 큰 배역은 기대하지도 않았다. 그래도 작은 배역이나마 꾸준히 들어와야 하는 것 아닌가. 나는 배우로 대성하기는 힘들다고 판단했다. 노력하면 안 되는 일이 없다고 하지만 연극배우에게는 어느 정도 타고난 재능이 있어야 한다는 것을 뼈저리게 느꼈다. 결국 배우가 되고 싶어 상경한 소쩍새는 배우의 길을 포기하고 말았다.

그렇다고 연극판을 떠나고 싶지는 않았다. 고민 끝에 김상열 선생께 스태프를 하겠다고 말씀드렸다. 순순히 승낙하신 선생은 내게 조연출이라는 '거창한' 직책을 주셨다. 이름은 조연출이지만 하는 일은 허드렛일. 배우의 길을 접으며 잠시 의기소침했던 나는 잘나가는 연출가가 되겠다는 포부로 다시 불탔다. 허드렛일에 익숙해지고 점점 연출 공부에 재미를 붙여갈 때쯤 입영통지서가 날아왔다.

3년 동안 연극을 그리워하던 나는 제대 후 고향에도 가지 않고 곧바로 대학로를 찾았다. 불효막심한 일이지만 그만큼 목이 말랐다. 며칠째 연극판을 기웃거리며 다시 연극을 하기 위해 어느 단체를 선택해야 하는지 알아보고 있었다. 그러다가 대한민국연극제 개막식 행사장에서 한보경 선배에게 딱 걸렸다. 얼마나 다행인가, 하필 그 선배에게 걸리다니. 선배는 김상열 선생의 부인이다. 한보경 선배에게 박명성이 한 행사장에 '얼쩡거리더라'라는 말을 들은 김상열 선생은 당장 나를 불렀다.

"왜 엉뚱한 데서 기웃거려. 제대했으면 빨리 올 일이지."

내가 원했던 게 바로 이거였다. 찾아가고 싶은 마음은 굴뚝같았지만 혹시 달가워하지 않으시면 어쩌나 하고 찾아뵙지 못하고 있었다. 혹시라도 '아직 미련을 못 버렸냐, 너는 안 된다니까'라고 하실까 봐 겁이 났던 것이다. 평소 불같은 성정으로 '악명(?) 높은' 분이라 두려움은 더 컸다. 한보경 선배의 고마운 '고자질' 덕분에 다시 김상열 사단에서 일할 수 있게 되었다. 김갑수,

이도경, 최정우, 조용태, 이창훈, 이혜영, 우명옥, 한보경, 이용녀 등 소위 실력 있는 배우들과 한솥밥을 먹는다는 생각에 마음이 떨듯이 기뻤던 기억이 생생하다.

정우 스님, 그리고 신시의 탄생

내가 하는 일은 다시 조연출. 곧바로 현대극장의 대한민국연극제 출품작 〈로미오 20〉의 조연출을 맡으면서 예전과 다름없이 극단의 소소한 잡일들을 하며 연출을 배웠다. 그렇게 몇 년이 지났을 때 사달이 났다. 배우들과 마당세실극장 사이에 출연료 문제로 큰 마찰이 생긴 것이다. 그 일로 김상열 사단은 극장에서 전부 철수하고 흩어졌다.

이후 김상열 선생을 중심으로 몇몇 단원들이 모여 구룡사로 정우 스님을 찾아갔다. 지금도 불교계에서 존경받는 어른인 정우 스님은 〈님의 침묵〉으로 인연을 맺은 분이다. 〈님의 침묵〉 당시 정우 스님은 대한불교 조계종 교무국장으로 계셨다. 정우 스님은 〈님의 침묵〉 3개월의 공연 동안 거의 매일 많은 관객들을 모시고 공연을 보러 오셨다. 오실 때마다 간식거리를 챙겨주시는 바람에 우리는 스님이 오시기만을 눈 빠지게 기다린 적도 있었다.

그렇게 큰 인연을 맺은 정우 스님은 대학로에 사무실을 마련해주시고, 임대료에 전화비까지 전폭적인 지원을 해주셨다. 정우 스님은 구룡사가 완공되자 절 지하 1층에 100석 규모의 소극장과 사무실 공간을 마련해주셨다. 나와 같이 오갈 곳 없는 후배들은 정우 스님이 마련해주신 방에서 기거하고 절 공양간에서 식사까지 해결했다. 정우 스님의 배포가 아니면 감히 상상조차 할 수 없는 특별한 혜택이었다.

부처님께 누가 안 된다면, 나는 그때 정우 스님을 부처님이라고 부르고 싶었다. 오랫동안 이승과 저승의 수행을 다니시다가 대한민국 서울의 연극쟁이들을 위해 머무시는 부처님이라고. 그런데 절에서 춤추고 노래를 불러도 되는 것일까.

"불법의 수호자 중 건달바는 사찰에 상주하며 음악과 춤을 즐겼다고 해요. 신시는 그런 건달바의 상징이니 구룡사에 자리를 트는 것은 자연스러운 일입니다."

정우 스님은 한마디로 이 궁금증을 풀어주셨다. 그때만 해도 구룡사가

“종교와 예술은 한 몸이고 형제지간입니다. 조금은 넉넉한 형님이 동생을 보살피고 챙기는 것은 당연한 일입니다. 난 그저 공연을 좋아하고 예술인들을 존중하는 관객일 뿐입니다.” 그렇게 순전히 정우 스님 덕분에 신시가 탄생했다. 사진은 연극 〈푸르른 날에〉의 한 장면.

너무 외진 곳에 있어 나중에는 소극장을 연습장으로 이용했다.

정우 스님의 넓은 아량을 보여주는 일화가 있다. 뮤지컬이 서양 아이콘이다 보니 기독교적 색채를 띠는 장면이 종종 등장했다. 이상하게 정우 스님이 연습장에 들어오실 때마다 '할렐루야'를 노래하고 있는 경우가 많았다. 배우들의 목소리는 점점 기어들어가기 마련이었다.

"어휴, 괜찮아. 노래가 좋네. 어서들 해."

스님이 마련해준 공간에서 할렐루야를 부르고 그 경건한 절에서 아슬아슬한 연습복 차림으로 다녔지만 한 번도 싫은 소리를 하지 않으셨다.

어느 날 김성녀 선생이 정우 스님에게 "왜 그렇게 연극을 좋아하시고 무슨 연유로 신시에 전폭적인 후원을 하십니까?" 하고 물은 적이 있다. 스님의 답은 한결같이 간단명료하셨다.

"종교와 예술은 한 몸이고 형제지간입니다. 조금은 넉넉한 형님이 동생을 보살피고 챙기는 것은 당연한 일입니다. 난 그저 공연을 좋아하고 예술인들을 존중하는 관객일 뿐입니다."

그렇게 순전히 정우 스님 덕분에 신시가 탄생했다. 신시란 이름도 김상열 선생과 정우 스님의 제안에 따른 것이다. 삼국유사에 '환웅천왕이 태백산 신단수 밑에 3,000명의 무리를 거느리고 내려와 신시(神市)를 열었다'라는 구절이 있다며 '신시'란 개벽이요 시작을 의미하는 말이라고 설명을 해주셨다. 신시의 선배들도 각각 제 역할을 했지만 정우 스님의 큰 자비로 극단 신시는 제법 골격을 갖추었고 구성 멤버도 탄탄하게 짜였다. 창단 멤버는 대표를 맡은 김상열 선생을 비롯해 김갑수, 조용태, 이용녀, 권범택, 한보경 등 선배들이었다. 물론 막내인 나도 포함되었다. 극단 신시를 창단하자 빅 이벤트가 생겼다. 당시 MBC에 재직중이던 고석만 선생의 아이디어로 올림픽 성화 봉송 기념 〈길놀이 마당놀이〉 전국 순회공연을 MBC에서 하게 되었는데 극단 신시가 이 행사를 통째로 맡게 된 것이다. 이 대규모의 공연이 갓 태어난 극단의 살림살이에 큰 힘을 실어주었다. 1987년의 일이었다.

1989년, 조연출 겸 극단 살림살이 담당으로 열심히 일하고 있을 때 기회가 찾아왔다. 김상열 선생이 단원 워크숍을 위한 작품을 직접 연출해보라고 하신 것이다. 비록 정식 데뷔작은 아니지만 그간 갈고닦은 기량을 인정받을 수 있는 무대라고 생각했다. 잘하면 정식 연출로 데뷔할 수 있는 기회가 될 수도 있을 것 같았다.

작품은 조지 오웰의 〈동물농장〉. 나는 백 년 만에 먹이를 발견한 짐승처럼 의욕적으로 덤볐다. 그러나 무대장치, 조명, 의상 등 어깨너머로 볼 때와 실제로 연출을 하는 것은 전혀 달랐다.

'어른들은 쉽게 풀어가던데, 정말 쉽지 않네. 연륜이라는 것이 무섭고 무시할 수 없는 것이구나.' 혼자서 중얼거리기도 했다. 그래도 어떻게든 잘해 보고 싶었다. 악마에게라도 연출력을 빌리고 싶었다. 한 달의 연습기간 동안 나는 점점 더 날카로워졌다. 굶주린 짐승은 점점 더 허기에 시달렸다. 늘 머리가 지끈지끈거렸다.

'과연 내가 제대로 해낼 수 있을까.'

'어쨌든 해내야 한다. 나에게는 처음이자 마지막 기회다. 끝까지 최선을 다해보자.'

회의와 다짐이 반복되었다. 드디어 나의 첫 번째 연출작이 공연되었다. 어떤 심판이 이보다 더 불안하고 두려울까.

"연출이 만만한 작업이 아니야. 농사를 짓든지 기술을 배우는 게 낫겠어. 배우는 텄다 싶어서 연출을 시켰더니 그것도 젬병이군. 이걸 연극이라고 만들었어? 연출은 아무나 하는 게 아니야."

김상열 선생은 실망스럽고 답답한 표정으로 말씀하셨다. 차라리 평소처럼 호되게 호통을 치셨으면 그렇게 비참하지는 않았을 것이다. 더 열심히 하라는 뜻이 아니라 '너는 정말 안 되겠다'라는 뜻이었다. 이의를 달 수 없었다. 내가 생각해도 형편없었다. 최선을 다했다. 할 수 있는 것은 다했다. 그런데도 결과는 엉망이었다.

나 자신에 대한 실망감이 마음을 아프게 했다. 배우로서도 실패했고, 연출가로서도 실패다. 어떻게 해야 하는가. 그렇다고 연극판을 떠나고 싶지는 않았다. 연극을 떠나서 나는 결코 행복할 자신이 없었다. 아니, 연극을 떠나면 철저하게 후회할 것 같았다. 고교 시절 붙은 산불은 아직도 타고 있었다. 그 불을 연극에서 태우지 못하면 어떻게 감당할 것인가. 고민 끝에 김상열 선생을 찾아갔다.

"배우가 안 된다는 것 알겠습니다. 연출이 안 된다는 것도 알겠습니다. 배우도 연출도 포기하라면 포기하겠습니다. 하지만 연극판만은 못 떠나겠습니다. 다른 길을 찾도록 해주십시오. 연극판에 있게만 해주십시오."

잠시 뜸을 들인 후 기획자의 일을 하면 어떻겠느냐고 제안을 드렸다.

지금은 기획 · 제작을 통틀어 프로듀서라는 이름이 익숙하지만 당시는 기획자라는 말조차 어색한 시대였다. 신시는 창단 초기였고, 극단 살림과 행정적인 모든 부분을 총괄할 기획자가 필요한 시점이었다. 김상열 선생도 '성실하고 부지런한 사람에게 제격인 일'이라며 찬성해주셨다. 그리고 "연극계에서 가장 취약한 분야가 기획이야, 기획자가 많을수록 연극이 활성화되는 거야, 모든 단원들을 잘 관리해서 기획실을 꾸려봐라, 넌 훌륭한 기획자가 될 수 있을 거야"라며 나에게 믿음과 확신을 주셨다. 다른 단원들도 내가 기획일을 맡는 것을 믿음직스러워했다. 나는 배우에서 조연출로, 조연출에서 다시 기획자가 되었다.

김상열 선생은 번뜩이는 재치와 감성이 풍부한 극작가 겸 연출자셨다. 그 시절 예술의전당 오페라하우스를 쓰는 연출가들 중 가장 연출력이 출중하다는 평가를 받을 정도였다. 소박하고 조촐하게 시작했던 신시는 김상열 선생의 능력과 정우 스님의 지원으로 어느새 〈그리스〉, 〈웨스트사이드 스토리〉, 〈7인의 신부〉 등 규모가 큰 대형 뮤지컬을 올리고 있었다. 신시에서 더운밥 찬밥, 진자리 마른자리 마다하지 않으며 현장 감각을 익힌 나는 새로운 시도를 계획했다. 1997년이었다. 연극 기획자에서 뮤지컬 기획자로의 일대변신이었다.

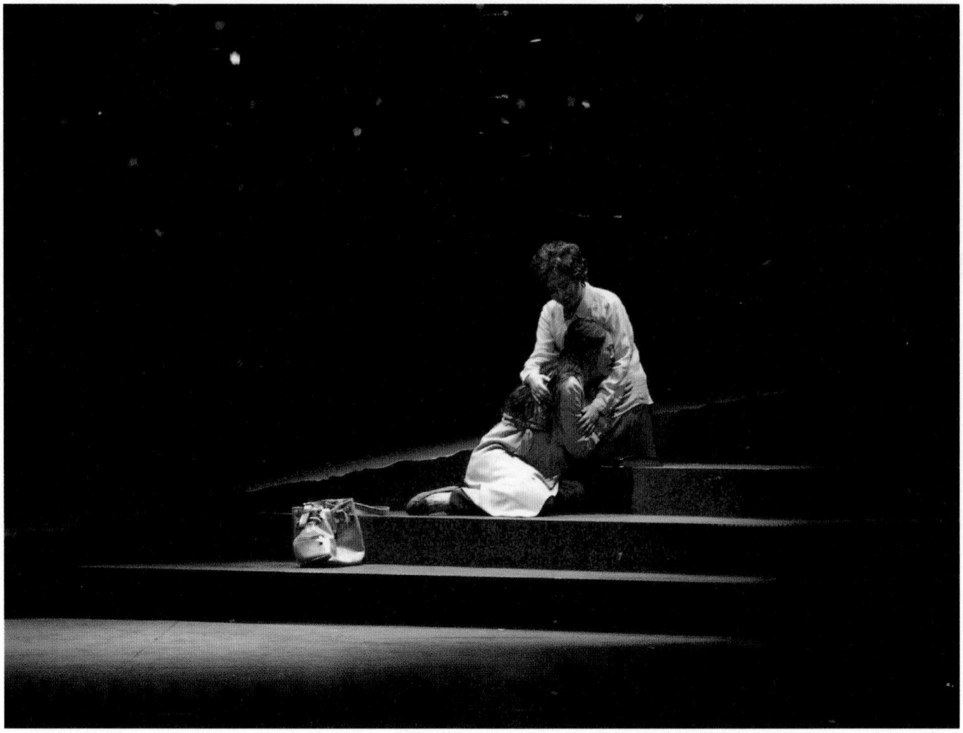

〈엄마를 부탁해〉에서 우리네 어머니를 가슴 시리게 보여준 정혜선, 손숙 선생. 정혜선 선생은 〈엄마를 부탁해〉를 통해 17년 만에 무대에 돌아오셨다. 무대에 오르기 전 컨디션이 좋지 않았지만 "무대에 오르니 다 괜찮아졌다"며 웃으셨다.

뮤지컬 〈아이다〉 수영장 장면.

‘브로드웨이 박’의 〈더 라이프〉

왜 우리 관객들은 브로드웨이의 30년, 40년 전 레퍼토리만 봐야 하는 걸까? 뮤지컬의 본고장에서는 지금도 수백 편의 작품들이 공연되고 있는데도 말이다. 그런데 국내에서는 그 소식조차 모르고 있는 게 말이 되는가.

의문은 쉽게 풀렸다. 정답은 라이선스였다. 저작권료를 지불하지 않고 얼렁뚱땅 오래된 작품을 베껴 무대에 올리고는 문제가 생기기 전에 내려버리는 비양심적인 행위가 판을 치고 있었다. 의문은 이내 불만으로 바뀌었고 불만은 도전정신을 불러일으켰다. 지금 브로드웨이에서 공연되고 있는 작품을 정당한 저작권료를 지불하고 국내에 들여오는 것이다.

이런 뜻을 김상열 선생께 말씀드렸더니 방법을 모색해보라고 하셨다. 그런데 방법이라니? 내가 알기로 국내에서 정식계약을 맺고 들여온 작품은 하나도 없었다. 도대체 어디서 어떻게 배운단 말인가. 겨우 알아낸 사실은 라이선스 관련 업무는 해당 프로듀서가 아닌 별도의 대행사가 관리하고 있다는 것 정도였다.

일단은 부딪혀봐야 했다. 계약할 작품이 없으면 뜬구름 잡는 것밖에 되지 않는다. 우선 브로드웨이로 가서 작품을 선택하는 것이 먼저였다. 거기서부터 뚫어보자고 생각했다. 김상열 선생은 한진섭, 김순영, 한보경 선배와 함께 나를 뉴욕으로 보냈다.

우리는 만장일치로 〈더 라이프〉라는 작품을 선택했다. 이 작품은 1980년대를 배경으로 사창가 사람들의 사랑과 배신을 그린 뮤지컬이다. 창녀와 포주들의 소외된 삶을 다루고 있지만 강한 상징성과 그 시대의 아픔을 담고 있다. 뉴욕 뒷골목이라는 특정장소만의 이야기가 아니라 사람이 사는 모든 공동체가 가지고 있는 모진 사회의 속성을 보여준다. 한계상황을 벗어나 떠나려는 사람과 안주하려는 사람, 그리고 극한 상황을 이용하려는 사람들이 벌이는 삶의 투쟁과 갈등 구조가 상징적인 작품이었다.

탄탄한 스토리도 좋았고 사이 콜맨의 음악도 훌륭했다. 현지 관객들의 반응 또한 좋았다. 이미 3년 넘게 공연되고 있었고, 권위 있는 뮤지컬어워즈인 토니상 4개 부문을 석권한 수작이었다.

돌아와서 김상열 선생께 뮤지컬 넘버가 담긴 시디 한 장과 대본을 드렸다. 일단 음악부터 들어보시더니 힘이 넘치는 게 귀에 쏙쏙 들어온다고 하셨다. 우리 관객들도 좋아할 만한 요소가 많다고 하셨을 때는 내 선택이 그르지 않았다는 확신이 들어 뿌듯했다.

"괜찮겠다. 해봐라. 대본은 내가 각색을 할 테니 번역부터 해봐. 많이 손질을 해야겠어. 우리 정서에 맞게 고쳐야 관객들이 공감하고 감동해. 그리고 내가 예술감독을 맡을 테니 걱정들 하지 말고 잘 준비해봐. 그런데 조건이 있다."

"조건이라뇨?"

"지금 신시는 그 작품을 뒷받침해줄 여력이 안 된다. 너도 이제 홀로서기를 할 만큼 많은 경험을 쌓았으니까 정 하고 싶다면 네가 직접 제작해봐. 단, 네가 제작자니까 네가 알아서 하되 모든 책임을 져야 한다."

그러면서 무시무시한 계약서를 내밀었다. 수익을 내면 전액을 극단에 준다. 그러나 실패하면 제작자가 모든 책임을 진다는 것이 골자였다. 참 억울하고 불공정한 계약인데도 나는 흔쾌히 서명을 하고 그것도 모자라 각서까지 따로 써드렸다. 혼자 힘으로 큰일을 도모한다는 생각에 열정이 활활 타올랐다.

'내 마음대로 한다'라는 자유를 대가로 엄청난 결과를 부를 수 있는 모험이 시작되었다. 우선 〈더 라이프〉의 저작권자에게 작품을 계약하고 싶다는 메일을 보냈고, 얼마 후 답이 왔다.

"당장은 당신들에게 이 작품을 팔 수 없다. 계약조건을 지킬 수 있겠는가? 당신들을 신뢰할 수 있는지 체크해보고 연락을 주겠다."

한마디로 한국 사람들은 못 믿겠다는 거였다. 아니나 다를까 그 후 연락은 오지 않았다. 나는 메일을 보내고 또 보냈다. 거부하는 건 좋지만 내가 메일을 보내는 것까지 막을 수는 없을 것이라는 심정이었다. 한참 만에 답장이 왔다. 귀찮아져서인지 공을 다른 곳으로 넘겼다. '당신들이 약속을 이행하지 못했을 경우 보증을 서줄 대행사를 소개할 테니 그곳과 협의하길 바란다'라는 짤막한 내용이었다.

그들이 소개해준 대행사는 일본에 있는 '네일러 하라 인터내셔널'이라는 곳이었다. 나는 연락을 받자마자 일본으로 갔다. 사장인 마틴 네일러는 영국 사람으로 런던, 뉴욕에서 신뢰가 두터운 저작권 전문가였다. 〈오페라의 유령〉, 〈미스 사이공〉, 〈캣츠〉 등 일본에서 공연되는 대다수 뮤지컬의 라이선스 계약이 마틴 네일러를 통해 이뤄지고 있었다.

그는 한국의 상황을 잘 알고 있었다. 도둑고양이 같은 행태로 인해 브로드웨이에서 한국 공연계에 대한 신뢰는 빵점이었다.

"한국은 단 한 차례도 정식 라이선스 계약을 맺어본 적 없으면서도 브로드웨이 공연을 하고 있습니다. 현지에서 공연되고 있는 작품을 도용했다면 바로 소송이라도 했겠지만, 구닥다리 레퍼토리만 무대에 올려서 그러지 않았던 겁니다. 하긴 공연기간이 1, 2주밖에 되지 않아서 소송을 준비하기도 전에 끝나버리니까 그것도 쉽지 않겠네요. 아무튼 계약은 곤란합니다."

대행사 입장에서는 그럴 수밖에 없었다. 만약 신시와 계약을 했는데 우리 측에서 저작권료를 제대로 지불하지 않으면 대행사가 고스란히 변상을 해야 했기 때문이다.

얼굴이 화끈거렸다. 깔끔한 건물에는 쥐구멍도 없었다. 그렇다고 물러설 수도 없어서 내 생각을 이야기했다.

"제가 왜 뉴욕에 가서 직접 공연을 보고, 저작권자에게 라이선스를 문의하고, 여기까지 왔다고 생각하십니까? 도둑질할 사람이 왜 대낮에 집주인에게 찾아오겠습니까? 여태까지 한국이 한 일은 신뢰를 잃어 마땅합니다. 그렇다고 언제까지 이대로 내버려둘 겁니까? 한국의 뮤지컬 시장은 기회의 땅입니다. 당신의 결단은 저에게 큰 기회가 될 것입니다. 그러나 저 역시 당신에게 기회가 될 것입니다. 이번 건으로 인해 한국에서도 정식계약을 맺는 풍토가 조성될 것입니다."

일생을 건 모험과도 같았던 첫 작품 〈더 라이프〉

드디어 계약이 성사되었다. 그제야 약간의 두려움이 생겼다. 1998년 당시 이 공연의 제작비는 6억 8,000만 원이었다. 제작자로서 첫 작품치고는 너무 엄청났다. 그야말로 초대형 뮤지컬이었다. 그 많은 제작비를 어떻게 댈 것이며 설혹 구한다고 해도 흥행이 되지 않으면 어떻게 할 것인가. 이건 단순히 제작자뿐 아니라 내 인생이 걸려 있는 문제였다.

작업이 본격적으로 진행되자 공연계의 이슈가 되었다. 국내 최초로 브로드웨이와 동시공연이라는 것도 화제였지만 극단 대표가 아닌 기획자가 책임 프로듀서가 되는 것 또한 전례가 없는 일이었다. 사람들 눈에는 흥미롭게 보였겠지만 내게는 일생을 건 도박이었다. 나는 두려움을 이기고자 스스로에게 잘될 거라는 최면을 걸었다.

연출은 배우 출신의 한진섭 형에게 맡겼다. 〈더 라이프〉가 그의 연출 데뷔작이었다. 경험 없는 연출에게 예술의전당 오페라하우스에 올릴 작품을 맡기는 게 말이 되느냐는 뒷말도 많았지만 밀어붙였다. 그는 오랜 시간 김상열 선생 밑에서 실력을 갈고닦은 차세대 인재였다. 다른 사람은 몰라도 나는 그의 숨은 능력을 알고 있었다. 집요하고 꼼꼼하게 파고드는 그의 성격을 믿었다. 한진섭 연출은 데뷔작인 〈더 라이프〉를 통해 왕성하게 연출 작업을 할 수 있는 계기가 되었고, 지금은 서울시립뮤지컬단의 예술감독으로 활동하고 있다. 캐스팅은 허준호, 전수경, 이영자, 박영미, 조남희, 김선동, 방주란 등 훌륭한 멤버들로 구성됐다.

개그우먼 이영자가 흑인 창녀 역으로 뮤지컬에 데뷔한다는 언론보도는 많은 사람들의 이목을 집중시켰다. 그는 브로드웨이에서 직접 공연을 관람했는데 웃음을 주는 뚱뚱한 흑인 창녀 역이 하고 싶었다고 소감을 피력했다.

진한 우정을 나누는 두 창녀 퀸과 소냐는 강변가요제 대상을 받고 가수로 활동했던 박영미와 뮤지컬배우 전수경이 맡았다. 두 주인공은 이 작품의 큰 기둥이었다. 박영미는 가창력만큼 뛰어난 연기를 보여주며 배우로 훌륭히 변신했다. 전수경은 시원스런 창법과 구부정한 모습으로 늙고 지친 창녀 역을 완벽하게 소화했다. 그리고 허준호는 악랄하고 비열한 포주 역을 신들린 듯 연기해냈다.

번역된 대본으로 연습에 들어갔다. 그런데 브로드웨이 것을 그대로 본뜨고 보니 우리 정서와는 맞지 않는 부분이 많았다. 연습이 진행되면 좀 나아질 거라고 기대했지만 어색함은 그대로 남았다. 깔끔하게 정리되지 않은 번역부터가 문제였다. 난감해하고 있을 때, 어둠을 뚫고 김상열 선생이 연습장에 나타나셨다.

구세주인들 이렇게 반가울까. 선생은 도착하자마자 대본 여기저기를 손봐주셨고 밤을 새워 연출 지도를 해주셨다. 과연 베테랑의 솜씨는 마법 같았다. 약간 삐걱거리는 대사, 조금 어색한 무대가 그의 손길을 거치자 매끄럽게 흘러갔다. 알아서 하라며 계약서를 내밀 때는 섭섭했지만, 숙련된 연출력을 보여준 그날 이후 그 섭섭함을 모두 잊어버렸다. 이런 내 마음을 읽기라도 한 것인지, 김상열 선생은 이내 내게 훨씬 더 강력한 서운함을 심어주셨다.

공연이 임박할수록 내 스트레스는 한계를 넘어서고 있었다. 연습이 한창일 무렵 밤마다 대학동기이자 친구인 허준호를 불러세웠다. 돈이 없어 늘

뮤지컬 〈더 라이프〉는 1980년대를 배경으로 사창가 사람들의 사랑과 배신을 그린 작품이다. 뉴욕 뒷골목이라는 특정장소의 이야기가 아니라 사람이 사는 모든 공동체가 가지고 있는 모진 사회의 속성을 보여준다.

구룡산 아래 있는 선술집이 고작이었다. 파라솔 아래 마주 앉아 소주를 들이켰다. 낮에는 이미 작품이 성공한 것처럼 허세를 부렸지만 친구 앞에서는 속내를 드러냈다. 어찌나 힘에 부치던지 번번이 그 앞에서 하소연을 늘어놓고 신세타령을 하기가 일쑤였다.

"분명 잘될 거야. 우리가 어려운 것 모르고 시작했어? 조금만 더 힘내자."

허준호는 그때마다 내 어깨를 다독이며 함께 눈물을 훔쳤다. 그의 주문이 통했던 것일까. 태풍 로지가 한반도를 쓸고 지나간 것을 감안하면 예매 성적은 좋은 편이었다. 모든 준비가 차근차근 마무리 단계로 향하고 있었다. 그런데 대관료 5,000만 원이 부족했다. 대관료를 완납하지 않으면 공연에 필요한 무대장치를 들여놓을 수가 없다는 극장 규정이 있었다. 6억 원을 쏟아붓고 5,000만 원이 없어서 공연을 못할 판이었다. 참으로 난감했다.

돈을 구하지 못해 발을 구르다가 김상열 선생을 찾아갔다. 극단 살림은 누구보다 내가 잘 알고 있다. 그 정도 여유자금은 있었다. 알아서 하라고 하셨고 그래서 알아서 잘 진행하고 있었다. 거의 다 알아서 했는데 마지막 5,000만 원이 부족했다. 기특해서라도 빌려주실 줄 알았다.

"야! 그 정도 각오도 없이 일을 벌였어? 네가 알아서 하기로 하고 시작한 거 아냐? 극단 예산은 한 푼도 손댈 수 없으니 다른 데서 융통해봐라."

"예, 알겠습니다. 어디서 한번 구해보겠습니다."

담담한 척했는데, 목소리가 조금 떨렸을지도 모른다. 돌아나오는데 얼마나 섭섭했던지 '거, 너무 그러시는 거 아닙니다'라고 소리라도 지르고 싶었다.

다음 날 한 언론사에 지분 25퍼센트를 넘기고 6,000만 원을 투자받았다. 공연 5일 전이었다. 예매 상황이 좋았기에 어렵지 않게 투자를 받았지만, 자금이 급했던 상황이라 불리한 계약 조건을 감수해야 했다. 공연 날짜가 다가올수록 성공할 거라는 확신이 생겼기에 지분 양도 조건의 투자는 안타까웠다.

1998년 7월, 예술의전당에서 마침내 〈더 라이프〉의 막이 올랐다. 당시는 IMF의 영향을 실감하고 있을 때였고, 최근 몇십 년 동안 유례없던 홍수로 대한민국 전역이 떠들썩하던 때였다. 잠수교가 물에 잠긴 지는 오래되었고, 다른 다리들도 위험할 것이라는 이야기도 돌았다. 그러나 관객들은 빗속을 뚫고 몰려들었다. 2,300여 석 오페라하우스가 연일 가득 찼다. 불편함을 무릅 쓰고 오는 관객들에게 절이라도 하고 싶은 심정이었다. 예상했던 것보다 훨씬 많은 관객을 유치했다. 앙코르 공연까지 이어진 대성공이었다. 공연이 끝난 뒤 정산을 해보니 투자받은 언론사에 300퍼센트 정도의 수익이 돌아갔다.

〈더 라이프〉는 단순히 정당한 라이선스 계약의 의미만 있는 것은 아니었다. 그것은 한국 뮤지컬의 질적 발전의 계기가 되었다. 작품에 대한 정보와 자료를 정식으로 요청해 받았고 우리 크리에이티브팀을 뉴욕으로 보내 작품을 탐독하고 제대로 해석할 수 있는 기회도 얻었다. 원작이 갖고 있는 재미와 감동을 국내 관객들에게 그대로 전달하는 노하우를 공부한 것이다.

공연 흥행에 따라 얼마만큼의 작품 제작 능력이 있고 제대로 된 홍보 마케팅 능력을 갖추고 있는지에 대한 판단이 좌우되므로 라이선스 계약에서 흥행의 결과는 대단히 중요하다. 나는 이 계약을 발판으로 외국 프로듀서들에게 돈독한 신용을 쌓겠다고 마음먹었다. 당시는 외환위기로 달러와 환율이 고공행진해 1달러에 1,700원이 넘을 때였다. 큰돈이었지만 계약금과 공연 정산 저작권료를 깨끗이 지불하고 공연 결과 보고서를 꼼꼼히 챙겼다.

일본에서 저작권 대행을 했던 마틴 네일러가 국내 공연의 제작 수준을 확인하기 위해 직접 한국에 왔다.

"한국에 이렇게 훌륭한 극장이 있는 것이 놀랍군요. 예상보다 작품의 완성도가 뛰어납니다. 이런 수준의 공연은 일본에서도 하지 못해요. 사이 콜맨의 어려운 창법의 노래가 훌륭하게 소화된 것과 더불어 신시의 훌륭한 제작 능력에 박수를 보냅니다."

이만하면 극찬이다. 한국 공연 수준을 칭찬하고 돌아간 그는 런던, 뉴욕, 독일 등의 공연 관련 지인들에게 메일을 보내 한국에 '미스터 박'이라는 신뢰할 만한 프로듀서가 있다고 알렸다. 그때부터 라이선스에 관한 일들이 쉽게 풀려나갔다. 외국에 출장 갈 때마다 해외의 유명한 공연 관계자들을 만날 수 있었고, 만나는 사람마다 작품을 추천해줄 정도로 그들에게 믿음 가는 프로듀서가 되어 있었다. 브로드웨이와 시차 없이 하는 동시공연에 관심을 쏟기 시작했다. 〈렌트〉, 〈시카고〉, 〈캬바레〉, 〈키스 미 케이트〉 등 브로드웨이에서 한참 인기절정인 작품들만 선별해 라이선스 계약을 체결해나갔다. 외환위기 이후라 경쟁자가 거의 없었기에 국내 뮤지컬 시장의 반 이상을 신시가 책임질 정도였다.

〈더 라이프〉는 런던, 뉴욕과의 시간격차를 줄이는 견인차 역할을 했다.

지적재산권 도둑질이라는 오명을 벗는 데 조금이나마 도움이 되었고 우리나라의 저작권 문화가 지금처럼 성숙하게 정착되는 데 힘을 보탤 수 있었음에 여태껏 큰 자부심을 갖고 있다.

브로드웨이의 공연물들을 중점적으로 계약하다 보니 뉴욕 공연계에서는 나를 '브로드웨이 박'이라는 닉네임으로 부르기 시작했다. 덕분에 뉴욕 현지에서 최고의 화제작으로 손꼽히는 작품들을 수월히 국내에 소개할 수 있었다.

국내 언론의 시선도 차츰 '브로드웨이 박'을 향했다. 척박했던 공연계 현실에서 브로드웨이가 먼저 알아보고 현지 작가들도 예우해주는 국내 프로듀서는 꽤 쓸 만한 기삿감이었나 보다. '브로드웨이 박'이라는 썩 괜찮은 별명과 함께 내 뮤지컬 인생은 제2막을 열어가고 있었다.

김상열 선생의 마지막 가르침

"아, 그때 돈 빌려줄걸 그랬지?"

〈더 라이프〉 공연이 끝난 후 한 술자리에서 김상열 선생이 농담처럼 말씀하셨다. 나는 대답을 하지 않았다. 섭섭함이 남아 있기도 했지만 딱히 대답할 말도 없었다.

"나는 누구에게도 절대 신세 안 진다. 돈거래 안 하는 게 내 철칙이야. 너한테도 그런 생활방식을 가르쳐주고 싶었다."

겨우 섭섭한 마음이 풀렸다. 그리고 얼마 뒤 내 마음속에는 김상열 선생에 대한 감당할 수 없는 서운함과 죄송함이 생겼다. 선생께서 췌장암 진단을 받으신 것이다. 연습할 때 밤을 새워가며 작품을 고쳐주실 때 이미 췌장암 말기였다. 그 정도로 몸이 안 좋은 상태에서도 후배들의 작품을 위해 마지막 열정을 불사르신 것이다.

병문안을 갔을 때였다. 호랑이도 벌벌 기게 만들 것 같은 우렁우렁한 목소리는 없어지고 조용하고 낮게 말씀하셨다.

"너 혼자 알아서 하라고, 계약서 쓰라고 할 때 섭섭했지? 혼자 책임질까 봐 불안했지? 뻔히 돈 있는 줄 아는데 안 빌려줬을 때는 얼마나 야속했겠니. 그런데 내가 정말 너한테 그 큰 짐 다 떠맡겨놓고 모른 척할 줄 알았니? 제작자가 된다는 건 늘 그런 책임감이 필요해. 하나의 작품을 선택하는 건 또 얼마나 위태로운 일이냐. 혼자 힘으로 극복하는 방법을 배웠으면 했다. 첫 작품, 성공해줘서 고맙다. 큰 경험을 한 거야. 이번 〈더 라이프〉 작업을 절대 잊지 말고 꼭 기억하면서 살아가야 한다. 사력을 다해도 뜻대로 안 되는 게 연극이야. 그야말로 최선을 다해야 성공한다는 걸 잊지 마. 그래, 애썼다. 고맙다."

그리고 수익금 중 꽤 많은 액수의 돈을 건네주셨다. 자꾸 눈물이 났다. 대답을 해야 하는데 말이 나오지 않았다. 마음속으로만 하염없이 대답을 했다.

'예, 섭섭했지요. 불안해서 잠도 오지 않았어요. 얼마나 야속했는지 모릅니다. 이제야 선생님 뜻을 알겠습니다. 고맙습니다, 선생님.'

선생은 입원 중임에도 마지막 공연을 보시고 뒤풀이까지 참석해 단원들과 마지막 시간을 보냈다. 그리고 얼마 후 작고하셨다. 지나고 생각해보니 김상열 선생은 제작자로서의 자세와 현장 감각을 실전을 통해 공부시켜주셨다. 김상열 선생의 안목과 혹독한 훈육이 없었다면 오늘날 프로듀서 박명성은 결코 존재하지 않았을 것이다.

신시 극단은 '김상열 사단'이라 불릴 정도로 선생께 의지하는 비중이 컸다. 누가 대표가 되어야 신시를 예전처럼 이끌어나갈 수 있을까. 위기감이 얼마나 컸던지, 신시가 이대로 없어지는 것은 아닌가 하는 걱정도 많았다.

선생의 사십구재를 모신 후 전 단원들이 모였다. 후원회장이신 정우 스님도 함께하셨다. 후보로 여러 사람이 물망에 올랐다. 나는 김갑수 형을 추천했다. 그런데 김갑수 형은 대표직을 고사했다. 배우는 여러 극단을 옮겨다녀야 할뿐더러 방송과 영화 스케줄까지 소화하려면 극단에 충실할 수 없다는 것이 이유였다. 도리어 〈더 라이프〉를 성공시킨 내가 적임자라고 추천했다. 여태껏 극단 살림을 챙겨왔고 김상열 선생을 근거리에서 모셔왔으니 나보다 신시를 잘 지켜낼 사람은 없다고 설명했다.

의견은 둘로 나뉘었다. 열정과 패기가 넘치는 젊은 세대에게 맡기자는 의견과 그래도 무게감 있는 중견 연극인에게 맡기자는 것이 또 하나의 의견이었다. 어느 것이 좋다, 나쁘다 할 수 없었다. 일장일단이 있을 것이다. 마라톤 회의에서도 결론을 내지 못하고 결국 거수를 통해 결정하기로 했다.

그렇게 해서 내가 신시의 대표가 되었다. 몇몇 사람은 이런 회의 자체를 못마땅해했다. 그러나 단원들이나 후원회 측은 극단은 모두의 것이지 특정 개인의 소유가 아니라는 생각을 같이했다. 당시 내가 대표가 되는 것에 반대했던 분들에게 인정을 받기까지 오랜 세월이 걸렸다. 혼자서 마음고생을 많이 했는데 얼마나 다행인지 모른다.

대표가 된 후 극단 경영을 어떻게 할 것인가에 대해 고민하지 않을 수 없었다. 극단 살림이 엉망이었다. 그래도 잘 해낼 수 있으리라는 믿음이 있었기에 마음은 풍요로웠다. 대표가 된 후 가장 먼저 개인사업체였던 신시를 법인으로 바꾸었다. 〈더 라이프〉를 만들면서 법인사업체로 등록되어 있어야 투자 유치나 기업 후원을 수월하게 받을 수 있음을 절실히 느꼈다. 또 공공의 사업체라는 인식이 확실해져야 극단 살림이 투명해질 것이라고 판단했다.

그러면서 극단명을 '신시뮤지컬컴퍼니'로 바꾸고 뮤지컬에만 전념키로 했다. 아직 뮤지컬이 대중들에게 인기 있는 장르는 아니었지만 머지않아 공연예술의 꽃으로 피어날 것이라는 확신이 있었다.

"나는 연출가도 아닙니다. 배우도 아닙니다. 내 능력은 여러 가지를 모두 잘해낼 만큼 뛰어나지 못합니다. 연극, 뮤지컬, 마당극, 악극 등 다양한 메뉴를 뮤지컬 하나의 단일 메뉴로 통합하겠습니다. 뮤지컬 하나에만 집중합시다."

극단 식구들은 내 뜻을 따라주었다. 가슴에 산불이 난 까까머리 고등학생이 한국 뮤지컬의 대표적인 컴퍼니를 탄생시킨 것이다. 1999년이었다.

신시컴퍼니 30주년의 해인 2018년, 뮤지컬 〈마틸다〉는 베스트외국뮤지컬상을, 신시컴퍼니는 예그린뮤지컬어워드 대상을 수상했다.

칠전팔기의 〈갬블러〉

주변의 시선들이 부담스러웠다. 공연계는 기대 반 우려 반으로 신시 대표인 나의 행보를 주목하고 있었다. 김상열 선생의 빈자리를 표 나지 않게 메우고 싶었고, 그들의 근심도 기우였음을 증명하고 싶었다. 젊은 대표로서의 내 첫 작품을 최대한 과감하고도 새로운 시도로 기획하기로 마음먹었다.

일본 저작권 회사의 마틴 네일러는 새로운 작품을 찾는 내게 몇 편의 뮤지컬을 소개했다. 〈더 라이프〉 때처럼 이번에도 결정은 어렵지 않았다. 진중한 주제의식과 특색 있는 무대장치로 유럽 뮤지컬만의 매력을 물씬 풍기고 있는 〈갬블러〉를 선택했다.

뮤지컬 〈갬블러〉는 미지의 한 카지노를 배경으로 카지노 보스와 갬블러, 쇼걸, 백작부인이 풀어내는 드라마를 통해 인간사의 사랑과 배신, 성공과 좌절, 욕망과 파멸을 담아낸 유럽 뮤지컬이다. 특히 'Eye in the sky', 'Time' 등으로 유명한 알란 파슨스 프로젝트 멤버인 에릭 울프슨의 음악은 매혹적이었다. 그는 국내에서도 유명한 팝아티스트였다. 내로라하는 국내 음악인들 중에도 그의 팬이 많았다. 음악인 배철수 씨가 그를 처음 본 순간 심장이 요동쳐 혼이 났다고 할 만큼 세계적인 음악가다. 에릭 울프슨과의 인연은 이후 〈댄싱 섀도우〉로 이어졌다.

진행은 순조로웠다. 이미 신뢰를 쌓은 터라 라이선스 계약도 쉽게 성사되었다. 당시 문화예술진흥원장으로 재직 중이던 차범석 선생께서는 지금의 아르코대극장의 기획공연으로 〈갬블러〉를 선정해주셨다. 오랜 시간 모셔온 데 대해 배려를 해주신 것인지 내게 처음으로 기회를 주신 셈이다. 연출은 〈더 라이프〉의 한진섭 형이 맡았고, 남경주, 허준호, 이정화, 주원성, 전수경 등 호화 캐스팅이었다.

1999년 5월 오픈 이후 한 달간 이어진 〈갬블러〉의 국내 초연은 비교적 만족할 만한 성과를 이뤄냈다. 객석 점유율이 70퍼센트를 웃돌았으니 실패작은 아니었다. 문제는 그 다음에 벌어졌다. 순전히 내 욕심이 부른 참극이었다. 국립극장의 최진용 극장장이 공연을 보고 난 후 작품성을 칭찬했다. 그러면서 국립극장이 두 달간 빌 예정이니 〈갬블러〉를 무대에 올려보자고 제안했다. 앙코르 공연에 욕심이 있던 나는 깊은 생각 없이 받아들였다.

초연이 막을 내린 지 불과 두 달도 안 되어서 재공연을 하는 것은 명백한 실수였다. 기본적으로 재공연에 대한 기획과 홍보에 주어진 시간이 한 달도 채 되지 않았다. 뮤지컬 관객의 저변이 넓지 않은 상황에서 어느 정도 흥

당시로선 생소했던 유럽 뮤지컬 〈갬블러〉. 진중한 주제의식과 매혹적인 음악, 특색 있는 무대장치로 독특한 매력을 선보였다.

행이 되었다는 것은 달리 말하면 볼 만한 사람은 다 봤다는 뜻이다. 그런데 그땐 그것을 몰랐다. 〈더 라이프〉의 성공에 이어 〈갬블러〉 초연의 순항으로 나는 자만심에 빠져 있었다.

앙코르 공연은 처참한 실패를 불러왔고 신시는 7억 원이라는 손실을 떠안았다. 모두 내가 부른 재앙이었다. 재앙은 폭풍처럼 나를 덮쳤다. 마치 맨몸으로 바다 한가운데서 태풍을 맞는 것 같았다. 오랜 세월 다져온 자신감, 신시, 나의 가정이 한꺼번에 침몰했다.

배우들의 출연료부터 시작해 이것저것 지불해야 할 것들이 산더미였다. 전세로 살고 있던 집을 월세로 돌렸다. 전세를 선호하던 때여서 집주인을 겨우 설득했다. 그렇게 만든 돈이라고 해봐야 5,000만 원이 전부였다.

대표가 되자마자 찾아든 크나큰 고비에 혼비백산이었지만 그간 쌓아 올린 신뢰만큼은 무너트리고 싶지 않았다. 모든 재정은 나와 신시의 신뢰를 지키는 일에 쓰였다.

그러니 가정이 온전할 리 없었다. 동료들과의 의리를 위해 가족들에게 희생을 강요했던 것이다. 카드대금을 지불하지 못해 신용카드는 정지되었다. 집에는 동전 한 닢 없었다. 아내와 두 살배기 딸아이 정윤이를 볼 낯이 없었다. 결혼한 지 2년, 아내는 심한 충격을 받았다. 그리고 4개월 동안 품고 있던 둘째 아이를 유산하고 말았다. 이후 아내는 심각한 우울증으로 고통을 받았다. 그런데도 그런 아내를 보살피지 못했다. 나는 부끄러운 남편이자 아빠가 되어 뉴욕으로 가야 했다. 마침 문화예술위원회에서 공연예술인 중 한 명을 선정해서 해외로 보내는 프로그램에 뽑혔기 때문이다. 연수비를 받았으니 가지 않으면 돈을 반납해야 했다. 가정을 풍비박산 낸 가장은 무책임하게 6개월간의 연수 길에 올랐다.

'미안하다. 미안하다. 미안하다.'

어디서든 반전은 있다

해외 연수를 떠날 즈음에 가까운 어른들에게 인사를 드리러 갔다. 내 사정을 알고 계신 차범석 선생이 2,000달러를 쥐어주셨다. 정우 스님도 3,000달러가 든 봉투를 건네주셨다.

"아껴 쓰면 공연도 많이 볼 수 있을 거다."

어른들이 마련해주신 5,000달러는 내 전 재산이었다. 뉴욕에는 유학을 가 있던 우리 단원들이 있었다. 그들이 내가 온다는 소식을 듣고 달려와 지낼 집도 알아봐주고, 뉴욕 생활에 필요한 것들을 장만해주었다. 미국은 집세를 선불로 내야 한다. 몇 개월 치 집세를 내고 나니 수중에 남은 돈이 별로 없었다.

그나마 다행이라면 하숙집에서 삼시세끼는 해결해준다는 점이었다. 남은 돈으로는 매일매일 관람료가 저렴한 오프브로드웨이(브로드웨이 지구 외곽에 퍼져 있는 비교적 작은 규모의 극장들) 공연만 골라 보았다. 타임스퀘어 근처에 티켓부스가 있었는데, 10시부터 할인 티켓을 팔았다. 아침 일찍 서둘러 가 줄을 서면 당일 티켓을 저렴하게 살 수 있었다. 운이 좋으면 절반 값에도 티켓을 구할 수 있어서 아침마다 거기 가서 줄을 서곤 했다. 틈틈이 메트로폴리탄 미술관과 구겐하임 미술관 등을 둘러보며 뉴욕 생활에 적응해갔다. 하숙집이 아니었다면 나는 굶어죽고 말았을 것이다.

아끼고 아꼈는데도 두 달이 지나자 수중에 8달러밖에 남지 않았다. 돈이 없으니 꼼짝할 수 없는 상황이 되었다. 그래도 밖으로 다닐 때는 괴로움을 잠시나마 잊을 수 있었다. 혼자 방 안에 있으니 가두어두었던 걱정, 두려움, 미안함이 목을 죄는 듯했다.

'왜 그랬을까. 왜 그렇게 자만심에 들떴던 것일까. 왜 좀 더 신중하지 못했을까.'

'아내와 아이는 어떻게 지내고 있을까.'

울다가 잠들고 울다가 잠이 깼다.

그해 겨울 뉴욕은 유난히 춥고 눈도 많이 왔다. 하루는 아침에 깨어보니 폭설이 세상을 하얗게 뒤덮어 옴짝달싹 못하게 했다. '방콕' 신세를 져야 하는데 그날 치 핑곗거리가 생긴 셈이었다.

이런저런 핑계로 보름 넘게 방 안에만 틀어박혀 있는 걸 이상하게 생각했는지 단원들이 찾아와 왜 꼼짝도 하지 않고 집에만 있냐고 묻기 시작했다. 돈 떨어진 내색을 하기 싫어 심한 몸살이 났다고 둘러댔다. 단원들의 유학 생활 또한 고단하기는 매한가지였다. 학비와 생활비를 벌기 위해 식당에서 10시간 넘게 일하는 그 친구들이 내 주머니 사정까지 걱정해야 하는 상황을 만들고 싶지는 않았다.

대학로 연극판에 있다 유학 가 있던 룸메이트 양문수와 안무 공부를 하고 있는 정은정이 많은 도움을 주었다. 양문수는 대동면옥이라는 식당에서 매니저로 일하고 있었다. 간혹 주인이 퇴근하고 난 뒤에 나를 식당으로 불렀다. 그날은 소주에 고기를 원 없이 먹을 수 있는 날이었다. 서민의 술, 소주가 미국에서는 어찌나 비싸던지, 한국에서 고급 취급 받던 위스키가 더 쌌다. 하지만 위스키는 마실 수 없었다. 한국에서 정말 죽고 싶은 심정에 유리잔에 위스키를 가득 부어 세 잔을 연거푸 마셨다. 이후 탈이 났고 한동안은 위스키 냄새만 맡아도 속이 뒤집혔다.

그렇게 시간이 지났다. 어느 날, 신시 사무실 식구 최은경에게서 전화가 왔다. 최은경은 지금의 신시컴퍼니 대표다.

"대표님, 신용카드 쓰세요."

목소리가 떨리는 것 같았다.

"그게 다짜고짜 무슨 말이야?"

갑자기 목소리가 지구에서 가장 즐거운 비명인 듯 높아졌다.

"표 팔린 돈으로 카드 결제했으니까 이제 신용카드 맘대로 쓰셔도 된다고요!"

내가 뉴욕에 있는 동안 남아 있던 극단 식구들은 〈사운드 오브 뮤직〉을 기획하고 있었다. 스태프라고 해봐야 극단의 정직원은 나를 포함해 네 명뿐이었다. 신시에서 16년 동안 일하고 있는 최은경 부대표, 정소애 기획실장, 이훈 관리팀장이 그들이다. 그들은 극단을 살리겠다는 의지로 안간힘을 쓰고 있었다. 나에게 전화로 〈사운드 오브 뮤직〉을 올리겠다고 보고를 했고 나는 전화로 일일이 제작상황을 지시했다. 제작비가 없었지만 배우들이 도와주었다. 전세금까지 빼서 배우들의 출연료를 먼저 챙겨준 것이 빛을 발했다. 극단 사정이 최악이었음에도 불구하고 단원들은 두둑한 선금이라도 받은 양 연습에 몰두했다.

특히 〈사운드 오브 뮤직〉에서 대령 역을 맡은 허준호는 '신시를 살리자'는 구호를 앞장서 외치고 다녔다고 한다. 이미 〈갬블러〉가 크게 망했을 때 출연료를 반납하겠다고 선언한 바 있는 그였다. 단원들의 우두머리였던 허준호는 〈사운드 오브 뮤직〉이 또다시 흥행에 실패할 경우 출연료를 받지 말자고 배우들을 설득하고 다녔다.

그렇게 올린 〈사운드 오브 뮤직〉의 티켓이 '폭풍처럼' 팔려나갔던 것이다. 거의 매일 매진 행렬이 이어졌다고 한다. 극단 식구들은 돌아가면서 수화기를 붙잡고 나와 통화했다. 우리는 아무 말도 못하고 꺼이꺼이 울기만 했다. 곧이어 허준호가 전화를 받았다. 또 말을 하지 못했다. 허준호도 겉으로는 웃는 척했지만 말을 하지 못했다. 말 몇 마디 하지 못했어도 그렇게 깊은 대화를 나눠본 적이 없다.

전화를 끊고 나는 너무너무 기쁜 마음에 뉴욕 거리로 뛰쳐나갔다. 차갑고 매서운 강바람이 옆구리를 시리게 했지만 가슴은 뜨거웠다. 나의 가족들과 신시 식구들이 너무나 보고 싶어졌다. 모두에게 짐만 남겨두고 달랑 떠나온 내 자신이 그렇게 미울 수가 없었다. 한참을 걷는데 갑자기 잿빛으로 변한 하늘에서 눈발이 날리기 시작했다. 열심히 표 팔아 뉴욕 생활을 편하게 해준 신시 식구들이 고마웠다. 너무 기뻐서 술까지 한잔 마셨다. 그리고 마냥 또 걸었다. 신시 멤버들의 마음과 정신력에 얼마나 감동했는지 모른다. 그리고 얼마나 행복했는지 녹아내린 눈보다 더 많은 눈물이 하염없이 흘렀다.

생각하면 미쳐버릴 것 같아 외면하고 있었던 나의 가족. 뭘 먹고 사는지, 생활비가 있는지 없는지도 모른 척했었는데, 전화 한 통으로 가족들 걱정을 마음껏 할 수 있었다. 그리고 억지로 앓고 있던 몸살도 씻은 듯이 나았다.

뉴욕, 새로운 배움의 땅

다시 브로드웨이를 활보하며 공연을 보았다. 브로드웨이에서 공연하던 모든 작품은 물론 오프브로드웨이에서 하는 공연들도 대부분 보았다. 한국과는 비교할 수 없이 다양하고 실험적인 무대를 접할 수 있는 기회였다.

특히 〈시카고〉 프로덕션이 만든 〈스윙〉이란 작품의 제작과 기획, 리허설 과정에 참여함으로써 뮤지컬 본고장에서는 어떻게 제작하는지 충분히 배우며, 실전 훈련을 할 수 있었다. 선진 뮤지컬에 대한 새로운 지식과 노하우를 배우는 계기가 되었던 것이다. 대단한 행운이었다. 시기가 맞지 않거나, 프로덕션과 인연이 없으면 결코 견학할 수 없는 코스였다.

주먹구구식으로 만들던 당시 우리의 뮤지컬 제작 시스템과 브로드웨이의 선진 시스템은 차이가 컸다. 그들의 방식은 과학적이고 합리적이었다. 우리 배우들은 3개월 전부터 모여 연습을 했는데, 이리저리 시간만 잘라먹고 연습은 고작 두세 시간밖에 하지 않았다. 성과 없이 길기만 한 연습기간은 배우들의 진만 빼놓을 뿐 아니라 제작비의 낭비로 이어지기 일쑤였다.

브로드웨이의 제작사들은 잘 짜인 스케줄에 맞춰 6주 정도만 집중적으로 연습을 한다. 오디션 과정을 거쳐 애초에 그 배역을 제대로 소화할 수 있는 배우를 선발하기 때문에 장시간 무리하게 연습할 필요가 없는 것도 큰 차이였다. 그때까지만 해도 우리나라에는 오디션이란 개념이 도입되어 있지 않은 상태였다.

뉴욕 연수를 마치고 돌아와 가장 먼저 한 일은 우리의 제작 시스템을 정비하는 것이었다. 본토에서 배운 노하우를 접목시킨 작품을 기획했고, 최초로 오디션을 실시하며 차근차근 선진 뮤지컬 시스템에 접근해갔다.

뉴욕에서의 연수시절은 프로듀서로서의 내 삶에 상당한 영향을 끼쳤다. 그전에도 뉴욕에 간 적이 있었지만 연수 형식으로 갔기 때문인지 마음가짐부터가 달랐다. 무엇이든 반드시 배워가야 한다는 마음이 깃든 것 같다.

뉴욕은 고급문화와 저급문화가 공존하는 문화의 강이었다. 왜 소극장에서는 실험적이고 화제성 짙은 작품이 나와야 하는지도 그때 깨달았다. 정형화된 무대와 실험적인 무대가 서로 영향을 주고받으며 흐르고 있었다. 대형이며 정형화된 뮤지컬은 실험적인 무대가 없으면 고인 물처럼 썩게 될 것이고 실험적인 무대는 대형 뮤지컬이 없으면 고사하고 말 것이다. 한국에도 실험적이며 도전적인 소극장 뮤지컬이 많이 나와야 한다고 주장하는 이유가 거기에 있다.

뉴욕 연수는 나를 겸손하게 만들었다. 거대한 브로드웨이, 오프브로드웨이, 오프오프브로드웨이(실험적인 연극을 해온 오프브로드웨이 연극이 60년대 말에 이르러 점차 브로드웨이 진출의 등용문으로 변해가는 징조를 보이게 되자 여기에 불만을 품은 젊은 예술가들이 시작한 새로운 연극운동) 공연을 보기 위해 하루에도 수만 명의 관객들이 오가는 것을 보면서 내가 한국에서 하는 뮤지컬이 정말 왜소하게 느껴졌다. 인구수가 다르고 역사가 다르니 그것은 어쩌면 당연하다. 문제는 내가 뮤지컬 합네 하고 너무 폼 잡고 살았다는 것이었다. 우물 안에서 큰소리치던 개구리가 호수를 보고 입이 떡 벌어진 느낌이랄까, 쑥스럽고 창피했다. 지금까지 뮤지컬을 할 수 있는 힘을 뉴욕 연수에서 얻었다. 내 꿈, 뮤지컬을 잘 만들고 싶은 내 꿈의 기반이 되었던 곳이 바로 뉴욕이다.

〈갬블러〉는 내 뮤지컬 인생에 최대의 위기를 불러왔다. 정확하게 말하면 나의 서툰 판단이 〈갬블러〉를 탈선의 길로 접어들게 만들었다. 그렇지만 돌아온 탕자처럼, 초연이 있은 지 3년 만에 효자가 되어 돌아왔다.

초연을 본 민주음악협회라는 일본 공연기획사가 2002년 한일월드컵 기념으로 25억 원이 넘는 예산을 투자해 〈갬블러〉를 초청하겠다고 했다. 월드컵 기간 동안 13개 도시를 순회공연하는 제법 큰 프로젝트였다. 협상조건도 나쁘지 않았다. 순수 개런티만 60만 달러, 당시 환율로 6억 8,000만 원에 달하는 액수였다.

계약 성사 후, 나는 스태프와 배우들을 대표성을 갖는 진용으로 새롭게 구성했다. 번역에 차범석 선생, 연출은 임영웅 선생을 모셨고, 남경주, 허준호, 최정원, 이건명, 성기윤, 정선아 등 당시 최고의 배우들을 캐스팅했다. 스태프와 배우를 포함해 70명이 움직이는 대장정이었지만, 도쿄, 나가노, 나고야, 후쿠오카, 오이타 등 13개 도시를 순회하는 50일간의 공연은 순조로웠다. 공연 시작 전에 이미 70퍼센트의 티켓이 팔려나갔다. 일본 요코하마에서 첫선을 보인 〈갬블러〉는 일본 관객들의 열렬한 환호와 박수를 받았다.

"균형 잡힌 연출, 뛰어난 가창력과 무대장치 등이 놀랍다. 일본 관객들이 기립 박수를 하면서 커튼콜을 다섯 번씩이나 하는 경우는 극히 드문데 오늘 공연은 이례적이다. 일본에서도 한국 뮤지컬이 통할 수 있다는 것을 보여준 좋은 공연이었다." _일본 『월간 뮤지컬』 편집장 마사히사 세가와

뮤지컬 〈갬블러〉는 내게 특별한 작품이다. 어려움을 겪은 앙코르 공연 때는 뱃속에 있는 아이를 빼앗더니 일본 공연의 성공은 둘째 찬웅이를 안겨주었다. 결과적으로 다시 한번 가족에게 미안한 짓을 하고 말았다. 일본 공연을 핑계로 분만의 고통을 거들어주지도 못했고 아들의 탄생을 함께 기뻐하지도 못했으니 말이다. 아내는 여태껏 불평 한 마디 뱉은 적이 없다. 내가 한 일을 생각하면, 바가지는 물론이거니와 백만 번 쫓겨나도 할 말이 없다. 그런데도 묵묵히 남편을 믿고 지지해주었다.

'고맙다. 고맙다. 고맙다.'

일본 진출 기념으로 예술의전당에서 한 달간 귀국 축하 공연을 가졌다. 일본에서의 성공 때문일까, 앙코르 공연 때와는 달리 대성공을 거뒀다.

〈갬블러〉는 내게 큰 공부가 되었다. 위기에 봉착할 때마다 그 어려운 시절을 떠올리며 마음을 추스를 수 있었고, 어떤 고난 앞에서도 희망과 용기를 잃지 않게 해준 작품이다. 그러나 이제 이 공부는 한 번 해봤으니 됐다.

제2부

뮤지컬, 환희의 세계

김진, N_either13z23, 227.3x545.4cm, oil on linen, 2013

관객들의 가슴에 불을 지필 수 있다는 것이
얼마나 고귀한 직업인가. 이것이
내가 여전히 뮤지컬을 하는 이유다.

청춘이라면 〈렌트〉에 미쳐라

2000년, 지옥과 천당을 경험한 뉴욕 연수에서 돌아왔다. 그때 나는 비장의 무기를 가슴에 품고 있었다. 연수기간 동안 네 번이나 본 작품, 〈렌트〉였다.

당시 한국 연극계에서는 뉴욕에 다녀온 사람에게 "그 작품 봤어?"라는 게 하나의 인사였다. '그 작품'이 바로 〈렌트〉다. 미국에 다녀온 연출가들이며 연극계 사람들은 하나같이 〈렌트〉라는 뮤지컬을 화두 삼아 구구절절 말보따리를 풀기 바빴다. 나 역시 그랬다.

〈렌트〉는 1990년대 뉴욕 이스트빌리지에 사는 젊은 예술가들의 삶을 노래한 작품이다. 무명 가수와 스트립댄서는 서로 사랑하는 연인이고 에이즈에 감염된 젊은이들이다. 또한 다큐멘터리 영화를 찍는 마크와 동성애자인 철학자 콜린스는 이들과 함께 지내는 친구들이다. 이들은 집세를 내지 못해 거리로 쫓겨날 신세에 처하자 집주인을 향해 시위를 벌인다. 언제 생을 마감할지 모를 에이즈 환자들의 불안한 마음과 예술가들의 집념, 사랑과 질투 그리고 죽음과 희망까지 다룬 이 뮤지컬은 경쾌한 록뮤지컬 형식을 취하고 있지만 결코 가볍지만은 않은 작품이다.

〈렌트〉의 경력을 말하자면 숨이 찰 정도다. 토니상 최우수뮤지컬상 등 4개 부문, 연극협회상 6개 부문, 오비상 3개 부문, 퓰리처상 드라마부문, 전미비평가상 등을 받았다. 더 놀라운 것은 1996년 브로드웨이에서 초연한 이래 매년 매진을 이어가고 있었다는 것이다.

〈렌트〉를 한마디로 정의하면 '파격 그 자체'다. 전형적인 브로드웨이 뮤지컬의 흥행 원칙들을 깡그리 무시했다. 중산층 정서, 휴머니티 넘치는 구성이어야 한다는 작품 패턴을 철저히 무시했다. 대신 마약, 동성애, 에이즈라는 소재를 중심에 두고 흑인과 동양인 등 소외된 유색인종 배우들을 주연과 앙상블에 기용했다. 막대한 물량 투자, 해피엔딩이라는 공식도 무시했다. 이 작품은 대작의 10분의 1에 불과한 제작비만으로 완성되었다.

일반적으로 주 관객층이 공연의 형식과 내용을 결정하는데 〈렌트〉의 경우는 달랐다. 〈렌트〉가 뮤지컬의 관객층을 바꿔버렸다. 브로드웨이 극장가를 찾는 대다수 관객들은 관광 온 중장년층이었다. 그런데 〈렌트〉가 등장하자 발길이 뜸했던 신세대들이 극장가로 몰려왔다. 신세대의 특징은 좋아하는 것을 위해서라면 물불을 가리지 않는다는 것이다. 젊은이들은 연일 매진 행렬을 만들어냈다. 예약이 취소된 티켓을 사기 위해 침낭을 짊어지고 온 젊은이들이 극장 앞에 장사진을 치는 진풍경이 연출됐다. 어렵게 티켓을 구한 젊은이는 애인에게 '자기가 최고'라는 찬사를 들었을 법하다. '젊은이'인 나도 그 무리에 끼어 네 번을 봤다. 참신함과 기발함은 아무리 봐도 싫증이 나지 않았다. 그 젊은이들처럼 나도 〈렌트〉에 미쳤다.

국내에도 〈렌트〉에 미친 연극계 사람들이 많았다. 그렇지만 그들에게 한국에서 〈렌트〉를 공연하겠다고 하자 '미쳤다'는 반응들이 나왔다. 감상평을 말할 때는 모두들 최고라며 칭찬일색이더니 정작 한국에서 공연을 하겠다고 하자 모두들 고개를 갸우뚱거렸다.

당시 한국 관객들은 〈아가씨와 건달들〉, 〈웨스트사이드 스토리〉 등 뮤지컬의 고전들을 겨우 인지하고 있는 형편이었다. 뮤지컬이라는 장르 역시 대중적 인기를 확보하지 못하고 있었다. 냉정하게 생각하면 시기상조라는 것이 당연하다.

"이 사람, 네 번이나 봤다더니, 도대체 뭘 본 거야? 한국에서 동성애, 마약, 에이즈가 통할 것 같아?"

"렌트라니? 차 렌트하는 것도 아니고 미국 임대빌딩 외벽에서나 볼 수 있는 그 모호한 제목에, 대사도 없이 노래만 하는 오페레타 형식의 뮤지컬을 한국에서 올린다고? 아직 시기상조야!"

그러나 원래 미친 사람에게는 다른 사람의 말이 들리지 않는다. 오히려 내가 나를 설득하려는 그들을 설득하기에 바빴다. 나는 〈렌트〉에 미쳤으므로, 뉴욕 브로드웨이, 런던 웨스트엔드, 일본에 이어 네 번째로 라이선스 계약을 해버렸다. 계약금은 5만 5,000달러. 한화로는 약 7,600만 원으로 국내에서 계약한 저작권료로는 최고 금액이었다. 〈시카고〉가 3만 달러, 〈갬블러〉가 2만 달러였으니 거의 두 배에 이르는 액수다. 시기 또한 브로드웨이 초연 후 3년 만의 일이다.

〈렌트〉가 온다!

나는 프로듀서다. 단순히 내가 작품에 미쳤다는 이유 하나만으로 공연을 결정하지는 않는다. 보수적인 우리 정서를 생각하면 〈렌트〉 공연 결정은 무모한 도전임에 틀림없다. 소재는 자극적이고 우리에게 낯선 것이지만 작품이 전달하고자 하는 주제는 젊은이들의 사랑과 우정, 희망의 메시지였다. 나는 관객들이 소재에 눈이 멀어 작품의 메시지를 읽어내지 못할 거라고 생각하지 않았다. 우리 관객들은 틀림없이 그 안에 있는 〈렌트〉의 진짜 의미를 알아낼 거라고 굳게 믿었다. 그렇기에 남들이 무모하다고 말려도 확신을 가지고 도전할 수 있었다.

젊은 관객들이 주 타깃이었기에 작품 속에 표현된 거친 속어나 금기어들을 하나도 윤색하지 않고 그대로 살렸다. 뮤지컬로는 다소 낯선 오페레타 형식을 그대로 가져간 것도 같은 이유였다.

내가 확신에 차 진행을 하자 지인들의 걱정은 이내 흥미로운 시선으로 바뀌어갔다. 딱히 시선을 끌자고 한 일은 아닌데, 〈더 라이프〉 때와 마찬가지로 늘 새로운 시도를 하다 보니 또 주목을 받았다. 나는 〈렌트〉를 기점으로 연수기간 동안 브로드웨이 현장에서 배워온 제작과 홍보마케팅 노하우를 실전에 도입해볼 작정이었다.

모두 반대했던 그 공연에 몇몇 공연 관계자들은 뚝심을 가진 나를 지지해주었고, 예술의전당 기획작품으로 함께 이끌어나갔다. 브로드웨이에서 시작한 지 얼마 안 된 최신작을 예술의전당 오페라하우스에서 공연한다는 것은 모험이었다.

그때 홍보마케팅팀에서 내놓은 홍보 아이디어가 신선했다. 극장 전면 가장 잘 보이는 외벽에 'Rent'라는 제목만을 부착해놓고 보는 사람들에게 궁금증을 일으켰다. "예술의전당 내놓았나요? 건물의 몇 층을 임대합니까?" 같은 엉뚱한 문의전화가 꽤 왔다고 한다. 궁금증이 충분히 무르익었을 때 과감한 카피를 사용했다.

"〈렌트〉가 온다!"

브로드웨이를 깜짝 놀라게 한 작품이라는 점에 초점을 맞춰 대대적인 홍보를 시작했다. 효과의 극대화를 위해 부수적인 아이디어를 개발하는 데도 힘썼다.

민간 컴퍼니 사상 최초의 배우 공개 오디션이 대표적이었다. 오디션에서도 배우들의 유명세에 의존하지 않고 신인을 과감하게 기용한 것이 〈렌트〉의 성공비결이었다. 지금이야 캐스팅에 앞선 오디션이 일반화되어 있지만, 당시에는 오디션이라는 용어 자체가 생소했다. 오디션은 그 자체로 성공적이었다. 남경주는 뉴욕에서 〈렌트〉를 보고 난 후 뮤지컬 넘버를 모조리 외워버릴 정도로 작품에 푹 빠져 있었다. 결혼과 출산으로 공백기를 가졌던 최정원이 〈렌트〉로 컴백한다는 사실 또한 흥미로운 화제가 되었다. 여장남자로 분한

〈렌트〉는 신인 배우들의 등용문이 되었다. 이건명, 김호영, 정선아 등 수많은 배우들이 〈렌트〉와 함께 성장했다.

뮤지컬 〈렌트〉, 소재는 자극적이고 우리에게 낯선 것이지만 작품이 전달하고자 하는 주제는 젊은이들의 사랑과 우정, 희망의 메시지였다.

"서른이 되기 전에 꼭 〈렌트〉에 출연하고 싶다"며 먼저 찾아온 조승우. 강렬한 카리스마와 에너지를 가진 배우인 동시에 그 역시 〈렌트〉에 열광하는 젊은이였다.

주원성의 연기 변신도 뉴스거리가 되었다. 황현정과 김선영의 파격적인 엉덩이 노출도 관객들의 탄성을 자아냈다. 오디션에서 캐스팅까지 모든 언론의 관심을 받으면서 대중에게 〈렌트〉라는 작품명을 확실하게 각인시킬 수 있었다.

그 다음은 쇼케이스. 이 역시 국내 최초였다. 공연 한 달 전, 예술의전당 자유소극장에 뮤지컬 동호회 회원 200여 명을 초청했다. 연출을 맡은 윤우영 형이 작품 해설을 맡았다. 그는 "7억이 넘는 제작비를 쏟은 〈렌트〉는 전혀 새로운 체험이다. 그래서 처음 연극을 시작할 때처럼 긴장된다"라고 했다. 작품 해설을 곁들여 1시간 30분가량 주요 뮤지컬 넘버를 선보였다. 내가 공연을 보고 미쳤던 것처럼 관객들은 쇼케이스를 보고 난 후 〈렌트〉에 미칠 준비를 마쳤다. 자신들이 제작자인 양 열심히 입소문을 퍼뜨리고 다녔다. 〈렌트〉에 미친 모든 사람들이 홍보요원이 되어버린 셈이었다. 쇼케이스 이후 티켓은 미친 듯이 팔려나갔다. 이미 성공한 것이나 다름없었다.

공연이 시작되기도 전에 객석 점유율이 68퍼센트였다. 이 수치는 예술의전당이 생긴 이래 처음 있는 일이었다. 후에 뮤지컬 대중화의 일등공신이라고 칭찬받는 〈맘마미아!〉 초연 때보다도 더 높은 수치였다. 물론 〈렌트〉는 공연기간이 짧았기 때문에 '공정한' 비교는 아니다. 2,300석에 달하는 예술의전당 오페라하우스는 〈렌트〉 공연 내내 관객들로 북적거렸다. 공연이 시작된 후에는 2층과 3층 구석자리까지 매진될 정도로 그 인기가 어마어마했다.

주 관객층인 20대와 30대 초반의 젊은 사람들 사이에서는 〈렌트〉를 보지 않고는 뮤지컬을 논하지 말라는 말까지 유행했을 정도다. 그만큼 젊은 세대들에게 폭발적인 화제였고 그들의 갈증을 채워주었던 것이다. 제대로 미친 관객들은 '렌트를 사랑하는 팬카페'를 만들었다. 그리고 〈렌트〉를 계기로 뮤지컬 배우들의 개인 팬클럽까지 형성되었다. 나는 이것이 한국 뮤지컬 성장의 밑거름이 됐다고 믿는다.

주목받는 프로듀서가 되다

젊은 관객들의 안목을 믿고 시작한 무모한 베팅이었다. 죽기 아니면 까무러치기로 도전했다. 그 도전정신에 힘을 실어준 관객들에게 깊숙이 머리를 숙인다. 관객들의 격려 덕분에 용기를 충전했고, 더욱 적극적으로 새로운 작품을 국내에 소개할 수 있었다. 이후 〈렌트〉는 신시뮤지컬컴퍼니의 고정 레퍼토리로 정착했다. 한 해도 거르지 않고 무대에 올렸는데, 매번 흥행불패였다. 과거에 공연을 봤던 관객들과 20대를 맞이한 새로운 관객들이 나란히 객석에 앉아 작품을 관람했다.

〈렌트〉는 관객 문화를 새롭게 만들기도 했지만 뮤지컬계 내부에도 긍정적인 역할을 했다. 바로 신인 배우들의 등용문이 되었다는 사실이다. 해마다 무대에 올릴 때 신인 배우들에게 기회를 주었다. 초연 때 최정원, 남경주, 전수경 등 대선배들 사이에 끼어 있던 신인 이건명을 마크 역에 과감하게 기용했다. 마크 역은 극을 이끌어가는 해설자로서 비중이 상당한 역할이다. 이를 계기로 이건명은 2001년 한국뮤지컬대상 신인상을 수상, 뮤지컬 스타로 자리를 굳혔다. 그밖에도 초연에서 두각을 드러낸 황현정, 성기윤, 김선영, 박준면, 이동근, 김영주, 이계창 등이 있다. 신인이었던 그들은 지금 한국 뮤지컬의 대표적인 배우들로 성장했다. 손익계산을 따지자면 신인 육성은 그들보다 나에게 더 이익이다. 작품을 하고 싶은데 그 역에 어울리는 배우가 없어 공연을 하지 못한다면 누가 더 억울한가. 배우층이 두터울수록 나에게는 더 좋다. 〈렌트〉가 등용했던 신인 배우들은 곧장 뮤지컬의 주축 멤버로 성장해갔다. 김수용, 김호영, 고명석, 김보경, 정선아, 문종원, 김지우, 강태을, 곽동욱 등 여러 배우들이 〈렌트〉에서 데뷔를 했다.

2007년 신시뮤지컬극장에서 〈렌트〉를 다시 준비할 때였다. 이때도 캐스팅으로 고심하고 있었는데, 한국 뮤지컬을 이끄는 영향력 있는 인물 10인 중 한 명이 〈렌트〉에 출연하고 싶어 한다는 소식을 들었다. 그는 박칼린 감독에게 꼭 출연시켜달라고 '부탁'했다. 서른이 되기 전에 꼭 〈렌트〉에 출연하고 싶다는 것이 이유였다. 나는 그의 겸손한 제안을 거절할 이유가 없었다. 그는 다름 아닌 배우 조승우다.

조승우의 〈2007 렌트〉를 보고 싶은 관객이 한꺼번에 몰리면서 홈페이지 서버가 다운되어버렸다. 조승우 신드롬은 티켓 오픈 20분 만에 매진되는 '장관'을 연출했고, 이후 동호회 카페마다 프리미엄을 얹은 티켓이 등장했다고 한다.

내가 본 조승우는 발성, 연기, 가창력, 무대 매너는 물론 인간성까지 갖춘 출중한 배우였다. 무대에서의 몸놀림은 강렬한 카리스마와 에너지를 뿜어냈다. 그는 항상 무대 위에서 이름값을 했다. 연습에 임하는 정신이나 태도도 충분히 스타 자격이 있었다. 언제나 성실한 연습벌레였고 어린 배우들과도 스스럼없이 어울렸다. 또 〈2007 렌트〉는 조승우의 누나 조서연이 함께 출연하여 더 눈길을 끌었다. 남매를 한 무대에서 볼 수 있다는 것은 관객들에게 색다른 재미를 주었다.

〈렌트〉는 2008년 9월 브로드웨이에서 5,124번째 공연을 끝으로 막을 내렸다. 100년이 넘는 미국 뮤지컬 역사에서 일곱 번째로 롱런한 작품이란다. 미국과 한국 젊은이들을 통틀어, 우리는 왜 〈렌트〉에 미칠 수밖에 없었을까? 핵심은 한 젊은 예술가의 열정과 도전에 있었다. 이 작품으로 천재 작곡가라 불리게 된 조너선 라슨은 브로드웨이 뮤지컬의 구태의연함에 환멸을 느껴 미래의 뮤지컬을 만들어야겠다고 결심했다. 그 결심을 푸치니의 오페라 〈라보엠〉을 모티브로 5년 이상의 장고 끝에 〈렌트〉로 탄생시켰다. 우리가 미치기 전에 그 스스로 〈렌트〉에 미쳐 있었던 것이다.

안타깝게도 그는 젊은이들이 자신의 작품에 열광하는 장면을 보지 못했다. 그는 공연 3일 전 혼자 살고 있던 아파트에서 갑작스럽게 생을 마감했다. 병명은 대동맥혈전. 그의 나이 고작 36세였다. 연습 중이던 배우들은 그의 죽음을 안타까워했고 그의 넋을 위로하는 마음으로 〈렌트〉의 삽입곡 '시즌스 오브 러브(Seasons of Love)'를 함께 불렀다고 한다. 2005년 영화로 다시 태어난 〈렌트〉는 텅 빈 극장에서 배우들이 이 노래를 부르면서 시작된다.

나는 개인적으로 조너선 라슨의 아버지를 두 번 만나 그의 짧고 파란만장한 삶을 들을 수 있었다. 그리고 〈렌트〉 등장인물들의 모델이 된 그의 친구들과도 오랜 친분을 유지하고 있다. 〈렌트〉를 공연할 때마다 원작자의 젊은 열정이 내 뼛속으로 파고듦을 느낀다. 이것이 내가 〈렌트〉를 사랑하고, 〈렌트〉를 공연할 때마다 항상 새로운 정신으로 나 스스로를 이끌어 뮤지컬에 대한 새로운 정열을 불태우는 이유다.

〈렌트〉의 대성공으로 〈갬블러〉의 실패로 곤궁해진 극단 살림은 안정을 찾았다. 더불어 나도 공연계의 주목받는 인물이 되었다. 〈더 라이프〉를 시작으로 새로운 시도를 하는 '프로듀서 박명성'의 다음 행보를 주목하는 눈이 늘어갔다. 그럴수록 공연에서 프로듀서의 역할이 얼마나 중요한지, 프로듀서에 대한 관심도 점차 커졌다. 그것은 한국 뮤지컬에서 내게 주어진 또 하나의 역할이었다.

〈맘마미아!〉, 불타오르다

〈맘마미아!〉의 '혐의'는 중년들의 가슴에 불을 지른 것이었다. 불길이 워낙 거세 같이 있던 젊은 사람들의 가슴에도 불이 번질 정도였다. 술을 마시지 않으면 노래방에서 노래 부르는 것조차 쑥스러워하던 중년들이 객석에 앉아 어깨를 들썩거렸다. 공연이 끝날 즈음에는 자신도 모르게 일어나 춤을 췄다. 공연이 끝나자 모두들 일어나 기립 박수를 쳤다. 슬픈 내용이 아닌데도 일부 관객들은 눈물을 흘렸다. 입으로는 웃으면서도, '왜 자꾸 눈물이 나지?'라며 고개를 갸웃거렸다. 그러면서 계속 울었다. 스스로 흥에 겹고 감동에 취해 자신도 모르게 가슴에 불이 붙은 중년의 관객들은 친구들의 가슴에도 불을 질렀다. 이렇게 모여든 〈맘마미아!〉 중년 관객의 비율이 70퍼센트였다. 연쇄적 방화에 성공한 나는 행복했다.

정신적인 방화범이 되려면 먼저 자신의 가슴에 불이 붙어야 한다. 〈맘마미아!〉가 내 가슴에 불을 지른 것은 1999년 여름, 〈갬블러〉 초연을 마친 직후였다. 〈갬블러〉의 원작자이자 후에 〈댄싱 섀도우〉의 작곡가가 된 에릭 울프슨이 허준호와 나의 가족을 런던으로 초청했다. 일주일 일정이었다. 초청을 해준 것만도 고마운데 뮤지컬 티켓까지 미리 구입해놓았다. 〈노트르담 드 파리〉와 〈맘마미아!〉. 그는 둘 중 〈맘마미아!〉를 시쳇말로 '강추'했다. 웨스트엔드에서 흥행돌풍을 일으키고 있는 뮤지컬이라며 흥분을 감추지 못했다. 도대체 무엇이 이 점잖은 예술가를 이렇게 만든 것일까.

극장 앞은 관객들로 인산인해를 이루고 있었다. "혹시 남는 티켓 있어요?"라고 물으며 극장 주위를 서성이는 사람들이 눈에 많이 띄었다. 티켓을 구하지 못해 다른 극장으로 발길을 돌리는 관광객들도 있었다.

공연이 시작되었고, 귀에 익은 아바의 음악들이 쉴 새 없이 이어졌다. 마치 음악과 한 몸인 듯 짜임새 있는 스토리, 단순하지만 기발한 무대장치는 임팩트 있으면서도 매우 아름다웠다. 공연이 진행되는 동안 의자에 편하게 등을 기대고 앉아 있는 관객들은 거의 없었다. 22곡의 아바 히트곡들이 어깨를 들썩이고 박수를 치게 만들었다. 특히 모든 배우들이 등장해 '댄싱퀸', '워털루'를 부르는 커튼콜 장면에서는 무대와 객석이 함께 뜨겁게 달아올랐다. 남녀노소 할 것 없이 모든 관객이 일어나 춤을 추고 노래를 불렀다. 나는 '역시 대중 뮤지컬의 매력이 바로 이런 작품이구나' 하며 무릎을 쳤다. 황홀하고 흥분 가득한 2시간 45분이었다.

제작자이기에 망정이지 내가 일반 관객이었다면 이렇게 말하지 않았을까. "〈맘마미아!〉? 봐! 무조건 봐! 설명? 그걸 어떻게 말로 해? 그래도 해달라고? 〈맘마미아!〉 끝에 느낌표 하나가 붙어 있지? 그거야." '맘마미아'라는 말 자체가 '어쩜 좋아', '어머나', '맙소사'라는 뜻의 감탄사다. 그러니 뒤에 느낌표가 붙는 건 당연하다. 그래도 공통 기호인 '!'가 이 뮤지컬을 잘 설명해주는 것 같다.

도대체 누구야? 어떤 사람들이 이런 엄청난 작품을 만든 거야? 공연이 끝나자 나는 프로그램에서 영국 관객들의 가슴에 불을 지른 원조 방화범을 찾아보았다.

그 동네에서는 세 살짜리도 그들의 노래를 따라 부른다는 아바를 제외하고는 온통 낯선 이름뿐이었다. 프로듀서 주디 크레이머, 작가 캐서린 존슨, 연출 필리다 로이드. 그들은 뮤지컬이라는 영역에서는 아직 어린 소쩍새들이었다. 세 사람은 모두 동갑내기 여성들이었으며 항상 연극에 대한 열정을 가슴에 품고 있던 사람들이었다.

프로듀서 주디 크레이머는 아무도 '감히' 범접할 수 없었던 아바 멤버들을 설득해 그들의 히트곡을 뮤지컬 넘버로 사용하는 새로운 뮤지컬 기법을 만들어냈다. 〈맘마미아!〉의 주인공 도나처럼 싱글맘인 작가 캐서린 존슨은 특유의 유머감각으로 아바의 음악과 완벽하게 어울리는 멋진 스토리를 만들어냈다. 연극과 오페라 무대만 연출했던 필리다 로이드는 섬세하고 신선한 아이디어로 자신만의 독특한 무대 언어를 찾아냈다. 여성 소쩍새 세 명의 집념이 전 지구를 불태운 방화범 〈맘마미아!〉를 탄생시킨 것이다.

전 세계를 뒤흔든 감동 뮤지컬 〈맘마미아!〉. 나는 이 멋진 여성들처럼 적극적인 시도로 한국 뮤지컬 시장에 한판 큰 불을 질러보기로 마음먹었다.

역사적인 한국 공연의 서막

고전 뮤지컬의 아성을 뛰어넘은 최신작이다 보니 라이선스 경쟁이 치열했다. 나중에 들은 이야기지만 10개가 넘는 한국의 프로덕션이 유치 경쟁을 벌였다고 한다.

한국에서는 물밑으로 난리가 났는데 정작 결정권을 쥔 쪽은 평안했다. 국내의 치열한 유치 경쟁은 허무하게 끝났다. 너무나 쉽게 신시뮤지컬컴퍼니의 손을 들어준 것이다. 그들은 재정적인 측면보다는 지금까지 무슨 작업을 어떻게 해왔느냐를 중요하게 따지는 사람들이다.

그들 모두가 연극에서 출발한 경력이 있어 어쩌면 나와 정서가 비슷했는지도 모른다. 그래서 그동안 다양한 공연경력과 두터운 신용을 쌓아온 신시가 유리했던 것이다. '브로드웨이 박'이라는 내 별명도 조금은 영향을 미치지 않았을까.

다음 숙제는 장기공연이 가능하며 메커니즘이 풍족한 공연장 섭외였다. 이 작품을 관람한 사람들은 무대장치가 단순해 제작비 부담이 없어 보인다고 말한다. 나도 공연을 보면서 그렇게 생각했다. 그러나 실제로는 그렇지 않았다. 가장 심플한 무대공간을 창출해낸 복잡한 메커니즘, 아이디어의 승리다. 게다가 공연 내내 흐르는 아바의 히트곡들을 표현해내는 데는 까다로운 아바의 승인을 받은 음향 시스템이 반드시 뒷받침되어야 했다.

커튼콜 한 장면을 위한 의상, 조명 등 제작비만도 2억 5,000만 원이 들어간다고 하니, 〈맘마미아!〉의 제작비가 100억 원 규모인 것은 당연할 수밖에 없었다. 막대한 제작비를 회수하기 위해서는 장기공연을 해야 한다. 그래야 관객들에게도 좀 더 저렴한 가격의 티켓을 제공할 수 있다. 흥행에도 자신이 있었다. 나는 극장 섭외를 위해 예술의전당을 찾아갔다. 때마침 극장 관계자 역시 토론토에서 〈맘마미아!〉를 보고 이미 매료되어 있었다.

"내 개인 소유의 극장이라면 1년 365일 〈맘마미아!〉에 극장을 내주고 싶은데, 안타깝네요. 〈맘마미아!〉 정도면 몇 년을 해도 흥행에 성공할 수 있는 작품이에요."

예술의전당 입장에서 보면 한 작품에 3개월이 넘는 기간을 할애하는 것은 큰 부담이자 모험이었다. 공연계는 이러쿵저러쿵 말이 많은 동네인지라 이해가 되었다. 특정한 단체와 작품에 대한 특혜 논쟁이 벌어질 게 불 보듯 뻔했다. 공공성을 띠는 극장의 한계 탓에 모두들 조심스러웠다. 꽤 오랜 시간 극장 내부에서 많은 논의가 있었다. 그리고 결국 〈맘마미아!〉가 예술의전당 사상 최장기공연 작품으로 결정되었다. 이런 결정이 나게 된 데에는 예술의전당을 〈맘마미아!〉 열풍의 발화점으로 삼고 싶었던 극장 측의 의욕이 컸다. 우리는 공연의 성공에 대한 확신이 있었고 서로에 대한 믿음이 있었다.

공연 일정이 확정된 후 귀한 손님이 한국을 방문했다. 〈맘마미아!〉의 빅 히트로 세계 뮤지컬의 황녀로 불리는 프로듀서 주디 크레이머가 인터내셔널 수석 프로듀서 앤드류 트레거스와 줄리앙 스톤맨을 대동하고 온 것이다.

공연이 끝나자 모두들 일어나 기립 박수를 쳤다. 슬픈 내용이 아닌데도 일부 관객들은 눈물을 흘렸다. 입으로는 웃으면서도, '왜 자꾸 눈물이 나지?'라며 고개를 갸웃거렸다. 그러면서 계속 울었다.

한국 공연 발표 기자회견에 오리지널 프로듀서의 방한은 이례적이었다. 기자회견을 하루 앞두고 앤드류 트레거스와 나는 역사적인 〈맘마미아!〉 한국 공연 계약서에 사인을 했다. 얼마나 설레는지 사인하는 펜이 미세하게 떨렸다. 사인된 계약서를 교환할 때는 목이 메고 심장박동이 빨라질 정도였다. 이제야 비로소 그 유명한 〈맘마미아!〉를 내 가슴속에 품은 것이다.

모든 행정적인 절차를 끝마치고 홀가분하게 〈맘마미아!〉의 주디 크레이머를 포함한 런던 식구들과 저녁 축하연을 벌였다. 식사를 기다리는 동안 주디 크레이머는 나에게 장난스럽게 말을 건넸다.

"미스터 박, 오늘 앤드류 트레거스와 둘이서 무슨 짓을 저지른 거죠?"

나는 곧바로 대답했다.

"오늘 역사적인 한국 공연에 사인을 했지요. 오늘밤 원 없이 행복하고 날아갈 듯한 기분, I have a dream, 프로듀서로서의 꿈을 이룬 날입니다."

그 자리에 함께한 모두는 화기애애한 분위기 속에서 저녁식사를 마쳤다.

다음 날 기자회견에서 주디 크레이머는 한국의 신시뮤지컬컴퍼니와 5년 계약을 했으며 예술의전당과 공동으로 한국 공연을 추진하기로 했다고 발표했다. 그는 아바의 히트곡이 한국어로 불린다는 불리함에 대한 기자의 질문에 이렇게 말했다.

"대사와 노래가 연결되면서 줄거리로 발전하기 때문에 모두 한국어로 해야 합니다. 한국 배우와 한국어를 통해 한국적 분위기를 담아야 합니다. 〈맘마미아!〉는 아바에 대한 뮤지컬도, 아바를 추종하는 뮤지컬도 아닙니다. 그럼에도 불구하고 아바의 향수를 느끼는 80대에서 다섯 살 어린아이까지 좋아하는 작품입니다. 특히 이 작품은 뮤지컬 역사상 최초로 여성이 작품을 쓰고 제작과 연출을 맡은, 새롭고 가슴 훈훈한 이야기로 한국인 정서에 크게 어필할 것입니다. 서울은 전 세계에서 열두 번째로 〈맘마미아!〉를 만든 도시가 될 것입니다."

2003년 6월, 드디어 배우 선발을 위한 공개 오디션이 시작되었다. 3주 동안의 심사에서는 런던의 크리에이티브팀이 대거 심사위원으로 참여했다. 배우들의 관심은 폭발적이었다. 중년 배우가 주인공이었기 때문에 400명 남짓의 배우들만 모였지만, 한국의 대표적 뮤지컬 배우들은 모두 참여해 배역을 거머쥐기 위한 혈투를 벌였다. 주역들은 '지옥 오디션'이라는 표현이 걸맞을 정도로 엄격한 심사를 거쳤다. 여섯 차례 이상의 리콜을 받았고, 지속적으로 파트너를 교체하며 토너먼트 식의 바늘구멍을 통과해야 했다. 도나 역에 지원했던 스타들이 줄줄이 고배를 마셨다.

배우 선발까지 마친 후 배우, 영국의 크리에이티브팀, 한국 제작진은 조선호텔에서 제작발표회를 열었다. 다행히도 방송과 언론에서 큰 관심을 보였고 〈맘마미아!〉의 긴 여행은 산뜻하게 출발할 수 있었다. 그렇다고 해서 내 마음까지 산뜻한 것은 아니었다. 100억 원 규모의 프로덕션을 운영하는 것은 긴장의 연속이었다. 챙겨야 할 일도 끝이 보이지 않았다. 그나마 극장과 방송사의 공동주최 형식이어서 막대한 제작비에 대한 부담을 조금이나마 덜 수 있었던 것이 유일한 위안이었다.

본격적인 제작에 들어가자 두 번째 숙제가 기다리고 있었다. 무대장치의 디자인을 선택해야 했다. 내게 필요한 건 쉽고 빠르게 설치, 철거가 가능한 것이었다. 짧은 공연기간(한국에서 3개월은 장기공연이지만 외국에서는 단기공연에 속한다) 동안 무대장치 설치와 철거에 많은 시간을 할애할 수는 없다. 장치의 기본은 똑같지만 나라마다, 공연의 기간과 규모에 따라 디자인이 달랐기 때문에 세계의 모든 공연을 다 봐야 했다. 런던과 뉴욕, 미국의 소도시 애플턴, 도쿄, 시드니 등을 들락거리며 여러 기술 파트너들과 힘겨운 싸움을 끊임없이 치러야 했다. 오리지널에 가깝되 설치기간은 짧아야 한다는 나의 요구와 둘 중 하나는 포기해야 한다는 기술진의 주장이 부딪쳤다. 그렇게 전 세계를 돌며 무대장치 선택에 대한 '싸움'을 하고 다녔다.

이런저런 우여곡절을 겪고 난 뒤 시드니와 애플턴 버전의 장점을 뽑아 한국 공연의 무대 디자인으로 결정했다. 오리지널과 거의 같되 설치와 철거가 용이한 디자인이었다.

무대가 단순해 보이지만, 그 단순함은 기술에 의해 가능한 것이었다. 오토메이션 무대 시스템을 국내 기술로는 제작할 수가 없었다. 어쩔 수 없이 영국과 호주에 제작을 의뢰했다. 바다를 상징하는 파란 물결 배경은 영국의 오리지널 디자이너가 손수 제작해야 한다는 조항이 있었기 때문에 세계 어느 나라의 공연이든 그 부분은 영국에서 공수를 해야 했다.

무대, 조명, 음향 등 기술적인 파트의 협의가 끝나고 리허설이 시작되었다. 이와 함께 영국과 호주에서 무대장치, 의상, 음향 콘솔이 속속 서울에 도착하기 시작했다. 공연이 다가오고 있다는 설렘과 흥분이 나를 감쌌지만 그것도 잠시, 제작자로서 자금에 대한 걱정이 앞섰다. 항상 필요한 돈의 액수가 개인적으로는 본 적도 만져본 적도 없는 억 단위였으니 오죽했겠는가.

고민에 고민을 거듭하다 마지막으로 찾아간 곳은 언제나 그렇듯이 정우 스님이었다. 지구 최강의 철면피를 데려와도 나만큼 뻔뻔할까. 그래도 정우 스님은 한 번도 싫은 내색을 하지 않으셨다. 부족하면 다른 분들에게 빌려서라도 필요한 액수를 채워주셨다. 스님이 아니었으면 〈맘마미아!〉, 〈아이다〉 같은 대작은 엄두도 내지 못했을 것이다.

고맙습니다, 정우 스님!

여기서 정우 스님 이야기를 다시 한 번 하고 싶다. 문화예술에 대한 관심이 크셔서 박범훈, 김영동, 황석영, 황지우, 김덕수, 이매방, 손진책, 전무송, 고석만 선생 등 많은 예술가들과 두터운 친분을 유지하고 계신 정우 스님. 사업을 하셨으면 대그룹의 회장직도 너끈하게 해내실 분이다.

스님은 문화예술을 지극히 사랑하신다. 특히 연극, 뮤지컬에 대한 애정은 남다르다. 우리나라뿐 아니라 전 세계 어디를 가시든 꼭 뮤지컬을 보시는 분이다. 스님의 뮤지컬에 대한 애정은 한국뮤지컬대상에서 특별상을 수상할 만큼 한국 뮤지컬 발전에 적지 않은 기여를 했다. 스님이 공연계에서 상을 받은 것은 세계에서 처음 있는 일일 것이다.

그분의 적극적이고 도전적인 스타일을 곁에서 지켜보면서 많은 것을 배웠다. 사실 정우 스님께 입은 은혜는 너무 깊고 많아서 책 한 권으로도 부족할 지경이다.

나는 정우 스님 덕분에 인도 여행을 세 번 갔다. 인도 여행은 내 삶의 새로운 전환점이 되었다. 뉴욕 연수가 뮤지컬 프로듀서로서의 인생에 변화를 가져왔다면 인도 여행은 앞으로의 삶을 어떻게 살아야 할지 인생에 대한 꿈을 재정립하고 마음가짐을 새롭게 다지는 계기가 되었다.

내가 열심히 살겠다는 다짐을 하며 스님께 삼배를 올린 것도 히말라야 산자락에 있는 호텔의 벽난로 앞이었다. 히말라야의 만년설, 불교의 유적들, 삶과 죽음의 근원을 깨우쳐준 갠지스강가의 인간 군상들을 보면서 새삼 삶의 의미를 되새겨보게 되었다. 전설보다 오래된 도시라는 바라나시에서 스님이 하신 말씀은 아직까지 생생하게 남아 있다.

"삶의 값어치란 '자신에게 주어진 일에 얼마만큼 충실한가'에 따라 평가가 정해진다. 자신의 삶을 열심히 살고 못 살고가 갈림길인 것이다. 남의 것을 넘겨다보고 탐내고 시샘하는 것보다 자신의 삶을 눈여겨보며 열심히 살아야 한다. 그러면 보람도 행복도 모두 발견할 수 있다."

평범한 말씀 같지만 나에게는 가슴 뭉클하게 다가왔다. 나는 고민이 있을 때마다 정우 스님을 찾아가 자문을 구한다. 100억 원 규모의 큰 작품들을 제작하다 보니 마음이 떨릴 때가 많다. 입버릇처럼 쓰던 '간이 벌렁벌렁하다'라는 표현이야말로 내 마음을 제대로 그리는 말인 것 같다. 극단에 대한 고민을 털어놓을 때도 스님은 내게 이렇게 말씀하셨다.

"원(願)을 세우고 큰일을 이루기 위해서는 신중하게 생각하고 오랫동안 고민해야 한다. 그리고 그 일을 해야겠다고 결심이 서면 물불 안 가리고 온몸을 던져야 성공을 보장받을 수 있다. 그렇게 했을 때 안 되는 것도 되게 마련이다."

나는 가난한 연극쟁이 시절, 결혼은 꿈도 못 꿀 때 정우 스님의 보증으로 결혼도 하게 됐다. 장모님이 결혼 전에 스님께 상담을 드렸다고 한다. 예전부터 스님과 인연이 있던 장모님은 가난한 연극쟁이를 뭘 믿고 결혼을 시키겠냐고 여쭸다는 것이다. 그럴 만도 했다. 스님은 "걱정 말고 박명성이에게 보내요, 내가 책임질 수 있어, 안 그러면 후회할 거여, 내가 그이를 너무 잘 알아"라고 하셨다. 화통하신 장모님이 정우 스님의 말씀을 믿고 곧바로 결혼식 일정을 잡아버렸다. 스님 덕분에 만난 지 3개월 만에 결혼에 골인했다.

이렇듯 정우 스님은 박명성이라는 한 개인과 신시에게 커다란 버팀목이시다. 30년 넘는 동안 정우 스님을 근거리에서 모시면서 많은 가르침을 받았고 일하는 방식도 저돌적이고 도전적인 스님의 스타일을 닮게 되었다. 항상 무모한 도전을 많이 하는 것도 정우 스님의 영향을 받은 것 같다.

정우 스님이 살아가는 모습만 봐도 삶의 값어치를 이해할 수 있다. 끊어질 줄 모르는 폭포수 같은 열정과 에너지는 어디에서 나오는 것일까. 그런 열정과 에너지를 터득한다면 이 세상에서 안 되는 일이 없을 것 같다.

"정우 스님, 고맙습니다."

관객의 가슴에 불을 지피다

리허설이 막바지에 도달할 즈음, 처음의 확신은 온데간데없어졌다. 긴장과 초조함이 어깨를 짓눌렀다. 티켓 판매량이 예상보다 저조했다.

관객들에게 〈맘마미아!〉의 공연이 알려지지 않은 것도 아니었다. 언론에서는 〈맘마미아!〉의 한국 공연에 대해 호의적인 기사들을 실어주었다. "팝의 전설 아바, 뮤지컬로 다시 뜬다", "노래, 춤, 온몸으로 느껴봐!", "아바 히트곡, 뮤지컬로 만난다" 등의 헤드라인은 한국 관객들에게 〈맘마미아!〉에 대한 기대감을 심어주기에 충분했다. 그럼에도 불구하고 우리나라 관객들은 공연 일주일 전부터 본격적으로 예매를 시작하기 때문에 기대와 불안 사이에서 피가 바짝바짝 마를 수밖에 없다. 영화도 그렇고 상품을 만드는 사람도 관객 혹은 소비자들의 반응이 오기 전까지 모두들 피를 말린다. 누가 더 힘든가 내기를 하자면 밤을 꼬박 새워도 부족할 것이다.

나는 스스로 '특이체질'이라고 진단한다. 머리와 위가 직접적으로 연결되어 있는 것 같다. 심리적으로 압박감을 느낄 때 뭘 먹으면 꼭 급체를 하고 만다. 그래서 공연이 임박하면 제대로 식사를 할 수가 없다.

그날은 프리뷰 공연 하루 전날, 프로그램을 제작하고 있었다. 항상 프로그램만은 내가 직접 만들어왔다. 연습사진 몇 컷으로 프로그램을 만드는 것을 가장 싫어한다. 프로그램 사진을 통해서 관객들은 공연 장면을 기억한다. 그러니 최상의 품질로 서비스하는 것이 당연하다. 또 프로그램은 컴퍼니의 수준을 판단하는 근거가 되기도 하고 컴퍼니의 얼굴이기도 하기에 항상 심혈을 기울여 만들어야 한다.

밤샘 작업을 하면서 잠시 방심을 하고 간단한 간식을 먹었다. 내 몸은 '수차례 경고를 주었건만 또 무모한 짓을?'이라고 말하는 듯했다. 아니나 다를까 급체했고 온몸에 식은땀이 흘렀다. 눈이 흐릿해 앞이 보이지 않았다. 속이 메스껍고 구토를 하고 싶어 화장실에 가려고 일어섰다. 그러나 몇 발짝도 가지 못하고 쓰러지고 말았다. 시멘트벽이 아닌 냉장고에 부딪힌 것이 천만다행이었다. 같이 있는 식구들은 깜짝 놀랄 수밖에 없었다. 얼른 병원에 가자고 호들갑을 떨었다. 울렁거리는 속을 겨우 진정시키고 구토와 설사를 하고서야 정신을 차렸다. 나 스스로도 이해하지 못하는 독한 면을 내세워, 밤을 꼬박 새워 아침 7시에 프로그램 디자인 작업을 마쳤다.

다행히 프리뷰 공연의 티켓은 전석 매진이 되었지만 결코 반가운 소식만은 아니었다. 전석 매진은 공연에 대한 기대감을 나타내는 것이다. 공연이 만족스러우면 그들은 프로듀서에게 천사가 되지만 공연이 만족스럽지 못하면 악마보다 무서운 사람이 된다. 밤을 꼬박 새운 나는 프리뷰 공연이 시작되자 극장 1층 뒤에 섰다. 나는 공연마다 벽에 기대서서 보는 것이 습관처럼 되어버렸다. 초조하고 긴장되면 안절부절못하니 서서 보는 것이 편하기 때문이다.

공연이 끝났다. 환호와 기립 박수가 이어졌다. 눈물이 핑 돌고 가슴이 뜨거워졌다. 감동이 그동안의 고생을 어루만져주었다. 극단 식구들도 훌쩍훌쩍 눈물을 흘렸다. 서로 얼싸안기도 했다. 관객들의 감동, 나의 감동, 식구들의 감동, 모든 제작진의 감동. 이런 뜨거운 감동 때문에 이 어려운 일을 마약에 중독된 사람처럼 계속하는지도 모르겠다. 관객들의 가슴에 불을 지필 수 있다는 것이 얼마나 고귀한 직업인가. 이것이 내가 여전히 뮤지컬을 하는 이유다.

프리뷰 공연이 끝났다. 이제 정식 오픈이다. 관객들이 손꼽아 기다려왔던 〈맘마미아!〉가 첫 선을 보이는 2004년 1월 25일, 예술의전당 로비에는 문화예술계를 비롯해 각계각층의 많은 인사들이 모습을 보여 이 작품이 초미의 관심사임을 입증했다.

공연 시작 전 객석에서는 희한한 장면도 연출됐다. 아바의 대형사진을 들고 있는 팬클럽 회원들이 눈에 들어왔다. 오픈 공연 축하차 내한한 아바의 멤버 비욘 울베이어스를 환영하는 피켓이었다. 아바 멤버가 떴다 하여 객석이 한바탕 술렁였다. 그의 한국 방문은 모든 언론에서 대서특필하며 높은 관심을 보였다. 특히 비욘은 첫 번째 한국 방문이었고 이웃나라 일본의 〈맘마미아!〉가 아닌 한국의 〈맘마미아!〉를 선택했다는 점에서 더욱 특별했다. 드디어 저녁 7시 30분. 꿈의 무대, 환상의 무대가 활짝 열렸다. 푸른빛 지중해의 아름다운 풍광이 눈앞에 펼쳐졌다. 소피 역 배해선의 청아한 목소리로 첫 노래 '아이 해브 어 드림(I have a dream)'이 흘렀을 때, 중년 관객들은 아바의 추억 속으로 빠져들기 시작했다.

극 중 무대인 그리스 외딴 섬은 두 덩어리의 원형무대로 둔갑해 쉴 틈 없이 움직였다. 등대, 모텔, 방, 부두 등으로 바뀌는 최첨단 무대장치는 빠른 템포의 음악에 다양한 각도로 움직이며 지중해의 느낌을 표현해주었다. 영국과 호주에서 제작해온 그리스풍의 하얀 벽면 세트와 선명한 원색의 의상은 화려한 조명과 함께 환상적인 색채의 세계로 이끌어 눈을 즐겁게 했다. 커튼콜 때는 아바의 전성기를 연상케 하는 반짝이 의상을 걸치고 나와 기립 박수를 받았다. 얌전히 박수만 치던 관객들도 배우들이 화끈한 춤과 함께 앙코르 무대를 연출하자 일어서서 몸을 흔들어댔다.

무엇보다도 지옥 같은 오디션과 힘든 연습과정을 견뎌낸 배우들의 노력 덕택에 관객들은 2시간 30분 동안 재미와 감동의 세계로 빠져들었다. 본 공연이 끝나자 1층에서 4층까지 가득 메운 관객들은 일제히 환호성을 질렀고 우리 제작진과 런던 제작진은 서로 얼싸안고 성공을 축하했다.

매일매일 티켓 판매는 3,000장 이상을 훌쩍 넘겼다. 티켓이 없어 못 파는 지경이었다. 2수일 후 공연까지 차곡차곡 매진되어갔다. 공연의 완성도가 높다는 언론의 찬사, 늘어나는 중년 관객들, 꼬리에 꼬리를 무는 입소문. 티켓 판매량이 그렇게 지속적으로 많은 것도 예술의전당 사상 최대라고 들었다.

공연 시즌 중에 재미있는 경험도 했다. 다른 일 때문에 강남의 한 빌딩에 갔다. 엘리베이터를 탔는데 거기에서 약간은 흥분한 중년의 천사를 만났다. 그 천사는 다섯 명의 일행들에게 〈맘마미아!〉를 봤다며 입에 침이 마르도록 칭찬하면서 공연을 본 것 자체를 자랑으로 삼았다. 내가 있는 줄도 모르고 말이다.

"〈맘마미아!〉 정말 재미있어. 꼭 봐, 꼭 봐. 정말 재미있어."

아, 참 기분 좋고 흐뭇했다. 나도 모른 척하고 한 마디 거들었다.

"저도 봤는데요, 꼭 보세요. 계모임 단체들이 그렇게 많이들 오신대요."

1000회, 모두의 열정이 만든 감동의 대기록

드디어 뮤지컬 역사가 새로 쓰였다. 2011년 12월 10일 〈맘마미아!〉가 1,000회 공연을 돌파했다. 1,000회 공연! 어떤 공연이든 세우기 어려운 기록이다. 한국 뮤지컬에 있어서 역사적인 사건이 아닐 수 없다. 그날 공연을 보면서 '정말로 〈맘마미아!〉가 여기까지 올 줄은 몰랐다'는 생각이 새삼 들었다.

객석을 가득 메운 관객들은 이미 즐길 준비가 되어 있었다. 상당수 관객들이 줄거리를 훤히 꿰고 있어서 웃기는 장면에서는 웃을 준비를, 애잔한 장면에서는 울 준비를 했다. 처음 보아도 재미있고 두 번, 세 번 보아도 감동적인 것이 〈맘마미아!〉의 강점이다. 커튼콜 때는 모두 일어나서 즐기며 배우들과 함께 노래를 부르는 이들도 많았다.

1,000회를 기념하기 위한 행사에서 관객들은 한 배우에게 경의의 박수를 보내주었다. 길고 긴 여정, 이 많은 공연을 단 한 번도 빼놓지 않은 배우가 있었다. 그는 스타지만 스타 대우를 받지 못한다. 팬클럽도 없다. 성실하게 자기 역할을 다하는 배우, 작품 전체를 볼 줄 아는 배우, 뭘 시켜도 기본 이상을 해내는 전천후 배우. 그가 바로 성기윤이다. 나를 포함해서 성기윤이 왜 대스타가 되지 못하는지 안타까워하는 사람이 많다. 영화계 원로이신 김수용 감독은 "왜 영화나 텔레비전에서 성기윤을 낚아채가지 않지? 어떤 작품을 봐도 참 멋진 배우던데"라고 하신다. 손진책 선생도 "저런 인재를 왜들 몰라볼까"라며 안타까워하시더니 〈화선 김홍도〉에 캐스팅하셨다. 그가 한 어느 인터뷰를 봤더니 팬을 끌고 다니는 스타가 되는 건 오래전에 포기했다고 한다. 좋은 작품에서 좋은 연기를 하는 게 자기 역할이라고 마음을 굳혔단다. 성기윤은 팬클럽이 없는 배우지만 나에게는 반짝반짝 빛나는 스타다.

공연 일주일 전에 런던의 오리지널 스태프들이 왔다. 첫 공연 때는 6주 전에 왔었는데, 가면 갈수록 이 기간이 줄어들고 있다. 그만큼 한국 스태프들을 신뢰하기 때문이다. 이번에도 무대 리허설 할 때 디테일한 부분 몇 가지 잡아준 것 외에는 특별히 수정한 것이 없었다. "다음부터는 우리가 안 와도 되겠다"는 농담을 할 정도로 무대장치며 배우들의 연기 연습이 잘 되어 있었다.

〈맘마미아!〉 개막 기념식은 디큐브아트센터 개관 기념식을 겸해서 열렸다. 그날 행사에는 정말 많은 분들이 와주셨다. 누군가는 그랬다.

"이렇게 많은 어른들이 각계각층에서 오신 오프닝은 처음 봤다. 대한민국 문화예술계를 이끄는 원로들이 다 오셨잖아. 그 많은 어른들을 어떻게 다 챙기며 살아? 박 대표는 배포도 크고 복도 많고, 참 잘 사는 것 같아. 부럽다."

나는 남들도 모두 그렇게 살고 있다고 생각한다. 그래서 나는 더욱 더 잘 살려고 무진 애를 쓰며 살고 있다. 까마득한 후배가 하는 일에 관심 가져주시고, 와주시는 게 고마워서 다음 날 따로 다 전화를 드려 감사하다고 말씀드린다. 좀 쑥스럽지만, 계획적으로 하는 게 아니고 존경심의 발로다. 그날 오신 분들은 거의 대부분 〈맘마미아!〉를 두 번 이상 본 분들이었다. 극장이 어떻게 지어졌는지, 이번 공연은 또 어떻게 달라졌는지 보려고 오신 것이다. 모두들 '이번 공연이 가장 완성도 높은, 가장 뛰어난 작품'이라며 칭찬을 아끼지 않았다. 재미있게 말하기를 즐기는 분은 "내가 여러 번 봤는데 그때는 아무 생각 없이 봤나? 〈맘마미아!〉가 이렇게 감동적이고 이렇게 훌륭한 작품이었나"라고 말하기도 했다. 내가 보기에도 그랬다. 배우들의 앙상블, 오랜 공연, 특히 지방투어에서 다져진 스태프들의 숙련도 등 모든 것이 최고였다. 특히 최정원의 연기는 단연 최고였다. 최정원은 2007년 성남아트센터 공연에서 도나 역으로 합류했다. 그 당시 공연 중 담석이 생겨 매우 고통스러워했지만 그녀는 꾹 참고 끝까지 함께했다. 그녀의 책임감과 공연에 대한 집념은 〈맘마미아!〉 팀에게 활력을 불어넣어주는 데 충분했다.

도나를 연기하는 최정원을 700회 넘게 봐왔지만 나는 그녀의 연기에 항상 감동한다. 최정원은 연극과 지방공연을 하면서 무대에 대한 밀착력이 높아지고, 관객들의 감정을 뒤흔드는 방법, 관객을 유혹하는 기술을 터득한 것 같았다. 〈맘마미아!〉 인터내셔널 프로덕션의 총괄 프로듀서인 앤드류 트레거스도 "최정원은 도나를 위해 태어났다"고 말했다.

최정원은 세계 최고의 도나다. 이건 그냥 칭찬이 아니고 객관적인 사실이다. 2008년 11월 스웨덴 '말뫼'라는 도시에 건립된 1만 5,000석 규모의 돔구장 개장을 축하하기 위해 스웨덴 최고의 뮤지션들이 모여 이틀 동안 돔구장 특설무대에서 콘서트를 개최했다. 전 세계에서 활동 중인 스웨덴 출신의 뮤지션들이 모두 모인 것이다. 이 특별 이벤트의 피날레 무대로 아바의 곡들로 만들어진 뮤지컬 〈맘마미아!〉 갈라쇼를 하기로 했다. 극 중 인물인 세 아줌마 도나, 타냐, 로지를 각각 다른 나라에서 불러 구성하기로 했는데, 주인공 도나는 한국, 타냐는 스페인, 로지는 러시아 배우로 팀을 짜서 초청했다. '워털루'를 같이 부르면 끝나는 콘셉트였다. 행사를 마치고 서울에 도착한 최정원은 너무 감격스러웠고 배우 생활 중 그런 날이 또 있을까 싶었다고 했다. 수만 명의 관객들이 한국의 도나 최정원을 외칠 때는 눈물이 나서 노래를 못 부를 지경이었다고 했다. 그러면서 〈맘마미아!〉는 자신의 인생 최고의 작품이며, 그런 자리에 갈 수 있게 해준 나에게 고맙다고 말했다. 고맙다는 인사는 내가 해야 한다. 한국의 〈맘마미아!〉를 이토록 멋지게 만들어줬으니 말이다. 최정원은 지칠 줄 모르는 배우다. 그리고 순수하지만 귀티가 철철 흐르는 배우다. 평소에는 점잖은 사람이 무대에만 서면 폭발적인 카리스마를 뿜어낸다. 그 불같은 연기를 보면 섬뜩하기까지 하다. 그 놀라움은 아마도 무대에 서면 늘 힘이 솟는다는 천상 배우로서의 에너지와 관객들에게 받은 사랑을 혼의 연기로 다시 돌려드리겠다는 프로정신의 결합이라 생각한다.

〈맘마미아!〉는 전 세계인의 뮤지컬이다. 2012년 3월을 기점으로 전 세계 325개 이상 주요 도시에서 공연해서 5,000만여 명이 관람했으며 전 세계 티켓 판매 매출액만도 2조 3,000억 원이 넘는다. 우리도 〈맘마미아!〉로 700억 원이 넘는 매출을 거뒀는데 그 돈이 다 어디로 갔는지는 미스터리다.

〈맘마미아!〉가 전 세계적으로 이토록 큰 성공을 거둘 수 있었던 것은 관객, 특히 중장년 관객과 소통하는 힘이 강하기 때문이다. 엄마와 딸의 관계, 힘든 생활, 옛 친구들과 애인들의 이야기가 아바의 음악과 앙상블을 이루면서 관객들의 가슴을 울리고 대리만족을 느끼게 한다. 공연을 보고 나면 뭔가 통쾌한 기분까지 느낀다. 1999년 시작된 〈맘마미아!〉의 끝이 어디인지는 아무도 모른다. 물론 나도 모른다.

나는 '한국의 맘마미아'를 꿈꾼다. 런던에서 만든 〈맘마미아!〉가 아니라 우리가 만든 맘마미아, 세계의 관객들을 감동시킬 맘마미아를 꿈꾼다. 그날이 멀지 않았다고 기대하고, 반드시 세계에서도 통하는 감동적인 공연을 만들 수 있다고 확신한다. 〈맘마미아!〉 같은 콘텐츠를 만드는 것이 프로듀서로서의 내 마침표가 될 것이다. 그리고 늘 그렇듯, 마침표는 새로운 문장의 시작이 될 것이다.

〈맘마미아!〉 1,125회 출연을 달성하고 아직도 기록을 써가는 배우, 언제나 성실한 전천후 배우 성기윤이다.

최정원은 세계 최고의 도나다. 이건 그냥 칭찬이 아니고 객관적인 사실이다.

한 차원 더 높이, 〈아이다〉

연극이든 뮤지컬이든 무대에 올리는 작품들은 모두 소중하다. 작품마다 자기만의 영혼을 지니고 있기 때문이다. 모두 소중하되 작품을 대하는 느낌은 색다른 친구들을 만나는 것처럼 새롭다. 〈맘마미아!〉를 보면 흥이 많은 친구를 만나는 것처럼 즐겁고, 〈산불〉을 보면 매사 진지한 친구를 만나는 것처럼 생각이 많아지고 진중해진다. 〈피아프〉를 보면 친구의 찬란하고 슬픈 이야기를 들을 수 있다.

그리고 자주 보고 싶지만 너무 멀리 있어서 그리움이 깊은 친구가 있다. 〈아이다〉가 바로 그런 친구다. 멀리서 벗이 찾아오면 참 반갑고 기쁘다. 동시에 자주 만날 수 없기에 더 극진히 대접해야 하고 신경을 많이 써야 하는 친구이기도 하다.

〈아이다〉는 〈라이온킹〉, 〈미녀와 야수〉, 〈타잔〉, 〈메리 포핀스〉 등과 함께 디즈니를 대표하는 뮤지컬이다. 디즈니의 뮤지컬 중 〈아이다〉만이 유일하게 애니메이션을 원작으로 삼지 않은 작품이다. 그 자체로도 아름다운 베르디의 오페라를, 천재 음악가 엘튼 존과 〈에비타〉, 〈지저스 크라이스트 슈퍼스타〉, 〈라이온킹〉의 전설적 작사가 팀 라이스가 콤비를 이뤄 현대적으로 재해석했으니 '물건'이 나오지 않을 수 없다.

이집트가 중앙아시아 전체를 식민지화했던 시절, 누비아 공주 아이다와 이집트 파라오의 딸 암네리스 공주, 그리고 두 여인에게 사랑받는 라다메스 장군의 슬픈 사랑 이야기를 소재로 한 〈아이다〉. 이 작품의 아름다운 스토리와 무대는 브로드웨이에서 4년 가까이 롱런하며 세간의 이목을 집중시켰다.

디즈니 뮤지컬은 제작비를 아낌없이 투자하기로 유명하다. 그들은 세계 최고의 기술력과 자본력으로 디즈니의 첫 번째 성인 뮤지컬인 〈아이다〉를 빚어냈다. 흥행한 애니메이션만 가족 뮤지컬로 제작했던 디즈니의 입장에서 보면 새로운 시도였다.

1994년부터 기획에 들어간 〈아이다〉는 2000년 프리뷰 기간을 거친 후 브로드웨이의 가장 중심가 극장으로 꼽히는 팰리스시어터에서 막을 올렸다. 브로드웨이 입성 전, 지방투어를 거쳐 미비한 점을 보완할 정도로 철두철미한 사전준비를 했다. 과연 〈아이다〉는 빅 히트를 치며 뮤지컬계의 강자가 되었다.

2003년, 드디어 기회가 왔다. 〈아이다〉의 한국 공연을 놓고 디즈니와

이집트가 중앙아시아 전체를 식민지화했던 시절, 누비아 공주 아이다와 이집트의 라다메스 장군의 슬픈 사랑 이야기를 소재로 한 〈아이다〉. 아름다운 스토리와 무대로 브로드웨이에서 4년 가까이 롱런하였다.

물량이나 제작비가 상당할 것이라는 예상은 했다. 나름 각오까지 했다. 하지만 상상 이상이었다. 당시 환율로 총 제작비가 158억 원이었다. 어마어마한 제작비 때문인지 〈아이다〉의 라이선스는 비교적 쉬웠다. 국내에서 이 작품을 놓고 경쟁하는 프로덕션이 없었다.

HATS
HANDBAGS
OVERWEAR
OVERWEAR
JEWELRY
HATS
HATS
UNDERWEAR
JEWELRY
OVERWEAR

협의할 수 있는 자리가 마련된 것이다. 협상 전 흥분을 애써 가라앉히며 우리 스태프들과 더욱 치밀한 전략을 세웠다. 나는 내일 당장 공연을 시작하는 것처럼 잔뜩 들떠서 1차 미팅을 나갔다. 그러나 절망. 물량이나 제작비가 상당할 것이라는 예상은 했다. 나름 각오까지 했다. 하지만 예상만으로는 안 되는 일이었다. 그것은 상상 이상이었다. 당시 환율로 계산해보니 총 제작비가 158억 원이었다. 어마어마한 제작비 때문인지 〈아이다〉의 라이선스는 비교적 쉬웠다. 국내에서 이 작품을 놓고 경쟁하는 프로덕션이 없었기 때문이다.

공연이 제대로 이루어지려면 무대 준비기간까지 포함해 10개월 정도는 공연되어야만 했다. 세계 유명 뮤지컬로 꼽히는 〈오페라의 유령〉이 기록한 국내 최장기 공연이 6개월이었다. 게다가 여기는 브로드웨이가 아닌 한국이다. 우리 관객들에게 오페라가 아닌 뮤지컬 〈아이다〉는 낯선 것이었다. 〈렌트〉도 한국 관객들에게 낯선 작품이긴 마찬가지였지만 이건 차원이 달랐다. 이 작품 하나가 잘못되면 그간 이룬 성과들이 물거품이 될 수도 있다. 신시의 생사가 달린 문제다.

포기해버리자니 내가 경험한 무아지경의 세계를 관객들에게 보여줄 수 없다는 것이 안타까웠다. 추진을 하자니 우리가 여태껏 힘들게 쌓아올린 것이 무너져버릴까 두려웠다. 나는 탁구공처럼 이 생각 저 생각을 왔다 갔다 하며 갈등했다. 수백 번 고민해도 딱 떨어지는 답이 나오지 않았다. 이러지도 저러지도 못하는 상황, 나는 공연계 지인들을 찾아가 자문을 구하기 시작했다. 찬성보다는 반대하는 사람들이 더 많았다. 반대하는 분들은 너무 큰 모험, 신시와 나의 운명 등 내가 걱정하는 점들을 들었다. 그러다가 만난 사람 중 한 명이 이런 말을 해주었다.

"박 대표, 당신은 박명성이에요. 잊었어요? 박 대표가 아니면 우리 관객들은 결코 국내에서 〈아이다〉를 만날 수 없어요. 패기, 열정, 도전적인 야성은 어디로 갔어요? 또 한 번 기적을 이뤄낼 테니 밀어붙여봐요. 그 도전이 당신을 한국 뮤지컬 프로듀서의 최강자로 만들어줄 거예요. 기회를 놓치지 마세요."

그 말을 듣고 더는 자문을 구하지 않았다. '할까 말까'에서 '해야 한다'로 마음이 바뀌었다. 장기공연의 문화를 꿈꾸는 사람으로서 내가 그 물꼬를 터야겠다는 도전의식을 느꼈다. 〈아이다〉는 우리 공연계가 진일보하는 데 큰 영향을 미칠 것이다. 이렇게 생각하니 용기가 솟았다.

언제는 위험하다고 안 했나?

라이선스 계약 후 2년, 드디어 막을 올린 〈아이다〉는 국내 관객들로부터 기대 이상의 관심과 사랑을 받았다. 객석 점유율은 매회 70퍼센트를 넘었고 극장을 찾은 총관객의 수는 22만 명에 달했다. 실로 어마어마한 숫자다. 장기공연에서 나름 성공했으나 수익을 내지는 못했다. 오리지널 무대장치, 의상 등의 구입으로 제작비가 늘어난 탓에 관객이 많이 들었음에도 본전을 맞추지 못할 정도였다. 그러나 수익은 다음 앙코르 공연을 통해 올리면 된다. 무대와 의상, 도구들이 우리 소유가 되었으니 어려운 일이 아닐 것이다. 장기공연이 가능한 극장만 찾으면 언제라도 재공연이 가능한 작품이라고 생각했다.

그렇게 가장 하고 싶었던 작품, 한다는 생각만으로 가슴 뛰는 작품, 내가 공연 중에 가장 많이 보는 작품인데도 거의 5년 만에 재공연을 하게 된 것은 판을 벌이기가 참 어려운 작품이기 때문이다. 재공연을 한다 해도 제작비가 80억 원이 넘게 투자되어 부담도 되고 작업을 하면서 가장 스트레스를 많이 받는 작품이다.

쇼나 오락이 아니라 진중한 주제, 이야기 중심의 뮤지컬이기 때문에 붐을 일으키기도 어렵다. 막대한 제작비와 더불어 조명, 음향 등의 무대장치와 무대 메커니즘을 설치하는 기간이 6주씩 걸리기 때문에 장기공연이 아니면 엄두도 낼 수 없는 일이다. 첫 공연은 LG아트센터에서 2005년 8월에 시작해 2006년 4월까지 무려 8개월 동안 공연했는데 이렇게 길게 대관해주는 곳이 많지 않다. 20억 원이 넘는 무대장치, 의상, 대도구, 소도구 등을 경기도 광주에 있는 창고에 고이고이 모셔두고 공연을 하지 못해 속이 상했었다.

'어떻게 해서든 해야겠다'고 생각하니 기회가 보였다. 보였다기보다는 만들었다고 보는 게 맞을 것 같다. 〈아이다〉의 판을 벌이기로 결심한 때는 2009년 하반기쯤이었다. 뮤지컬 관객들이 증가하면서 뮤지컬 공연이 양적으로 팽창하고 있었다.

물론 지금도 양적 성장세는 꺾이지 않고 있다. 문제는 공연의 질이다. 좋은 작품들도 꽤 있었지만 돈만 보고 달려든 경우도 많았다. 작품보다는 인기 있는 대중스타를 캐스팅해 그 인기로 표를 팔아보려는 잘못된 시스템의 형태들이 벌어졌다. 그런 경우 대부분 더블캐스팅, 심지어 트리플캐스팅까지 해가며 뮤지컬 관객이 아닌 대중스타의 팬을 끌어들이려 했다. 심지어 주인공이 다섯 명인 뮤지컬도 있었다. 마치 '대중스타들 퍼레이드'를 벌이는 것 같다.

공연기획사는 공연으로 먹고사는 사람들이 모인 곳이다. 당연히 돈을 벌어야 하지만 돈만 보고 달려들어서는 안 된다. 작품의 질이 떨어지면 공연에 실망한 관객들이 뮤지컬에 등을 돌리는 결과를 불러온다. 이런 때에 최고의 무대 메커니즘을 보여주는 〈아이다〉를 내놓는다면 확실하게 차별화가 되리라고 생각했다.

어떤 극장이 좋을까 생각하는데 '이상한 생각' 하나가 불쑥 떠올랐다. '성남아트센터에서 하면 어떨까?' 서울이 아닌 분당에서 장기공연을 한다는 것은 아주 위험한 발상이다. 분당은 서울권이고, 시간상으로도 강남에서 얼마 걸리지 않는 거리에 있지만 심리적 거리는 무척 멀게 느껴진다. 분당에 사는 사람들이 서울에 있는 극장으로 오는 건 자연스럽게 느껴지지만 서울에서 분당으로 가는 건 그렇지 않다. 뭔지 모를 심리적 장벽이 있다. 다시 말해 서울에 있는 관객이 아닌 분당, 성남 지역의 관객들을 유치해야 성공할 수 있다는 말이다.

1년 뒤에는 서울에 뮤지컬 전용극장이 두세 개 생길 예정이었다. 분당에서 좋은 성과를 거둘 수 있다면, 서울에서 다시 공연을 하게 됐을 때 더욱 탄력을 받을 것이다.

힘든 결정을 앞두고 많은 갈등을 하다가 하나의 질문이 떠오르면서 단호하게 결정을 내릴 수 있었다.

'언제는 위험하다고 안 했나?'

위험한 생각은 다르게 표현하면 역발상이며 괴짜 근성이다. 모든 성공학 서적에서 남들이 하지 않는 생각을 해야 성공할 수 있다고 말한다. 물론 생각만으로는 성공할 수 없다. 실천이 따라야 함은 두말할 필요도 없다. 위험한 발상에 성공이라는 마침표를 찍는 것은 무슨 일이 있어도 해내고야 말겠다는 오기다. 아무 근거도 없이 오로지 역발상과 오기만으로 덤비면 백전백패겠지만, 나는 〈아이다〉와 신시의 조직력을 믿었다. 〈아이다〉의 훌륭한 콘텐츠라면, 신시의 막강한 홍보마케팅팀의 능력이라면 분당에서의 장기공연도 성공할 수 있다고 믿었다. 이 성공은 〈아이다〉의 성공에만 그치지 않는다. 〈아이다〉의 예외적인 성공에만 의미를 두었다면 굳이 그런 위험을 감수할 필요가 없다. 나는 분당에서도 뮤지컬의 장기공연이 가능하다는 것, 〈아이다〉

의 성공이 뮤지컬 관객과 뮤지컬 극장의 인프라를 동시에 늘리게 될 것이라는 데에 의미를 두었다.

분당에서 하기로 결정하고 난 뒤에 이종덕 사장을 찾아가 〈아이다〉를 올리게 오페라하우스를 5개월 동안 빌려달라고 말씀드렸다. 나도 배짱이라면 어디 가서도 꿀리지 않는데 이종덕 사장과 비교하면 서너 수 아래다. 기획사 입장에서 위험한 도전이면 극장 측도 마찬가지다. 흥행에 실패해도 대관료는 다 받지만 극장의 이미지가 나빠진다. 극장 관계자들이 좋은 공연을 유치하려고 노력하는 이유가 여기에 있다. 그리고 성남아트센터는 성남시민의 재산이다. 매년 감사를 받아야 한다. 한 공연에 장기대관을 해주면 형평성에 어긋난다는 지적을 받기 쉽다. 그런데도 바로 "신시가 한다면 조건 없이 주겠다"고 하셨다.

"박명성이야 뮤지컬에서 대한민국 최고인데, 〈아이다〉 잘해서 멋지게 성공시켜봐. 그런 좋은 작품을 해야 극장의 위상도 올라가고 하지. 분당 사람들은 명품 뮤지컬을 좋아하니까 〈아이다〉 하고 딱 맞아떨어져. 틀림없이 성공할 테니까 잘 해봐."

젊은 사람들을 능가하는 열정을 가진 이종덕 사장은 예술경영, 극장경영에서 타의 추종을 불허하는 분이다. 안주하기보다는 도전을 좋아하고 젊은 사고를 하셔서 롤모델로 삼는 후진들이 많다. 나도 어려운 문제가 있을 때마다 의논을 드린다.

신시는 〈아이다〉 이전에 〈맘마미아!〉와 〈시카고〉를 성남아트센터에서 공연한 적이 있다. 두 공연 다 이종덕 사장이 믿어주셔서 장기공연을 할 수 있었고 우리도 성공적으로 공연을 함으로써 극장 활성화에 작게나마 기여를 했다. 그런 경험들이 쌓이면서 신뢰가 두터워졌던 것 같다.

하나의 콘텐츠가 성공하기 위해서는 제작사, 연기자들, 스태프진 못지않게 극장운영 등을 책임지는 CEO를 비롯한 예술경영인들의 혜안과 뚝심이 무엇보다 중요하다. 공연 자체가 앙상블이란 이름의 공동운명체이듯 공연의 제작과 유통 역시도 공동운명체란 사실을 새삼 실감하는 요즘이다.

열정과 재능이 넘치는 동료, 박칼린

해외의 뮤지컬을 국내에 들여올 때 라이선스 방식은 크게 두 가지다.

하나는 대본과 악보만 가져오는 방식이다. 대본과 음악은 그대로 두고 무대 장치나 의상을 창의적으로 만들어야 한다. 또 다른 방식은 대본과 음악은 물론이고 무대와 의상까지 그대로 가져오는 레플리카 방식이다. 이때는 저작권사에서 연출을 비롯한 각 분야의 연출, 음악감독, 안무, 조명, 음향, 분장 등 크리에이티브팀을 보내 배우 선발부터 모든 것을 감독한다. 본토의 공연과 질적인 차이를 없애기 위한 방식이다. 그렇다고 국내 스태프들이 로봇처럼 시키는 대로 하는 건 아니다. 의논하고 협력하는 관계이며, 양국 스태프들 사이에 팀워크가 잘 이루어져야 좋은 작품이 나온다.

〈아이다〉는 후자의 경우에 해당하는 작품으로, 재공연을 생각할 때부터 나는 박칼린을 국내 협력 연출로 점찍어두고 있었다. 박칼린은 〈아이다〉와 각별한 인연이 있다. 초연 때 음악감독을 했는데 모두를 깜짝 놀라게 했다. 초연은 7개월이 넘는 기간 동안 모두 273회 공연을 했다. 그 긴 기간 동안 지휘를 하면서 단 한 번도 빠진 적이 없다. 처음부터 혼자 할 생각으로 서브를 두지도 않았다. 하루는 공연을 끝내고 지휘자석에서 쓰러지는 바람에 주위 사람들을 혼비백산하게 만든 적도 있다. 그렇게 구급차에 실려가는 난리를 피워놓고는 다음 날 아무 일 없었다는 듯이 지휘를 했다.

그 무렵부터였던 것 같다. 나는 박칼린을 '충동질'했다. 음악감독만으로 남아 있기에는 그의 재능이 아까웠다.

"박칼린 감독은 음악감독으로서는 대한민국에 둘도 없는, 그러니까 거의 인간문화재 급이야. 내가 볼 때는 이제 연출 쪽으로 방향을 선회하는 것도 좋을 거 같아."

우리는 1999년 〈시카고〉로 처음 만났다. 10년 동안 한국에서 고생하던 박칼린이 미국으로 가버릴까 어쩔까 고민하고 있던 시기다. 타이밍이 좋았다. 그 이후로 신시에서 함께 작업하면서 본 박칼린은 연출에게 필요한 기발한 아이디어가 많았다. 또 외국에서 많은 작품을 보고 자란 것도 장점이었다. 한 3년 바람을 넣고 나서 2008년에 연출을 제안했다. 작품은 〈라스트 파이브 이어스〉. 한진섭 형이 연출한 초연 때 음악감독을 맡았던 터라 작품 해석은 다 되어 있었다. 또 노래로만 엮은 작품이라 배우들과 많은 대화를 통해 소리를 끌어내는 능력이 탁월한 박칼린의 연출 데뷔작으로는 딱이었다. 박칼린도 나처럼 안전보다는 덤비는 걸 좋아하는 성격이라 도전해보겠다고 나섰다.

첫 데뷔작에서 만족스러운 연출력을 보여준 박칼린에게 나는 더 큰 도

사진출처 중앙일보

전을 제안했다.

“진짜 연출 실력은 창작 뮤지컬에서 나오는 거야. 이거 한 번 만들어볼까?”

그러면서 『퀴즈쇼』라는 김영하의 소설을 던져주었다. 그런데 박칼린도 그건 좀 부담스러웠던 모양이다.

“대표님, 절 뭘 믿고 그러세요. 쫄딱 망하면 어쩌시려고요.”

“우리가 10년 동안 작업하면서 망하는 거 무서워서 안 한 적 있어? 어렵다고 겁내고 안 하고 그럴 사람들 아니잖아. 박칼린이라면 돼.”

박칼린의 본격 연출 데뷔작은 흥행에 성공하지 못했다. 그렇다고 실패한 작품인가 하면 그렇지 않다. 빛과 구조물을 이용해 정말 개성 있는 무대 디자인을 만들어냈다. 지나고 나서 생각해도 참 괜찮게 만든 작품이다. 흥행 실패는 작품의 질보다는 여러 가지가 복합적으로 작용할 때가 많다. 〈유린타운〉, 〈뱃보이〉 등의 작품처럼 〈퀴즈쇼〉도 시기적으로 너무 빠른 감도 없지는 않았고, 형식 자체도 과감했다고 볼 수 있다.

박칼린과 나는 프로듀서와 음악감독으로 만났지만 지금은 친구 사이다. 믿을 수 있는 사람, 어떤 문제라도 기탄없이 의논할 수 있는 사이가 되었다. 집도 가까워서 밤늦게라도 의논할 일이 있으면 맥주 한 잔 놓고 허물없이 이야기를 나눈다. 작품 외에 사적인 일에 대해서도 서로 들어주고 위로해주고 격려해준다.

나는 박칼린에게 훈련 받아본 적이 없어서 모르겠는데 배우들에게 박칼린은 ‘마녀’로 통한다. 걸음걸이나 생김새로 보면 여장부인데, 내가 보는 박칼린은 천상 여자다. 〈엄마를 부탁해〉 리셉션 사회를 보다가 갑자기 엄마 생각이 난다며 울 정도로 눈물이 많은 사람이다. 작품을 할 때는 혹독하고 칼날 같은 카리스마를 보여주고 ‘자연인’ 박칼린일 때는 인간적인, 너무나 인간적인 모습을 보여주어서 내가 박칼린을 좋아하는지도 모른다. 언젠가 박칼린이 좋은 작품으로 크게 사고 한 번 치지 않을까 기대하고 있다.

2010년 〈아이다〉 공연에서 박칼린은 협력 연출이라기보다 공동 연출의 역할을 해주었다. 초연 때의 연출가가 뉴욕에서 뮤지컬 〈스파이더 맨〉의 작업을 맡으면서, 〈아이다〉를 연출한 경험이 없는 사람이 왔기 때문이다. 외국 스태프들과 작업하다 보면 의사소통도 자유롭지 않고 정서도 달라서 힘든 점이 많은데 박칼린 덕분에 그런 일이 전혀 없었다. 서로 존중하면서 재미있게 작업을 했고 그래서 좋은 앙상블이 나왔다.

박칼린은 협력 연출 외에 음악 슈퍼바이저 역할에 지휘까지 담당했다. 워낙 위험한 도전이고, 그런 만큼 꼭 성공해야 하는 작품이었다. 그래서 박칼린이 지휘를 맡아주면 관객들에게 믿음을 줄 수 있다고 판단하고 부탁을 했더니 "아, 오케이, 내가 할 수 있는 만큼 다 할게요"라고 했다. 나는 이런 박칼린의 성격이 참 좋다. 동지의식이 활활 불타오른다.

그렇게 해서 12월 한 달 동안 하루도 빼놓지 않고 박칼린이 지휘를 했고 1월에도 지휘를 많이 했다. 커튼콜 때 지휘자가 그렇게 많은 환호성과 박수를 받는 경우를 아직까지 보지 못했다. 뮤지컬 음악감독에서 뮤지컬 연출가 그리고 〈넥스트 투 노멀〉과 〈시카고〉에서는 배우로 출연, 변신을 두려워하지 않으며 항상 또 다른 이상을 추구하는 그녀의 열정과 도전의식이 신선하다.

연극쟁이로서의 목표, 원캐스팅

분당에서 장기공연을 한다는 것만으로 '정신나갔다'는 소리깨나 들었다. 이왕 들은 김에 미친 짓이라는 소리를 한 번 더 듣기로 했다. 모든 배역을 원캐스팅으로 간다는 거였다. 짧은 공연이면 몰라도 120회 공연을 한 배역에 단 한 명의 배우로 가는 사례는 기존의 국내 공연에서는 없지 않았을까 싶다. 여기에는 전략적인 목표와 연극쟁이로서의 목표가 있다.

전략적인 목표는 화제성이다. 이런 사례가 없다 보니 공연계는 물론이고 언론에서 큰 관심을 보였다. 노렸던 것이기도 하고 덕분에 홍보도 많이 되었지만 마냥 기뻐할 수만은 없었다. 사실, 원캐스팅은 화제가 될 만한 것이 아니기 때문이다. 뮤지컬의 본고장 영국의 웨스트엔드, 미국의 브로드웨이에서는 원캐스팅이 기본이다. 여기에 돌발상황에 대비해 커버, 얼터, 언더스터디를 둔다. 그들은 왜 관객몰이하기에도 편하고 안전한 더블캐스팅을 두고 원캐스팅을 고집하는 것일까? 여기에 대한 답이 연극쟁이로서의 목표다.

여러 가지 이유가 있음에도 원캐스팅으로 가는 건 작품의 질을 위해서다. 더블캐스팅으로 가면, 앙상블들을 더블로 하는 경우는 없으니까 모든 주역들이 그들과 연습을 하자면 연습량이 줄어들 수밖에 없다. 연습량 부족은 곧 작품의 질이 떨어진다는 의미다. 또 주요 배역을 더블캐스팅으로 가면 출연료가 많이 들기 때문에 앙상블에서 출연료를 줄여야 한다. 그러자면 돈을 적게 줘도 되는 신인들을 써야 한다. 작품의 수준은 당연히 떨어진다.

물론 나도 여기서 완전히 자유롭지 못하다. 될 수 있으면 원캐스팅으로 가려고 하지만 상황이 허락하지 않을 때가 있다. 〈렌트〉처럼 등장인물이 20대라 신인들을 써야 하는 때가 있다. 신인들은 무대경험이 적어서 체력안배를 하지 못해 장기공연을 하기 어렵다. 또는 실력은 좋은데 쉽게 목이 상하는 배우들도 있고 신인들에게 기회를 주어야 할 때도 있다. 그럴 경우 어쩔 수 없이 더블캐스팅으로 갔지만 원칙은 원캐스팅이다. 젊은 신인들이 체력이 좋아서 장기공연을 잘할 것 같지만 오히려 40대 이상의 배우들이 장기공연에 더 능숙하다. 그들은 책임감과 정신력이 피로감을 압도한다. 자기관리도 철저하고 배우로서 '이 배역은 나만의 것'이라는 자존심도 있다. 이렇게 젊었을 때부터 '자기만의 배역'에 욕심을 내는 배우들이 많아져야 우리 뮤지컬이 풍요로워진다는 것이 내 생각이다.

원캐스팅으로 가면서 전혀 걱정이 없었던 것은 아니다. 공연기간이 겨울이라 감기를 심하게 앓을 수도 있고 폭설이라는 '재난'이 발생할 수도 있다. 재난은 사람의 영역이 아니니 걱정해보아야 해결책이 없다. 다만 배우들에 대해서는 큰 걱정을 하지 않았다. 우리나라 배우들, 특히 〈아이다〉에 뽑히는 배우들은 세계적 수준이기 때문에 충분히 체력관리 잘하고 책임감 있는 배우들이 뽑힐 거라는 확신이 있었기 때문이다.

그래도 사람의 일이라 공연을 못하는 일이 생길 수 있다. 원캐스팅을 생각하면서 120회 중 서너 번은 공연을 하지 못할 수도 있다는 각오를 하고 시작했다. 나머지 117회 공연은 좋은 작품을 보여주자는 것이 나의 배짱이었다.

오디션에 참가한 배우들을 모아놓고 '더블캐스팅을 해야 공연이 가능한 사람은 지금 빠져야 한다'고 말했다.

"여러분이 쉰 살이 지나서 인터뷰를 했을 때, 대표작이 뭐냐는 물음에 뭐라고 대답할 겁니까? 더블이나 트리플캐스팅 했던 걸 대표작이라고 이야기할 수는 없잖아요? 정말 혼신의 힘을 쏟고 자신과 치열한 싸움, 힘들어도 인내하면서 내 열정을 다 쏟아냈을 때 그게 그 사람의 가슴에 남는 대표작, 대표 배역이라고 생각해요. 물론 더블캐스팅으로 가도 자기와 싸움을 해야 하고 열정을 쏟아부어야지요. 하지만 무게가 달라요. 원캐스팅일 때는 나 이

외에는 누구도 그 배역을 할 사람이 없다는 책임감과 절박함이 있어요. 다른 배우에게 기댈 수 없으니 혼자서 해결해야 하는 겁니다.

평범한 배우는 많습니다. 평범한 배우는 자신의 최대 한계점이 어디인지 모르는 사람이 아닐까요? 특별한 배우는 자기 한계점이 어디인지 알고 그 경계를 계속 늘려가는 사람입니다. 저는 여러분이 120회 공연을 혼자서 해냈을 때 특별한 배우가 될 거라고 생각합니다. 장기공연에 대한 두려움에서 빨리 벗어나야 특별한 배우가 됩니다. 저는 〈아이다〉가 여러분의 대표작 중 하나가 되기를 바랍니다."

'저는 못하겠는데요'라고 하는 사람은 아무도 없었다. 큰소리로 '하겠습니다'라고 말하는 사람도 없었다. 다만 그들의 눈빛은 '합격만 한다면 1,200회 공연이라도 해내겠다'라고 말하는 듯했다.

캐스팅에 공을 들인 만큼 연습과정은 순조로웠다. 정말 어렵게 배역을 따낸 배우들은 6주 동안 매일 오전 10시부터 저녁 6시까지 혼신의 힘을 다해 리허설에 임했다. 누구 하나 단 하루도 연습에 빠지지 않았다. 사람을 반쯤 죽여놓는 안무가 트레이시의 혹독한 트레이닝을 받았지만 누구 하나 '죽지 않고' 잘 살아남았다.

티켓을 오픈하자마자 예상보다 예매율이 높았다. 공연이 시작되면서 12월은 다 매진이 되었고 그 달에 보지 못한 관객들이 1월 공연을 예약했다. 순조로운 출발을 끝까지 이어가려면 2월 중순부터 3월 중순까지가 고비였다. 그 한 달은 공연 비수기다. 졸업, 입학, 설 등 지출이 많은 시기이기 때문이다. 이 시기에 주춤했으면 어려운 승부가 되었을 텐데 홍보전략이 맞아떨어지면서 내내 높은 예매율을 유지했다.

우리는 서울 관객을 10~15퍼센트로 예상했다. 대부분의 관객을 성남, 분당 지역에서 불러들여야 하는데 성공 여부는 중장년층에 달려 있다고 판단했다. 중장년 관객이 30퍼센트를 넘는다면 성공할 수 있다고 보았다. 대학생들은 용돈을 모아서, 젊은층은 생활비를 쪼개서 보지만 중장년층은 소비 능력이 있다. 이왕이면 좋은 자리에서 보려고 하고 단 둘이서 공연을 보기보다는 단체로 많이 본다. 입소문도 빠르다. 빠르기로 따지면 인터넷이 최강이지만 힘이 약하다. 계모임, 가족모임 등에서 '그 공연 최고'라고 하면 강력한 신빙성을 가진 입소문이 된다.

우리는 공연 몇 개월 전부터 성남, 분당 지역 가로등에 현수막을 걸었다. 백화점, 마트 등 중장년층이 모이는 길목마다 홍보물을 설치하고 전단지를 뿌리고 아파트 단지마다 포스터를 붙였다. 그야말로 집중포화식 홍보를 한 것이다. 좁은 지역이기 때문에 가능한 전략이었다. 이런 홍보전략과 〈아이다〉의 콘텐츠가 어우러진 결과, 주말에는 항상 객석이 꽉꽉 찼고 평일에도 1,200석 이상 채웠다. 부부모임이 많았다는 것이 우리 전략이 맞아떨어졌다는 증거다. 전체 관객 수는 약 16만 명이었다. 모두들 성남에서 한다고 걱정했지만 그런 어려운 여건에서 성공을 이루어낼 때 일에 대한 쾌감을 느낀다.

2011년 1월 23일, 사고가 발생했다. 당시 주연 배우의 목 상태가 갑자기 나빠져 일요일 저녁 공연이 취소된 것이다. 눈이 오는 날씨에도 공연을 보러 온 관객들의 실망감이 어떨지는 잘 안다. 몇몇 분들은 소리를 지르기도 하셨다. 우리는 티켓 값의 110퍼센트를 환불해드리고 초대권을 받고 온 관객들에게는 객석의 등급을 올려드렸다. 일부 원캐스팅을 부정적으로 보는 사람들 사이에서는 '예견된 사고'였다며 비난을 했다.

그렇다. 예견된 사고였다. 나도 감수하기로 한 사고였다. 공연의 질을 높이기 위한 선택이었다. 나를 포함해 배우, 스태프 등 모든 공연 관계자들 중 공연을 하고 싶지 않은 사람이 누가 있을까? 기획사 입장에서는 한 번 공연을 하지 않으면 손해가 막심하다.

뉴욕이나 런던에서도 주연 배우가 공연을 할 수 없는 일이 생긴다. 그럴 때를 대비해 커버가 있다. 외국에서는 커버가 올라와도 관객들이 양해를 해준다. 그러나 우리 관객들은 아직까지 주인공을 보러 오는 경우가 많다. 그러니 커버가 올라오는 것을 이해하지 못한다. 우리도 커버가 있었지만 주연 배우와 실력 차이가 꽤 있어서 공연을 하지 않기로 결정한 것이다. 그래도 공연을 해야 했던 것은 아니었을까 하는 생각은 여전히 갖고 있다. 이런 부분이 공연계와 관람객이 풀어야 할 숙제다.

전체적인 공연의 질을 높이려면 원캐스팅으로 가야 한다. 그런데 원캐스팅은 늘 사고의 위험이 있다. 수준 높은 공연을 보고 싶다면 커버가 메인을 대신해 무대에 올라오는 것을 용서해야 한다. 아니면 계속해서 더블캐스팅을 해야 한다. 시간이 필요한 일이다. 나는 우리 관객들이 원캐스팅의 장점을 알아주고 단점을 이해해주는 날이 오기를 기대하고 있다.

〈아이다〉는 2011년 더뮤지컬어워즈에서 베스트 리바이벌상을 받았다. 나는 당연히 원캐스트의 가치를 인정받아야 한다고 생각했다. 오만함이 아니라 작품에 대한 자신감이다. 우리 배우들, 스태프들이 잘한 것이니까 내 자랑도 아니다.

공연이 성공했을 때 프로듀서 앞에는 깊고 넓은 함정이 생긴다. 작품성을 인정받고 어느 정도 관객 유치에도 성공하고 나면 다음 공연에는 대중스타를 더블캐스팅해서 더 많은 흥행수익을 노리고 싶어진다. 그런데 그러면 작품의 질이 떨어지기 쉽다. 한 번 배신당한 관객들은 좀처럼 돌아오지 않는다. 재공연 작품은 무조건 지난번보다 수준이 높아야 한다. 그래야 다음에 또 할 수 있다. '좋은 작품, 감동 있는 작품, 살아남는 작품'이라는 모토는 공연예술계의 영원한 숙제인 동시에 함정에 빠지지 말라는 경고문이기도 하다.

“박 대표, 당신은 박명성이에요. 잊었어요? 박 대표가 아니면 우리 관객들은 결코 국내에서 〈아이다〉를 만날 수 없어요. 패기, 열정, 도전적인 야성은 어디로 갔어요? 또 한 번 기적을 이뤄낼 테니 밀어붙여봐요. 그 도전이 당신을 한국 뮤지컬 프로듀서의 최강자로 만들어줄 거예요. 기회를 놓치지 마세요.” 그 말을 듣고 더는 자문을 구하지 않았다. ‘할까 말까’에서 ‘해야 한다’로 마음이 바뀌었다.

또 한 번 불가능을 뛰어넘다, 〈마틸다〉

한 공연단체가 30년간 지속적으로 작품을 만들고 명맥을 이어온다는 것은 어려운 공연 환경에서 결코 쉬운 일이 아니다. 그만큼 뜻깊은 해를 맞아 기획한 두 작품은 뮤지컬 〈마틸다〉와 연극 〈더 플레이 댓 고우즈 롱〉이다. 국내 초연이며 두 작품 모두 레플리카 제작 시스템으로 공연한다. 뮤지컬은 100억, 연극은 10억이 투자되는 대작이다. 연극과 뮤지컬을 각각 한 편씩 선정한 이유는 신시에서 추구해온 연극과 뮤지컬의 동등한 균형감을 위해서였다.

해외에서 화제가 되고 있는 두 작품을 모두 계획대로 공연할 수 있었던 것은 오래전부터 치밀한 준비과정이 있었기 때문이다. 특히 최은경 대표를 비롯한 국제팀의 노력과 열정이 30주년에 맞춰 두 좋은 작품을 선보이는 결과물을 만들어냈다.

연극이든 뮤지컬이든 레플리카 공연 한 작품이 무대에 오르기까지는 기획 단계부터 복잡한 과정들을 거쳐야 한다. 라이선스 계약 단계부터 시작해 무대장치, 의상 등 각종 기자재들의 수입까지 해외팀과의 조율을 통한 디테일한 준비가 매우 오랜 기간 동안 필요하고, 작품의 한국화를 위한 복잡한 과정이 이어진다. 신시가 내세울 수 있는 가장 큰 장점은 바로 이러한 제작과정의 노하우가 풍부하다는 것이다.

뮤지컬 〈마틸다〉와 연극 〈더 플레이 댓 고우즈 롱〉의 또 하나 공통점이 있다면 극중극의 형식으로 만들어진 작품이란 점이다. 물론 작품에서 전달하고자 하는 메시지와 방향은 전혀 다르다. 뮤지컬 〈마틸다〉는 이야기의 힘과 음악의 힘이 관객들에게 어떤 재미와 감동을 주는지를 극작가 데니스 켈리와 작곡가 팀 민친이 단적으로 보여준다. '이야기 중심의 뮤지컬이란 바로 이런 것이다'라고 모범답안을 던져준 것 같다. 뮤지컬 〈마틸다〉는 〈레미제라블〉을 만든 로열 셰익스피어 컴퍼니(RSC)가 오랜만에 선보인 뮤지컬이다. 139년 전통을 가진 명작의 산실 RSC가 작업 참여를 결정한 순간부터 〈마틸다〉의 성공은 이미 예견된 것이었다. 영국인들에게 가장 사랑받는 동화작가 로알드 달과 RSC의 만남은 그만큼 화제가 되었다. 이 작품은 예상대로 훌륭하다는 평가 속에 런던, 뉴욕을 강타하고 호주에 이어 한국에 상륙하기에 이른다. 동화적인 상상력과 역발상의 아이디어들을 결합하여 전 세대에게 사랑받는 작품으로 완성된 것이다.

원작인 로알드 달의 소설은 쉽고 간결하다. 원작의 동화가 가진 독특한 분위기를 최첨단 무대 메커니즘을 통해 보여주는 동시에 춤과 노래 등 뮤지컬의 재미적인 요소들을 잘 버무려냈다. 또한 단순하고 명료한 주제와 인물들의 캐릭터가 대중들에게 공감을 불러일으키고 무대에 집중하도록 한다. 다소 평면적일 수 있는 주제이지만 창의적인 아이디어들이 보태진다면 얼마나 위대한 뮤지컬이 완성될 수 있는지 여실히 증명해줬다. 〈마틸다〉는 〈애니〉와 같은 고전 가족 뮤지컬을 벗어난, 혁명과도 같은 작품으로, 세대를 초월하여 온 가족이 보고 즐길 수 있는 새로운 뮤지컬 트렌드를 만들어냈다.

런던, 뉴욕, 호주를 뒤흔들고 한국으로 상륙한 뮤지컬 〈마틸다〉!

스펙터클한 뮤지컬로 탄생한 〈마틸다〉가 비영어권 아시아권 최초로 공연된다는 소식에 오리지널 크리에이티브님들은 흥미를 갖기에 충분했다. 8개월의 긴 기간 동안 오디션을 진행했다. 총 1,800여 명이 응모한 오디션은 치열한 경쟁 끝에 46명의 배우들이 최종적으로 캐스팅되었다. 특히 누가 주인공에 발탁될지가 관심의 대상이었다. 여자 어린이가 주인공이라서 그런지 〈빌리 엘리어트〉와는 사뭇 다른 분위기였다. 오디션장의 분위기는 한마디로 설렘으로 가득 찼다. 600명의 여자 어린이들이 참여한 오디션은 여느 입시장을 방불케 했다. 최종 오디션 결과 황예영, 안소명, 이지나, 설가은 등 4명의 똘똘한 한국 마틸다가 탄생했다.

〈마틸다〉를 만들기로 결심한 데는 〈빌리 엘리어트〉의 성공이 결정적인 힘이 되었다. 어린이 배우들을 발탁하여 훈련시키고 관리하는 노하우를 터득했기에 겁 없이 도전했던 것 같다.

어린이 배우들을 장기간 체계적으로 훈련하고 관리하는 것은 인내심을 필요로 한다. 훗날 미래의 배우들로 성장시켜야 한다는 사명감이 없으면 절대로 불가능한 일이다. 나는 어린이 배우들이 주인공인 이 두 작품을 만들어오면서 제작과정에서 인내와 끈기가 얼마나 필요한지 새삼 느꼈다.

오디션이 끝나고, 드디어 소녀를 주인공으로 한 위험천만한 모험이 시작되었다. 국내 뮤지컬 시장의 특성과 환경에서 〈마틸다〉는 그 성공 여부를 미리 짐작하기 어려운, 매우 실험적인 작품이기도 하다. 〈마틸다〉는 스타 배우를 앞세운 여느 뮤지컬들과 달리 무명인 어린이 배우들을 전면에 내세우는 작품이다. 그만큼 흥행에 있어서는 위험한 승부다. 스타 배우에 기대어 정체불명의 작품들이 양산되고 있는 환경에서 작품으로 정면승부를 걸겠다는 것은 신시의 배짱인지도 모르겠다. 그동안 신시가 화제의 작품을 통해 뮤지컬 전문 인재를 발굴하고 양성하는 길을 걸어왔기 때문에 특별히 놀랄 만한 일도 아니다.

아역 배우들과 뮤지컬 전문 배우들로만 구성된 이번 작품에서 가장 큰 수확은 뭐니 뭐니 해도 강웅곤의 발견이다. 강웅곤은 인생에서 처음으로 큰 배역을 따냈다. 오랜 기간 앙상블 전문 배우에서 일약 주연급 배우로 발탁된 셈인데, 뮤지컬 스타를 꿈꾸는 후배들에게 꿈과 희망을 줄 수 있는 본보기가 아닌가 싶다. 이 밖에도 〈마틸다〉를 통하여 첫 무대에 데뷔한 신인 배우들이 여럿 있다. 연기를 하고 싶은 열정과 인내와 끈기만 있다면 누구든지 기회를 잡을 수 있다는 것을 보여준 것이다.

일찌감치 배역을 예약한 강웅곤과 함께 더블캐스트를 할 배우를 오디션 막판까지 찾지 못하는 웃지 못할 일이 발생했다. 수많은 중견 배우들이 고음의 노래 몇 소절을 소화하기 어려워 고배를 마신 것이다. 그래서 뮤지컬 〈시카고〉에 출연 중인 최정원에게 SOS를 칠 수밖에 없었다. 사실 최정원은 자신이 할 수 있는 배역이 없다고 판단하여 오디션에 참여하지 않았다. 하지만 오디션 마지막에 온 최정원은 단 하루 만에 완벽하게 오디션 준비를 하고 왔다. 역시 큰 배우라는 감탄과 함께 영국 크리에이티브팀들도 그 자리에서 합격을 선언했다. 최정원의 합류로 모든 배역의 구성이 완벽하게 마무리되었다. 여기에 김우형, 최재림, 방진의, 박혜미 등 실력 있는 배우들이 함께 했다. 그들은 어떤 배역이라도 소화할 수 있는 능력을 가진 배우들이다. 특히, 트런치불 교장 역을 맡은 김우형, 최재림은 또 다른 변신을 통해 우리 뮤지컬계의 중심축으로 성장했음을 입증해 보였다. 여기에 유철호, 강동주, 김시영, 서만석, 이승일, 연보라, 최은주 등 신시와 오래 작업했던 앙상블들이 작품을 더욱 단단하게 만들어주었다.

뮤지컬 〈마틸다〉는 한국에서 꼭 보고 싶은 뮤지컬 1위에 오를 만큼 관심과 기대가 큰 작품이다. 그만큼 이 작품의 국내 초연 소식은 뮤지컬 마니아뿐만 아니라 공연계에 빠르게 퍼져나갔다. 많은 사람들이 기대를 갖는 이유는 이 작품이 특이한 형식을 지니고 있기 때문일 것이다. 〈마틸다〉는 연극적인 요소가 강하고 연극에서나 볼 수 있는 강렬한 메시지를 담고 있기 때문이다. 그래서 〈마틸다〉를 만드는 과정 중 번역과 가사 작업에 가장 고민이 많았던 것 같다. 특히, 최초의 비영어권 공연이기 때문에 우리말로 옮기는 작업에 많은 시간을 투자할 수밖에 없었다. 이야기 중심의 드라마 투르기를 구축하고, 재미난 블랙유머와 위트가 생동감 있게 살아날 수 있도록 다듬고 또 다듬었다. 풍자와 해학이 넘치는 권선징악의 스토리를 중심에 두고 속도감과 반복성을 살려내야 한다는 중압감이 앞섰다. 한마디로 표현한다면 동화가 원작이지만 온 세대가 관람할 수 있는 격조 높은 뮤지컬을 만든다는 생각으로 대본 작업에 심혈을 기울였다.

이제 오디션부터 대본 작업, 무대장치와 조명, 음향 설치 작업, 장면 리허설, 연결 리허설, 총리허설, 드레스 리허설까지 숨가쁘게 달려오다 보니 어느새 개막일이 턱밑까지 다다랐다. 기나긴 준비과정을 거쳐 이제 모든 준비가 끝이 났다. 국내 초연을 코앞에 둔 모든 스태프와 배우들은 초긴장 상태에서 마무리 리허설을 성공적으로 마쳤다. 모든 공연이 그렇지만 프로듀서는 초연에 대한 중압감도 있지만 기대 또한 크기 마련이다. 오픈 드레스 리허설을 마치면서 이 작품이 멋진 작품이라는 확신을 점점 더 갖게 되었다.

드디어 첫 공연이 시작되었다. 일반 관객들의 반응 역시 나와 마찬가지였다. 극장 문을 열고 들어온 관객들은 무대를 본 순간 와! 하고 낮은 탄성을 냈다. 마치 동화의 세계에 온 듯, 알파벳이 새겨진 작은 큐브들로 가득 찬 무대가 한눈에 들어온 것이다. 주렁주렁 매달린 알파벳 큐브들과 그것들의 입체감을 더욱 살리는 오묘한 색감의 조명은 환상적인 세계 그 자체였다. 호주에서 공수해온 오리지널 무대장치는 모든 관객들에게 최고의 찬사를 받았다.

어린 꼬마 배우들이 만들어낸 환상적인 첫 장면이 진행되자, 의자에 기대었던 관객들의 등이 떨어지기 시작했다. 무대에 집중하고 몰입하게 되면 자신도 모르게 몸이 무대 쪽으로 쏠리기 마련이다. 제대로 훈련받은 어린 배우들의 숙성된 기량이 관객들을 그만큼 긴장하게 만들었던 것이다. 얼마가 지나서야 관객들은 긴장이 풀린 듯, 코믹한 장면에서는 웃고 박수도 치고 즐기게 되었다. 이 작품의 압권은 2막에서 아이들이 '어른이 되면(When I grow up)'을 부르는 장면이다. 아이들이 타는 그네가 객석 위로 바람 소리를 내며 날아들자 관객들은 탄성을 질렀다. 연출의 아이디어가 돋보이는 명장면 중의 하나다. 또 마지막 장면의 '반란의 아이들(Revolting Children)'은 사악한 트런치불 교장에게 맞서 모든 아이들이 동참하여 부르는 노래다. 강렬한 음악에 현란한 군무가 돋보이는 가장 임팩트가 강한 장면이다. 마치 아이돌 그룹이 춤추고 노래하는 장면과 흡사하여 관객들도 박수치고 즐기면서 뜨거운 갈

채를 보낸다. 〈빌리 엘리어트〉를 안무한 천재 안무가 피터 달링은 〈마틸다〉에서는 전혀 색다른 춤판을 만들어냈다. 파워풀하고 변화무쌍한 음악에 절묘하게 어우러진 안무는 배우들이 몸으로 만들어낼 수 있는 최고의 스펙터클을 선사했다.

처음 〈마틸다〉를 국내에서 공연한다고 했을 때, 공연 전문가들은 〈마틸다〉의 수준 높은 춤, 노래, 연기를 소화할 만한 기량을 가진 어린이들을 찾아낼 수 있을까 하고 우려했다. 하지만 그러한 걱정과 의문은 첫 공연을 통해 기우에 불과했다는 것을 증명해 보였다. 특히 어린이 배우들이 탄탄한 앙상블을 선보일 수 있었던 이유 중에는 〈빌리 엘리어트〉에서 빌리와 마이클 역할을 맡았던 어린이 배우들 7명이 대거 합류한 덕도 컸다. 〈빌리 엘리어트〉에서 이미 고난도의 수련과 무대 경험이 있었던 덕에 높은 수준의 안무를 주문할 수 있었다. 모든 어린이 배우들은 선의의 경쟁을 하며, 멋진 무대를 만들겠다는 단 하나의 목적을 가지고 자신들이 가진 무한한 잠재력을 완벽하게 발산했다.

첫 공연이 끝나자 모든 관객들은 약속이나 한 듯 환호와 기립 박수로 답해주었다. 영국 올리비에상 7개 부문, 미국 토니상 4개 부문을 석권한 이 작품이 영국, 미국은 물론, 전 세계에서 어떻게 800만 명의 관객을 끌어모을 수 있었는지를 여실히 보여준 것 같았다. 이제 그 뒤를 이어 한국의 〈마틸다〉 역시 순항하고 있다.

이번 〈마틸다〉 초연은 오랫동안 롱런할 수 있는 발판을 다졌다는 데 무엇보다 가장 큰 의미가 있다. 〈마틸다〉와 전작 〈빌리 엘리어트〉 같은 작품들이 성공한다는 것은 특별한 의미를 갖는다. 시대를 막론하는 정서를 담은 두 작품은 10년 이상 고정 레퍼토리화하여 롱런할 수 있다는 자신감을 갖게 한다. 그리고 그렇게 될 때 뮤지컬계의 파급 효과는 굉장히 클 것이라 생각한다. 어린이 관객부터 장년층까지 새로운 관객을 창출하여 관객층의 다양화를 꾀할 수 있을 것이다. 우리나라에 다양한 관객층이 즐길 수 있는 작품들이 많지 않다는 점에서 참 소중한 작품이 아닐 수 없다.

BIRTHDAY

무한한 잠재력을 완벽하게 발산한 어린 배우들

마틸다
황예영

마틸다
설가은

마틸다
안소명

마틸다
이지나

제3부

다시 연극으로

김진, Untitled0814, 200x200cm, oil on linen, 2008

연극은 참 야속하고 냉정하다.
스물한 살 때부터 시작해 30년이 훌쩍
넘었는데도 이 모양이다.
내 나이만큼의 연기경력을 가진 분들,
평생 연극을 하신 분들조차
무대가 두렵다고 말씀하신다

연극 〈침향〉

뮤지컬에만 전념하다 〈침향〉을 계기로 10년 만에 다시 연극으로 돌아왔다. '차범석 희곡상'의 수상작인 〈침향〉. 제작비를 건지지 못할 것이 확실한 대극장용 연극을 아무도 하려고 하지 않았지만, 그와 동시에 '박명성이라면 할 수 있지 않을까?'라는 기대가 연극계 어른들을 통해 들려왔다.

연극 〈33개의 변주곡〉
제목 그대로 천재 음악가 베토벤의 변주곡이다. 연극 전체를 관통하는 질문은 '베토벤은 왜 그랬을까?'다. 생의 마지막을 불태우는 음악학자의 집념, 딸과의 갈등을 풀어가는 가족의 이야기가 묵직한 감동을 안겨준다.

연극 〈아버지와 나와 홍매와〉

차범석 희곡상을 수상한 연극 〈아버지와 나와 홍매와〉는 신구, 손숙이라는 연극계 두 거장과 함께 2013년 초연되었다. 이 작품은 두 노장의 인생을 담은 연기로 언론과 관객의 마음을 사로잡으며 초연 전회 매진 기록을 세우고 이듬해 앙코르 공연도 객석 점유율 84퍼센트를 기록하는 등 큰 사랑을 받았다.

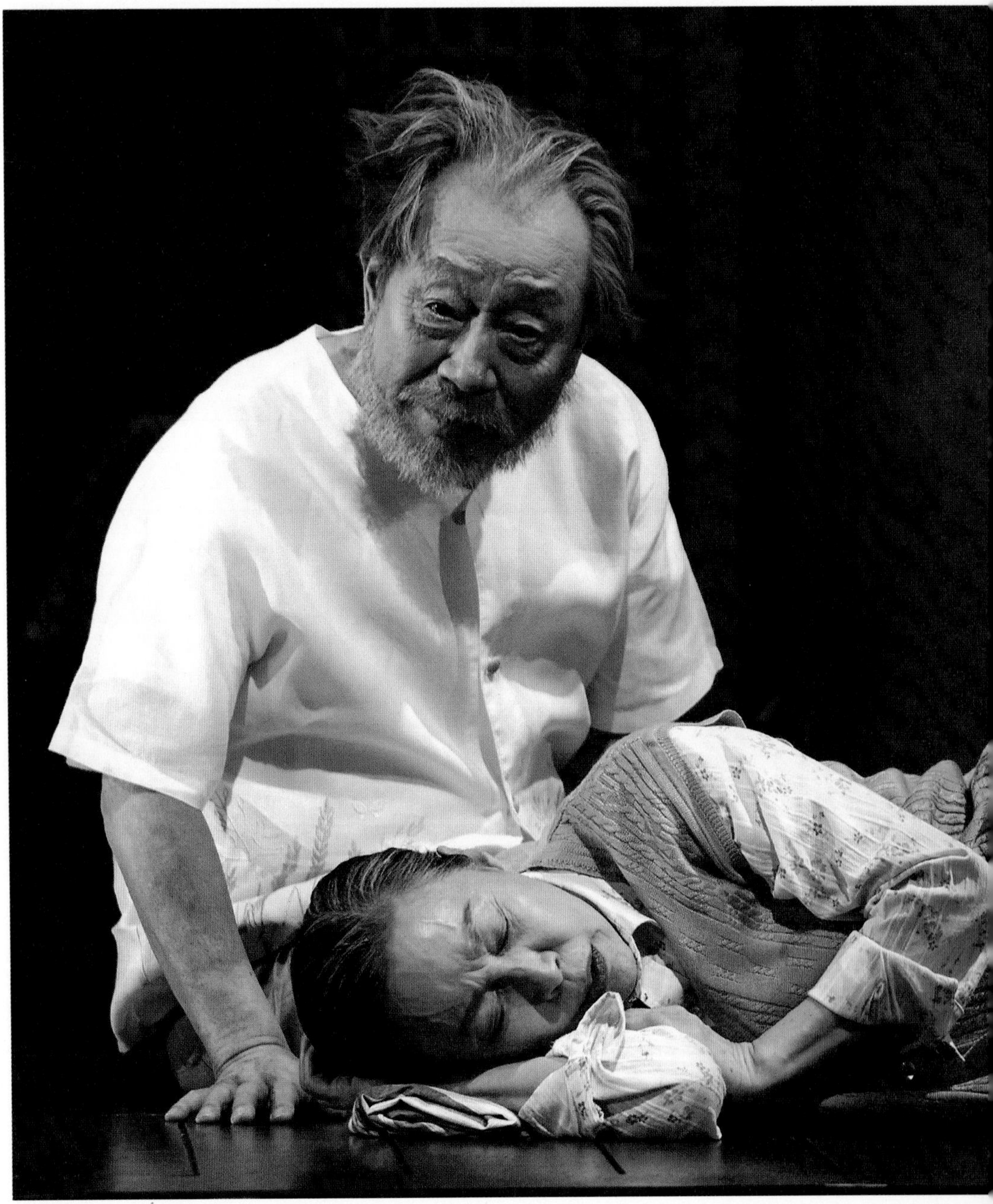

연극 〈푸르른 날에〉

〈푸르른 날에〉는 2011년에 이어 무려 5년 동안 재공연을 했다. 연일 객석이 발 디딜 틈 없이 가득 찼다. 다시 봐도 초연 때의 먹먹함은 그대로였다. 이런 먹먹함을 만들어낸 고선웅 연출과 배우들, 스태프들에게 박수를 보낸다.

연극 〈레드〉
연극 〈레드〉는 추상표현주의 시대의 절정을 보여준 화가 마크 로스코와 가상인물인 조수 켄의 대화로 구성된 2인극이다. 두 세대의 예술과 인생에 대한 치열하고도 뜨거운 논쟁을 담아 2010년 토니상에서 가장 많은 상들을 수상하였다.

연극의 맛

1999년 우여곡절 끝에 신시의 대표가 되었을 때 나는 뮤지컬에만 전념하겠다고 선언했다. 이때까지만 해도 신시는 연극, 뮤지컬, 마당극 등 다양한 공연 장르를 두루 제작하고 있었는데, 나는 한 장르에 집중할 필요가 있다고 판단했고 성장 가능성이 큰 뮤지컬을 선택했다. 아직 뮤지컬이 대중적인 인기를 끌지 못하던 때였지만 곧 그런 시대가 오리라 막연하게나마 확신했다. 그 후 신시는 내내 뮤지컬만 만들어왔고 실패와 성공을 거듭하며 한국의 대표적인 뮤지컬 컴퍼니로 자리 잡았다. 그리고 다시 10년 만인 2008년 〈침향〉이라는 연극을 제작했다. 이 작품을 계기로 다시 연극으로 돌아왔다.

사람들에게 '뮤지컬'의 이미지가 어떠냐고 물어보면 우선은 화려함을 떠올린다. 그렇다. 뮤지컬은 화려하다. 노래와 춤, 오케스트라, 역동적인 무대 메커니즘 등이 어우러지니 화려하지 않게 느껴지는 것이 오히려 이상하다. 뮤지컬은 참으로 매력적인 장르다. 무대 메커니즘이 펼쳐 보이는 기발한 상상력의 세계를 보는 것 자체만으로도 흥미진진하다. 대형 뮤지컬만은 못하지만 소극장 뮤지컬 역시 아기자기한 화려함이 있다.

그런데 '연극' 하면 무엇이 떠오르는가? 저마다 표현하는 단어가 조금씩 다를 수는 있겠지만 공통적으로 '배고픔'으로 요약될 수 있을 것이다.

연극의 공통분모가 배고픔이라면 연극인의 공통분모는 가난한 생활이다. 연극인의 생활이 가난하다는 것이지 연극인의 인생이 가난하다는 뜻은 결코 아니다. 그런데 이상하다. 가난하고 미래가 불확실한데도 불구하고 여전히 연극에 인생을 걸고 있는 연극인들이 많다. 때로는 영화배우로 성공한 사람들이 '고향 같은 곳'이라며 연극으로 돌아오기도 한다. 무엇이 그들을 연극에 머물게 하고, 연극으로 돌아오게 하는 것일까? 연극에 어떤 힘이 있길래 힘든 생활에도 불구하고 새로운 용기와 도전정신을 솟구치게 만드는 것일까?

연극인들마다 대답이 다르겠지만 나는 그것을 즐거움이라고 표현한다. 연극을 만드는 일 자체는 모험으로 가득 찬 재미있는 작업의 세계다. 늘 분주하고 정신이 없고 작업을 거듭할수록 오히려 부족함을 발견하게 되지만, 연극에는 즐거움이 넘쳐난다. 한 작품을 만들기 위해 공부하는 즐거움이 있고, 좋은 작품을 만들어가는 과정의 즐거움이 있고, 많은 사람들에게 내가 만든 연극을 보여주는 '베푸는' 즐거움이 있다. 새로운 작품을 통해 배우와 스태프들 간에 새로운 인연이 생기는 즐거움도 있고, 그 작품을 통해 관객들과 소통하는 즐거움도 있다. 더불어 문화예술을 향유하는 사람들과 함께 사는 즐거움이 있다. 이런 즐거움이 있기 때문에, 이 힘 때문에 우리는 언제나 즐거운 도전과 모험정신으로 연극과의 행복한 전쟁을 치르고 있는지도 모른다.

연극을 하는 사람들만의 즐거움으로는 그 명맥을 이어갈 수 없다. 여기에는 관객의 즐거움도 있다. 어떤 시대이건 간에 부조리와 아픔이 있었고, 그것은 그 시대를 살아가는 대중들의 고통, 상처, 좌절로 나타나기 마련이다. 인생 자체는 고난이 아니지만 감당하기 어려울 만큼 많은 고난들이 우리 인생을 뒤흔들었고 앞으로도 그럴 것이다. 좌절한 사람들, 상처받은 사람들, 위로가 필요한 사람들에게 연극은 오랫동안 변함없이 그들의 삶을 보듬어주고 마음을 다독여주는 정신적인 벗이 되어왔다.

때로는 권력의 모순을 상렬하게 고발하기도 했으며 시대의 상처를 어루만져주고 억울한 마음을 해소해주는 신문고 역할도 마다하지 않았다. 수많은 대중들의 영혼을 치유해주는 시대의 대변자 역할을 해왔던 것이다. 연극인들에게 연극의 매력이 즐거움이라면, 관객에게는 감동을 통해 정신을 맑게 하는 삶의 윤활유라고 할 수 있다. 연극이 연극인들에게는 한순간도 곁을 떠나지 않는 정신적인 버팀목이자 영혼이라면, 그것을 향유하는 수많은 대중들에게는 마음의 스승이자 친구가 되어왔다.

그래서 연극은 향유하는 모든 이에게 돈으로 환산할 수 없는 '세금 없는 자산'을 만들어주어야 한다. 그 자산이 값진 것이 되기 위해서는 잘 만들어진 연극, 감동이 있는 연극, 살아남는 연극을 만들어야 한다. 그래야 그 자산이 진짜가 되는 것이다.

훌륭한 연극을 만드는 데는 정답이 없다. 문제의식이나 소재 또한 한정될 필요가 없다. 많은 사람들이 어떤 작품을 좋아한다고 해서 모든 연극이 똑같은 형식을 취해서는 안 된다. 선택과 집중에서 벗어나 다양하고 자유로운 연극을 만들어야 한다. 혁신적인 아이디어를 바탕으로 주제와 목적이 뚜렷하고 모험을 두려워하지 않는 작품이 많이 나왔을 때 우리 연극은 비로소 행복감을 갖게 되는 것이다.

내가 앞에서 굳이 연극과 뮤지컬의 이미지를 대비시킨 것은 연극의 '날카로운 정신'을 잊지 말았으면 하는 바람 때문이다. 뮤지컬에는 연극에 있는 정신이 없다는 말이 아니다. 뮤지컬도 연극과 한 뿌리인 무대예술인 만큼 그 정신이 존재한다. 뮤지컬의 화려함에 눈이 팔려 그 화려함을 가능하게 하는,

그 밑바탕에 있는 정신이 쉽게 보이지 않을 뿐이다. 화려한 흥행의 기술을 배우기 전에 어떻게 작품을 만들 것인지 연극의 본질을 알아야 한다. 좋은 연극을 만들 수 있어야 뮤지컬도 잘 만들 수 있다. 화려함에 현혹된 사람, 날카로운 정신이 없는 사람은 훌륭한 연극을 만들 수 없다.

연극정신의 살아 있는 화신

나는 겨우 쉰을 넘기고서 파란만장 운운하는데 손숙 선생은 데뷔한 지 50년이 넘었다. 큰 굴곡 없이 살아온 사람이라도 50년쯤 살면 책 몇 권 분량의 이야기는 있는 법이다. 그리고 그쯤 살면 인생이 만만치 않음을 알게 된다. 앞으로도 더 많은 고비가 남아 있을 거라는 걸 알 나이이기도 하고. 그런데 선생은 연극인으로 50년을 살아오신 것이다.

모든 직업의 이름 뒤에 '정신'이라는 단어를 붙일 수 있다. 물질적 보상과 별도로 자기 직업의 존재 이유를 아는 것이 직업정신의 시작이다. 그 정신을 오래도록 실천할 때 세상은 그에게 '장인정신'을 가졌다고 말한다. 나이 쉰이 되면 하늘의 뜻을 알아야 한다는데, 천명이 나이만 먹는다고 알아질 리 없다. 자신의 인생을 갈고닦아야 한다. 직업의 지천명 역시 직업정신을 갈고닦아야 깨닫게 될 것이다. 직접 여쭤보면 시치미를 떼시겠지만 선생은 연극인으로서 지천명의 경지에 이르렀을 거라고 감히 짐작한다.

지금도 연극인은 배고픈 직업이다. 50년 전에는 오죽했을까. 나로서는 상상조차 하기 힘들다. 경제적인 어려움과 연극판의 열악함, 선생은 그런 세월을 건너오셨다. 그만 무대를 떠나고 싶은 갈등은 없었을까? 아마도 있었을 것이다. 그래도 연극판을 떠나지 못한 것은 연극을 종교처럼 사랑하는 마음, 다시 말해 연극정신이 있었기 때문일 것이다. 연극정신이 선생을 무대에 묶어두었고 선생은 기꺼이, 행복하게 무대를 지켰으리라 생각한다. 그러지 않으면 선생의 행보는 설명이 되지 않는다. 고희가 넘는 나이에 연간 네 편 정도의 연극 무대에 오른다. 열정이 없으면, 행복하지 않으면 할 수 없는 일이다.

이런 손숙 선생이 "선생님"이라고 부르는 분이 임영웅 선생이다. 세상에, 데뷔한 지 60년이라니! 내가 스물한 살인 1982년에 연극을 시작했는데 선생은 1955년에 연출가로 데뷔하셨다. 내가 살아온 시간보다 더 긴 세월 동안 연극을 하신 분, 그냥 원로이기만 한 게 아니라 현역으로 활동 중인 원로.

고개를 숙이지 않을 재간이 없다. 선생은 자신만의 꾸밈없는 진솔한 무대 언어로 감동을 전해주신다. 거기에 더해 서정성과 음악성을 중요시하는 독창적인 리얼리즘의 연출 세계를 개척해오셨다. 한국 연극계의 살아 있는 역사이며, 앞으로의 행보 또한 한국 연극계의 역사가 될 것이다.

임영웅 선생과 처음 인연을 맺은 것은 1982년이었다. 연극협회 이사장에 출마하셨을 때였다. 선거운동을 도와드리긴 했어도 깊은 인연을 맺었다고 하기는 어렵다. 군대에 비유하자면 사단장과 사병의 관계쯤 될까. 이후에 차범석 선생의 심부름을 가서 몇 번 같이 식사도 하면서 점점 존경하게 되었다. 그래도 여전히 무서웠다. 선생이 재미있고 유머가 넘치는 분이라는 건 나중에서야 알았다. 선생을 모시고 작업을 한 것은 2001년 뮤지컬 〈키스 미 케이트〉를 할 때였다. 이후에 〈산불〉, 〈갬블러〉에서 연출과 프로듀서로 만났다. 그리고 작품 때문에 뉴욕, 런던, 일본에 선생을 모시고 몇 번 다녀온 적도 있다. 같이 하는 작업이 없을 때에도 늘 자문을 구하고 힘을 얻고 있다.

데뷔한 지 50년이 넘은 배우의 폭풍처럼 휘몰아치는 강렬함. 데뷔 60주년을 맞이한 연출가의 수묵화를 펼쳐놓은 듯 진솔하고 묵직한 연출선. 이 두 거장이 만난 작품이 2014년의 〈가을소나타〉다. 영광스럽게도 내가 프로듀서를 할 수 있는 기회가 주어졌다. 임영웅 선생의 데뷔 60주년을 기념하는 이 공연을 준비하면서 나는 내내 설레고 기뻤다. 두 거장의 호흡을 볼 수 있는 행운이 내게 주어진 것이다. 어떤 사람은 어른들과 작업하는 게 불편하다고 하는데 나는 훨씬 편하다. 어른들을 멘토 삼아 연극정신을 배우고 나 스스로를 반성하는 계기로 삼을 수 있기 때문이다.

50년과 60년은 간단한 세월이 아니다. 그 긴 세월을 켜켜이 쌓으면서 그들은 전설이 되었고 동시에 현역으로 우리 곁에 계시다. 나도 이제 선배보다는 후배가 더 많은 나이가 되었다. 나이를 먹을수록 선배라고 부를 수 있는, 선생님이라고 부를 수 있는 분들의 존재가 더욱 소중하고 간절해진다.

연극인의 삶은 화려하지 않다. 맨몸으로 인생에 맞서고 그 상처로 무대에 서는 처절한 아름다움 같은 것이다. 프로듀서로서, 특히나 뮤지컬 프로듀서로서 주목을 받을 때마다 스스로를 경계하는 이유가 여기에 있다. 처절한 아름다움을 잊어버리는 순간 나 역시 장사꾼이 되어버릴 것이기 때문이다. 두 거장과 작업하면서 그 아름다움을 다시금 보았기에 하는 말이다.

데뷔한 지 50년이 넘은 배우의 휘몰아치는 강렬함. 60년 무대를 지켜온 연출가의 진솔하고 묵직한 연출선. 연극 〈가을소나타〉다. 이 공연의 프로듀서가 될 수 있었던 것이 내게는 영광이었다.

미친 짓의 연대기

나는 프로듀서이기도 하지만, 한편으론 바보 같은 연극쟁이다. 한 작품, 한 작품 할 때마다 이제는 덜컥 겁이 날 때가 많다. 작품이 나올 때까지 '정말 좋은 작품이 만들어질까? 프로듀서인 내 자신이 감동할 만큼의 완성도가 나올까?' 늘 불안하다. 내가 만족하고 감동한다고 관객도 그러리라는 보장은 없지만 내가 만족하지 못하고 감동하지 못하는 작품에 관객은 절대로 감동하지 않을 테니까 말이다.

연극은 참 야속하고 냉정하다. 스물한 살부터 시작해 30년이 훌쩍 넘었는데도 이 모양이다. 나만 그런가 하면 다른 분들도 마찬가지인 것 같다. 내 나이만큼의 연기 경력을 가진 분들, 평생 연극을 하신 분들조차 무대가 두렵다고 말씀하신다.

그럼에도 불구하고 무대를 떠나지 못하는 것이 연극쟁이 팔자다. 매번 불확실한 미래에 풍덩 몸을 던져야 하는 것이 연극쟁이의 숙명이다. 부족함은 부족함대로 안고, 만족감은 또 그대로 안고 다음에는 뭔가 더 좋은 작품을 만들어야겠다는 마음이 생기게 하는 것이 연극의 힘이고 위대함이다. 마치 종교 같기도 한 연극이다.

나는 어쩌다 이렇게 되었을까? 어쩌다가 돈도 안 되고 힘들고 불안하고 불확실한, 온전한 확신을 보여주지 않는 연극을 오매불망하게 되었을까? 운명이란 것이 있다면, 운명이 정해진 길을 가도록 강제하는 것이라면, 그날의 사고를 운명적 사건이라고 불러도 좋겠다.

운전 부주의였는지 길이 유실됐는지, 정확한 경위는 알지 못한다. 비가 억수같이 쏟아지던 장마철, 비포장도로를 달리던 버스가 4미터 아래로 굴렀다. 버스에 탔던 사람들 여럿이 다쳤고 나 역시 3개월 동안 입원해야 했다. 재수생이었던 나는 그날 광주로 가는 길이었다. 막판 총정리를 위해 학원에 등록할 참이었다. 그전까지는 친구도 만나지 않고 오로지 공부에 열중할 거라며 소안도에 들어가 있었다. 소안도는 완도에서 배를 타고 두 시간 가야 하는 작은 섬이다. 둘째형이 그 섬의 초등학교로 발령이 나서 학교 사택에 살고 있었다.

사택은 바다와 가까웠다. 그리고 해변은 모래가 아닌 자갈밭이었다. 아침이면 잠을 깨기도 전에 자갈이 우르르 쏟아져 들어오는 소리가 창문을 넘어왔다. 밤이면 내내 창문을 넘어 들어왔던 소리들이 빠져나가듯 잠이 들었다. 어느 음악회에서도 들을 수 없는 신비하고 절묘한 소리였다. 아침저녁으로 그 소리에 취했다. 산도 자주 오르내리고 때때로 예쁜 처녀가 살고 있던 집의 일손을 거들기도 했다. 이 책의 내용과 상관없지만, 그 처녀는 내가 알지 못하는 달달한 연애를 거쳐 나의 형수님이 되었다. 소안도를 떠올리면 자갈 소리를 따라 이런 기억들이 따라온다. 공부했던 기억은 글쎄, 별로 없다.

어른들 말씀대로 공부에 취미가 없는 놈이 섬에 들어간다고 공부를 열심히 할 리 없다. 학교는 가고 싶지 않은 곳이었고 책을 펴면 잠이 왔다. 학교에 가기 싫은 건 교수가 되었을 때도 마찬가지였다. 그래서 뮤지컬학과 전임 부교수를 9년 만에 종지부를 찍고 던져버렸다. 고등학교 3학년 때는 공부를 하지 않아서 낙방했고, 재수할 때는 교통사고를 당한 '덕분에' 낙방했다. 두 번 다 상과대에 지원했는데 그때 합격했으면 지금쯤 명퇴한 전직 은행원이 되었을지도 모르겠다.

운명의 메시지

재수에 실패한 후 무작정 서울로 왔다. 삼수를 할 자신도 없고 한다고 해서 될 것 같지도 않았다. 그걸 지원해줄 만큼 집안 사정이 넉넉하지도 않았다. 상과대 진학에 실패한 스무 살 청년이 서울에 와서 처음 한 일은 생뚱맞게도 극단의 연구생이 된 것이다. 왜 그랬을까 생각해보면 은행원은 내가 갖고 싶은 직업이 아니었다. 매일 돈을 만지는 은행원이 가난한 시골 어른들이 생각하던 출세였고, 그런 어른들의 꿈이 나도 모르는 사이 내 꿈인 양 들어앉았던 모양이다. 나의 꿈이 아닌 것이 좌절되자 비로소 내 꿈이 그 자리로 올 수 있었다. 그러니 두 번씩이나 대학에 떨어진 건 지금 생각하면 정말 잘된 일이다.

먼저 서울에 와 있던 친구 방에 엉덩이부터 밀고 들어갔다. 거기 빌붙어 살면서 3개월여 연기 공부를 했다. 그러던 중 당시 주요한 광고판으로 쓰이던 전봇대에서 내 눈에만 띄었을 광고를 발견했다. 그것은 미싱사와 일용직 잡부를 구하고 하숙생을 구하는 많은 전단지들 사이에서 반짝이고 있었다. 두 번째 운명의 메시지였다.

극단 연구단원 모집합니다. - 극단 동인극장

극단 사무실은 사직동에 있는 작은 주택의 2층에 있었다. 사무실이라고 하기엔 가정집 같고 가정집이라고 하기엔 사무실 같았지만 그조차도 멋져 보였다. 그리고 거기서 내 생애 최초로 연극인을 만나 대화를 했다. 마치 동경하는 연예인을 만나는 기분이랄까. 그는 극단 대표이자 극작가인 전옥주 선생이다. 나는 선생이 화를 내시는 모습을 아직까지 본 적이 없다. 자상하기 이를 데 없는 엄마 같은 분이다. 지금은 서울시에서 운영하는 '문학의 집'에서 일을 하고 계시는데 내가 만든 작품은 꼭 보러 오신다. 신문에 내 소식이 실리기라도 하면 "명성아! 잘 있제? 너 정말 이렇게 열심히 연극하면서 성공하는 거 보니까 기분 좋데이" 하시며 자랑스러워하신다.

동인극장에 가지 않았다면, 그러니까 다른 극단의 전단지를 먼저 봤다면 연극쟁이로서의 궤적이 완전히 달라졌을 것이다. 거기서 중요한 인연을 만났고 그 인연이 내 연극 인생에 도움이 되도록 전옥주 선생이 배려해주셨기 때문이다.

연구 단원의 1차 연구 업무는 청소, 선배들 심부름, 사무실 업무, 그 외 기타 잡일이다. 1차 연구를 잘해야 선배들에게 연기 수업을 받을 수 있었다. 1차 연구가 익숙해질 때쯤 극단이 한 기업의 후원을 받아 장충동에 연극촌이라는 소극장을 냈다. 지하 1층에 90석 규모였다. 사무실도 거기로 옮기면서 나도 빈대생활을 청산하고 극장에서 숙식을 해결했다.

극장이 있던 건물은 아직 남아 있다. 허구한 날 외상으로 라면과 달걀을 샀던 슈퍼마켓도 그대로다. 수정약국 맞은편 1층. 지금도 그 앞을 지날 때면 보이지 않는 지하를 물끄러미 들여다본다. 그러면 영락없이 스물한 살 청년이 콧노래를 부르며 등장한다. 연기보다는 라면을 잘 끓이던, 재능은 없었지만 무진장 열심히 공부했던 그 청년은 나에게 항상 이렇게 속삭여준다. 그래도 꿈을 꿀 수 있어 행복하다고….

뜨겁고도 불안한 청춘의 기억

동인극장의 개관 공연작은 〈꽃을 사절합니다〉라는 작품이었다. TV 드라마의 대부로 이름을 날린 이기하 선생이 연출을 하고 주인공으로 김갑수 형과 탤런트 김성근 선배가 발탁되어 왔다. 당시 갑수 형은 장래가 촉망되는 여러 배우들 중 한 명이었지만 유명한 배우는 아니었다. 물론 나는 무대에 설 생각은 꿈에도 하지 못할 때였다.

그냥 그렇게 한 번 스쳐 지나가는, 그리 깊지 않은 인연일 수 있었다. 그런데 이 낯 두꺼운 형이 내가 극장에서 지낸다는 소식을 듣자마자 그날로 짐을 싸들고 들어왔다. 당시 형님 집에 얹혀살았던 것으로 기억한다. 내가 선점하고 있던 나만의 공간에 들어온 침입자에게 나는 라면을 끓여주고 양말을 빨아주었다.

둘만 있을 때 그가 한 행동을 연극인이 아닌 사람이 봤다면 영락없는 사이코라고 생각했을 것이다. 소리 지르며 뛰기, 소리 지르며 극장을 빙빙 돌기, 중얼거리며 빙빙 돌기, 벽에 물구나무 서기. 모두 호흡과 발성을 위한 트레이닝이거나 연기가 자기 마음에 들지 않을 때 하는 행동이었다.

개관 공연이 끝난 후에도 갑수 형은 여기저기 다른 극단에 불려다녔고 나는 여전히 배우 지망생이었다. 전옥주 선생의 허락도 있었고, 라면 끓여주고 양말 빨아줄 사람이 필요했던 그는 자기가 작품하는 곳이면 늘 나를 데리고 갔다. 연극인들과 안면을 트게 해주고 스태프라도 시켜주려고 애썼다. 내가 데뷔한 작품도 갑수 형이 주연을 한 〈여자의 창〉이라는 연극이었다. 배우 세 명이 나오는 연극에서 나는 대사 여섯 마디를 했다. 드디어 처음으로 무대에 선 것이다.

무대에 한 번 서봤다는 것일 뿐 정식으로 배우가 되었다는 의미는 아니다. 여전히 배우 지망생에 가까웠다. 이후에 동인극장이 경영난으로 문을 닫았고 갑수 형이 마당세실극장으로 가면서 나를 김상열 선생께 소개해주었다. 그 무렵부터 최근까지의 이야기는 앞에 나온 대로다. 배우는 텄고 연출은 젬병이어서 기획을 하게 되었고, 뮤지컬 〈더 라이프〉를 성공시키고 〈갬블러〉로 크게 망하는 등등의 일을 거쳐 오늘에 이르렀다. 물론 정우 스님은 그때부터 지금까지 든든한 버팀목이 되어주고 계시다.

이번 지면을 빌려 그전에 하지 못했던 이야기를 하고 싶은데, 이게 참 기묘한 감정이라 내 짧은 문장력으로는 무어라 표현하기가 어려워 자꾸 빙빙 맴만 돌게 된다. 궁극적으로는 내가 왜 연극을 하게 되었느냐에 대한 것인데 이게 그저 '행복하기 때문에'라고 하기엔 너무 무책임하고 상투적으로 느껴지기 때문이다. 좀 더 근원적인 곳에서부터의 울림을 얘기하고 싶은데 적합한 단어를 고르려다 보니 점점 말 꺼내기가 어려워진다. 어쩔 수 없이 내 방식대로 촌스럽지만 서술형으로 얘기해보겠다.

갑수 형과의 인연에 대한 이야기다. 나를 무대에 세워준 것도 그였고 김상열 선생께 소개해준 사람도 그였다. 그래서 내가 신시의 멤버가 될 수 있었고 프로듀서가 될 수 있었다. 이것만으로도 혼자만의 공간을 나눠주고 라면 끓여주고 양말 빨아준 대가를 톡톡히 받은 셈이다. 이 이야기는 여기저기서 꽤 많이 해서 조금 장난스럽게 썼다.

그런데 내가 갑수 형을 생각할 때 가장 먼저 떠오르는 기억은 따로 있다. 촉망받는 배우, 점점 더 주목받는 배우와 아직 연극이라는 망망대해에 발도 담그지 못한 배우 지망생, 매일 자신을 단련해가는 배우와 등 뒤에서 그를 지켜보는 배우 지망생, 극장 바닥에 깔린 침낭에 들어가 누운 배우와 그 옆에 또 다른 침낭 속에 누운 배우 지망생. 결은 달랐지만 우리는 둘 다 뜨겁고도 불안한 20대였다. 그런 두 사람이 지하 극장에서 2년 넘게 같이 살았다. 그는 많은 말을 해주었고 나는 많은 말을 들었다. 말보다 더 많은 어떤 것들이 극장이라는 공간으로 인해 증폭되어 내게 전달되었다. 내가 오늘날 프로듀서로서 이만큼 살고 있는 힘의 밑바닥에는 그때의 이미지가 있다. 그래서 나는 갑수 형을 '큰 인연'이라고 말한다.

그리고 연극이 있었다

서울에서의 내 주거공간은 친구 집, 극단, 누나네, 다시 극단 사무실로 이어진다. 인천에 있는 누나에게 잠시 얹혀살았는데 차비가 부담스러워 사무실로 옮겼다. 10년 넘게 유랑생활을 하다가 서른넷에 처음으로 내 방이란 것이 생겼다. 월세로 얻은 작은 원룸이었다. 그전까지는 극단에서 이 사람 저 사람 뒤엉켜 숙식을 해결했다. 평균 숙식 인원이 대여섯 명은 되었다.

어찌 보면 참 기가 막힌 풍경이다. 다 큰 남자들이 우글우글 모여 연습을 하고 그 자리에서 또 잠을 잤다. 다른 사무실 사람들이 퇴근한 후에 공동화장실에서 샤워를 하고 빨래를 했다. 그을음 많은 곤로와 찌그러진 냄비. 절묘한 불 조절로 꼬들꼬들하게 끓인 라면 한 냄비에 김치 하나 놓고 장정 네댓이 달라붙었다. 여름에는 문 열어놓고 선풍기 하나 켜놓고 자고, 겨울에는 각자 개인침낭 안으로 기어들었다. 너무 추운 날은 뻔뻔하게도 부부가 사는 집에 떼로 몰려가 잠을 자기도 했다. 갑수 형이 주된 피해자였다. 12평 남짓한 아파트에 신혼살림을 차린 갑수 형과 현금숙 선배는 추위에 염치를 맡기고 온 후배들의 잦은 습격을 받았다.

우리의 옷은 전천후였다. 결혼식에 갈 때도, 조문을 갈 때도, 식당에 갈 때도 옷은 바뀌지 않았다. 몇몇 '불량 연극인'을 빼고는 모두들 야전잠바와 청바지를 교복처럼 입었다. 물론 이런 패션이 연극인들만의 전유물은 아니었다. 야전잠바와 청바지는 예비역들의 패션 아이템이기도 했다. 연극인과 일반 예비역을 구분하는 결정적인 장식물은 대본이었다. 일부러 제목이 보이도록 접어 뒷주머니에 꽂고 다녔다. 그것은 다른 사람들이 보기엔 하늘을 가리는 손바닥일 수 있었지만 우리에게는 자부심이자 긍지였다. 사람들이 딴따라라고 손가락질하는 연극쟁이, 광대라는 단어가 우리에게는 훈장이었다. 지갑에는 조금 형편이 넉넉한 선배가 축의금 내라고 찔러준 만 원짜리 한 장밖에 없었어도 기죽지 않았다. 우리는 광대였으니까.

내가 배우로서 받은 돈 중 그나마 출연료라고 부를 만한 액수를 받은 것은 뮤지컬 〈님의 침묵〉에 앙상블로 출연했을 때였다. 놀랍게도 그때는 쉬는 날도 없이 하루 두 번 공연을 했다. 한 달이면 60회 공연이다. 〈님의 침묵〉은 2시간 40분짜리 공연이었으니 그 시간만 따져도 한 달이면 160시간이다. 공연 전의 연습, 공연 준비, 이후 정리하는 시간까지 포함하자면 시간은 엄청나게 늘어난다. 그렇게 3개월 동안 180회를 출연하고 받은 돈이 18만 원이었다. 공연 1회당 출연료가 1,000원이었다. 주인공이었던 갑수 형의 한 달 출연료가 20만 원이었다. 당시 물가를 감안하더라도 참 약소한 액수다. 내가 한 작품을 하고 100만 원 돈을 받아본 게 서른두 살이었다. 작업한 기간은 3개월이다.

그러니 지갑의 주요 용도는 '지갑'이 아니라 신분증 보관용이었다. 어제도 돈이 없었고 오늘도 돈이 없고 내일도 돈이 없을 게 뻔했다. 출연료를 받으면 그날로 없어지기 일쑤였다. 얼마 되지도 않는 데다가 그간 빌려 썼던 것을 갚고 나면 역시 신분증만 남았다. 우리는 돈이 없었고 집이 없었고 옷이 없었고 절도 없었다. 지금에서야 생각난 거지만 20대 청춘들의 상징쯤 되는 연애도 없었다. 하다못해 제과점 빵값이랑 우유값은 있어야 하는데 그건 너무 큰 사치였다. 우리는 모두 장가 같은 건 못 갈 줄 알았다. 가난에 이를 갈며 대학로를 떠나는 사람도 있었다.

명절에도 집에는 몇 년에 한 번 내려갔다. 차례만 지내면 얼른 밖으로 나가 친구 집에서 지냈다. 가족들이 걱정할 틈을 주지 않기 위해서였다. 어머니께 용돈을 드리지 못하는 것보다 형님들이 드린 용돈을 내게 주시려고 할 때 더 미안하고 마음이 아팠다.

어쩌다 돈이 좀 있는 날에는 다섯 명이 가서 삼겹살 3인분을 시켜놓고 소주를 마셨다. 고기는 금방 사라졌다. 그다음부터는 불판에 남아 있는 기름에 김치를 구워 먹었다. 우리가 가면 주인이 아예 냉면 그릇에 김치를 담아 주었다. 재기발랄한 어떤 선배는 자기 몫의 삼겹살 몇 점을 김치 속에 숨겨놓고 연극을 이야기하기도 했다.

그래도 괜찮았다. 친구를 만나지도 연애를 하지도 않았으니 돈 쓸 일이 없었다. 술을 마시고 싶을 때는 김치찌개에 소주면 되었다. 가끔이지만 정우스님이 오시는 날은 각자 1인분 이상의 삼겹살을 먹을 수 있었다. 경제적인 면에서도 더 이상 내려갈 수 없는 바닥이었고 그래서 무서울 게 없었다.

그리고 연극이 있었다. 연극으로 살겠다고 모인 사람들이 있었다. 모두들 가난한 집안 출신이었고 괜찮은 집안 출신들도 딴따라라는 이유로 가족에게 버림받았으므로 다를 게 없었다. 쓸쓸한 영혼들이 모인 그 시간과 공간은 따뜻했다.

뮤지컬에만 전념하다 10년 만에 〈침향〉을 계기로 다시 연극으로 돌아왔을 때, 사실 작정하고 돌아온 건 아니었다. 몇몇 어른들이 뜻을 모아 작고하신 차범석 선생을 기리기 위한 '차범석 희곡상'을 제정했고 상이 제정되었으니 수상작이 나왔다. 그 작품이 김명화 작가의 〈침향〉이다. 김명화 작가는 작가로서의 상상력을 마음껏 발휘해 '대극장용' 사실주의 희곡을 썼고 제작비를 건지지 못할 것이 확실한 대극장 연극을 아무도 하려고 하지 않았다. 다른 것도 아니고 차범석 희곡상을 받은 희곡이 무대를 만나지 못한다니 마음이 쓰였다. 그와 동시에 '박명성이라면 할 수 있지 않을까?'라는 기대가 연극계 어른들을 통해 들려왔다. 그렇게 자의인지 타의인지 모르게 〈침향〉의 제작을 맡게 되었다.

연극 제작은 언제나 어렵고 불안하다. 〈침향〉을 제작할 때도 그랬다. 무려 10년 만의 연극이니 더했다. 그런데 그때 나는 미처 인식하지 못하고 있었다.

"좋은 작품이 있으면 1년에 한두 편씩은 할 생각이다. 기존 연극과 다른, 뭔가 상식의 틀을 깨는 기발한 작품이었으면 좋겠다."

〈댄싱 섀도우〉, 〈맘마미아!〉의 연출자 폴 게링턴의 앞으로도 연극을 할 거냐는 물음에 내가 한 대답이었다. 그러고서야 알았다. 내가 연극을 제작하면서 행복했다는 것을 말이다.

동인극장, 지하 극장, 라면, 모기, 침낭, 추위, 야전잠바, 야채 가득한 곱창볶음, 소주, 마로니에, 여섯 마디의 대사, 스물한 살, 눈 내리는 허허벌판의 양재역, 정우 스님의 삼겹살, 차범석, 김상열, 김갑수, 조용태, 이용녀, 권범택, 한보경, 그리고 미래가 보이지 않는, 그래서 현재에만 살았던 20대. 행복의 또 다른 이름들.

이후로 〈가을 소나타〉, 〈대학살의 신〉, 〈피아프〉, 〈산불〉, 〈33개의 변주곡〉, 〈엄마를 부탁해〉, 〈피카소의 여인들〉, 〈베로나의 두 신사〉, 〈햄릿〉 등의 연극을 제작했다. 뮤지컬에 비해 연극의 제작비는 대체로 소박하지만 한 작품에 1, 2억 원씩만 까먹어도 만만치 않은 액수다. 〈푸르른 날에〉, 〈레드〉, 〈가을소나타〉, 〈대학살의 신〉, 〈엄마를 부탁해〉, 〈아버지와 나와 홍매와〉, 〈렛미인〉, 〈더 플레이 댓 고우즈 롱〉 같은 작품들에서 적으나마 수익이 나기도 했지만 당분간은 뮤지컬에서 벌어 연극에 투자해야 하는 수익률이다. 그래도 연극 제작을 그만둘 생각이 없다.

연극은 나에게 즐거움이자 고통이며 좌절이자 구원이다. 가장 암울했던 시절의 가장 빛나는 기억이다. 칼날처럼 날카로우며 솜처럼 따뜻한 과거의 기억이자 미래의 희망이다. 그래서 연극을 한다.

예술가보다는 사업가로 치부되는 프로듀서지만, 나는 누가 뭐래도 연극쟁이다. 여태껏 연극쟁이로 살아왔고 앞으로도 그렇게 살아갈 것이다. 내가 무슨 배짱으로 계속 미친 짓을 벌여왔겠는가. 그것은 내가 연극쟁이로 살아왔기에 가능한 것이었고, 연극쟁이로 살아갈 것이기에 앞으로도 가능할 것이다. 이것이 소위 나의 미친 짓의 연대기이자 기원이다.

뮤지컬 〈19 그리고 80〉

〈레드〉의 강신일과 한지상의 열연 모습.

연극 〈산불〉의 대극장 도전기

내 연극 인생에서 차범석 선생의 〈산불〉은 운명적인 작품이다. 나를 세상에 낳아준 분들이 부모님이라면, 연극인 박명성을 만들어 세상을 살아가게 한 것은 〈산불〉이었다. 연극 〈산불〉에 감동하여 연극계에 몸담게 되었고, 이 희곡을 원작으로 한 뮤지컬 〈댄싱 섀도우〉를 무대에 올려 작품성은 인정받았으나 흥행에서 어려움을 겪었다. 그만큼 내겐 떼려야 뗄 수 없는 작품이다.

〈댄싱 섀도우〉 이후 다시 〈산불〉에 대한 연극적인 욕망이 불길처럼 타오르기 시작했다. 대극장 무대에 〈산불〉을 올려야겠다고 결심했다. 고(故) 차범석 선생 5주기를 맞아 연극 〈산불〉을 국립극장 해오름극장에서 올린다고 하자 모두들 약속이나 한 듯 잠깐 동안 침묵했다. 열심히 해보라는 격려보다 걱정이 더 많았다. 꼭 해야겠으면 대극장에서 하지 말고 규모를 줄여서 해보라는 분들도 있었다. 어떤 분은 농담 반 진담 반으로 "박명성은 산불 때문에 흥하거나 망할 거다"라고도 했다. 이해 못할 반응은 아니었다.

신시는 2007년 〈산불〉을 원작으로 한 뮤지컬 〈댄싱 섀도우〉를 무대에 올렸다가 금전적으로 많은 손실을 봤다. 무려 7년 동안 한국 창작 뮤지컬 사상 최대 규모의 제작비인 45억 원을 투입했지만 공연 수익은 절반에도 미치지 못했다. 금전적인 기준으로 평가하면 실패한 게 맞지만 〈댄싱 섀도우〉를 실패한 작품이라고는 생각하지 않는다.

작업기간이 길어지면서 제작비가 많이 들어간 탓에 적자를 보기는 했지만, 공연 수익으로 20억 원이라면 흥행에 실패했다고 볼 수는 없기 때문이다. 내가 방점을 두는 것은 공연 수익이 아니라 해외 유명 아티스트들과 작업하면서 뮤지컬에 대한 선진 제작 시스템을 배웠다는 점이다. 〈댄싱 섀도우〉는 그해 한국뮤지컬대상에서 4개 부문의 상을 휩쓸었고 최우수작품상까지 받는 등 작품성에서도 좋은 평가를 받았다.

이런 사실을 인정하는 사람들도 '연극을 꼭 대극장에서 해야겠느냐'는 걱정을 거두지 않았다. 대극장 연극은 많은 예산과 인력을 필요로 한다. 예산을 최소한으로 사용하는 소극장 연극도 적자가 나기 일쑤다. 그런데 1,500석이 넘는 대극장에서 한 달 동안 공연을 한다니 공연계의 현실을 조금이라도 아는 사람이라면 걱정하지 않는 것이 오히려 이상한 일이긴 하다.

국립극장 운영진에서도 공연기간을 두고 논란이 있었다고 한다. 대극장 연극까지는 좋은데 한 달 동안 대관해줄 필요가 있느냐는 것이었다. 워낙 규모가 큰 극장이니 관객이 많지 않으면 극장이 텅텅 비어 보일 것이다. 똑같은 수의 관객이라도 일주일 동안에 오는 것과 한 달에 나눠서 오는 것은 많이 다르다. 특히나 공공시설인 국립극장이니 그런 고민이 더 깊었을 것이다.

많은 분들의 걱정처럼 위험한 도전인 것만은 확실하다. 하지만 무모하거나 가치 없는 도전은 아니다. 우리나라 연극은 소극장 일색이다. 소극장 연극을 폄훼하는 것은 절대 아니다. 문제는 '일색'이라는 데 있다. 까무러치게 맛있는 음식이라도 자주 먹으면 질리듯이 관객들의 다양한 입맛에 맞는 연극을 개발할 필요가 있다. 소극장 연극은 그 나름대로의 맛이 있고, 대극장 연극 또한 그에 맞는 맛이 있다.

국립극장 심사위원인 박용재 예술경영지원센터 대표께서도 극장 대관을 주관하는 심사위원들을 설득해주었다는 이야기를 나중에 전해 들었다. "신시라면 대극장에서 할 수 있는 여력이 되고 홍보마케팅 능력이 있기 때문에 큰 걱정을 안 해도 될 것 같다, 또 뮤지컬로 올렸던 작품을 대극장 연극으로 올리는 것도 의미가 있지 않겠느냐, 특히 대극장 연극이 살아야 우리 연극계도 산다"는 말을 했다고 한다.

나는 그동안 명품 뮤지컬을 통해 중장년층까지 뮤지컬 관객의 저변을 확대하기 위해 힘써왔다. 연극도 대극장 연극을 통해 중장년층 관객들을 확보한다면 한국 연극이 크게 활성화될 것이라고 생각한다. 나는 소극장 연극과는 다른 대극장 연극만이 줄 수 있는 감동을 관객들에게 선보이고 싶었다. 그리고 이 감동을 기다리는 관객들이 우리나라에 충분히 있다고 믿는다.

최상의 캐스팅

내가 〈산불〉을 대극장에서 한다는 말을 했을 때, 드물게 놀라지 않으셨던 분이 연출을 맡은 임영웅 선생이다.

"〈산불〉이 〈산불〉의 규모에 맞는 자리를 찾아가는구나. 제자리로 돌아왔어. 1970년에 내가 연출할 때도 명동예술극장이라는 큰 극장에서 했어!"

임영웅 선생을 연출로 모시는 데는 어떤 이견도 있을 수 없었다. 〈산불〉을 가장 많이 연출한 거장이기 때문이다. 그리고 임영웅 선생은 우리나라 연극연출가 중에서 극 중 인물의 리얼리티를 가장 탁월하게 그려낼 뿐만 아니라, 작품 해석에도 노련미를 넘어선 경지를 지니고 계신 분이다. 시간은 흘렀지만 오늘날 〈산불〉을 만날 관객들에게 이 작품의 연극적인 진정성을 가장 잘 전달해주실 분이기도 했다.

그동안의 〈산불〉에 가장 많이 출연한 배우가 있으니 바로 강부자 선생이다. TV 드라마를 통해 대중적인 인기를 많이 얻고 계시지만, 원래 연극에 대한 애정이 남다른 분이다. 차범석 선생이 창단한 극단 산하에서 1966년부터 차범석 선생과 함께하셨고, 임영웅 선생이 연출한 〈산불〉에도 두 번이나 출연하셨다. 강부자 선생을 모실 수 있으면 의미도 있고 관객 확보에도 도움이 된다는 것이 임영웅 연출과 나의 판단이었다. 전화를 드렸더니 화통하시다.

"차범석 선생님 일이라면 내가 TV 드라마 빼고라도 해야지. 아이고, 우리 선생님, 우리 선생님! 박명성이가 큰일 하는구먼. 잘하는 일이야. 암, 〈산불〉 해야지. 내가 언제 또 우리 선생님 작품을 하겠어."

일단 허락을 받아놓고, 계약 관련 일을 처리하려고 찾아뵈었는데 너무 빨리 끝났다. 일에 관련된 부분은 거의 10분 만에 끝냈다. 하기로 했으니 이의 달 것 없다고 하셨다. 허리 디스크 수술을 받은 지 얼마 되지 않은 것이 걱정스러웠다. 한다고 하셨으니 어떻게든 훌륭하게 해내실 거라는 건 알았지만 연세가 있으시니 행여 건강을 해칠까 걱정이 되었다.

"다리 불편하신데 괜찮으시겠습니까?"

"공연까지 두 달 남았으니까 좋아지겠지. 걱정하지 마. 공연에는 문제 없어. 남 보기 좋지 않아서 그렇지 통증은 전혀 없어."

연습할 때 다리를 끄시면서 무대에서 왔다갔다 하시면서도, 후배들 불편할까 봐 힘든 내색도 하지 않으시는 걸 보고, 새까만 후배로서 많이 죄송하고 안쓰럽고 고마웠다. 나도 많이 배웠고 우리 후배들도 본받았으면 하는 모습이었다. 첫날 공연이 끝나고 커튼콜을 할 때 강부자 선생은 눈물을 글썽거리셨다. 수십 년 세월이 빚어낸 그 눈물의 의미를 '아직 어린' 내가 설명하기는 불가능하다. 그저 깊게 감동할 뿐이다.

주인공인 점례와 사월이 역에는 각각 서은경과 장영남을 캐스팅했다. 두 사람 모두 한국 연극사에서 빼놓을 수 없는 작품을 임영웅이라는 대가의 연출로, 연극계 어른들과 작업하는 것만으로도 행운이라고 했다.

다른 캐스팅은 임영웅 선생과 내 의견이 다르지 않았는데 귀덕 역만은 예외였다. 지능이 모자란 귀덕은 무거운 분위기의 연극을 보며 굳어 있는 관객들의 어깨를 풀어주는 역할을 한다. 김금지 선생, 윤소정 선생 등 대형배우들이 맡았던 역이다. 연극 〈엄마를 부탁해〉 지방투어에서 둘째 딸 역을 했던 이태린이 떠올랐다.

"박 대표가 추천한 사람이니 잘하겠지. 한 번 보지, 뭐."

임영웅 선생께 추천을 드렸더니 약간은 미심쩍어하시는 듯했다. 나를 믿지 못해서라기보다는 당신이 모르는 배우니까 직접 보아야 한다는 뜻이었다. 나도 살짝 걱정은 되었다. 내가 추천한 사람이기도 했고 새로운 배우를 찾기도 어려운 상황이었다. 며칠 뒤에 연습장에 갔더니 임영웅 선생께서 이태린을 보며 "잘하겠네"라고 하셨다. 또 좀 더 지나니까 "잘하네!"라며 칭찬하셨다. 한숨 놓았다. 귀덕 역의 이태린은 커튼콜 때 가장 많은 박수를 받은 사람 중 하나였다. 좋은 떡잎을 가진 배우 하나가 발굴된 것이다.

모든 연극인의 고향, 차범석

우리 시대에 이분만큼 무대 위에서 인간의 모습을 제대로 그려내는 연출가가 있을까? 사람 이야기를 독보적인 관점에서 그려내면서 인생에 대해 질문하고 답하는 그 연출 솜씨를 말로 표현하는 게 오히려 부끄럽다. 임영웅 선생께 연출 제안을 드리면서 내가 한 말이 있다.

"제작비 아낄 생각 하지 마시고 풍성한 무대, 대극장 연극에서만 보여줄 수 있는 무대 메커니즘을 선보여주십시오. 원 없이 한번 큰 작업 하십시오."

우리 임영웅 선생은 참 순수하신 분이다. 원 없이 해보시라 했더니 정말 원 없이 펼쳐놓으셨다. 뒤풀이 때도 이 말씀을 드리고 같이 웃었다. 〈산불〉의 주요 무대장치는 두 개의 산봉우리, 두 채의 초가, 그리고 대나무밭이다. 제일 돈이 많이 들고 고생을 했던 게 대나무밭이었다. 대나무밭은 사월, 점례, 규복의 애증이 뒤섞이는 공간이자 나중에 불에 타면서 전쟁의 참상을 상징적으로 보여주는 장치다. 대나무밭이 삼류영화의 싸구려 컴퓨터 그래픽처럼 어설프게 만들어지면 감동을 느껴야 할 관객들이 비웃어버린다.

200여 그루의 대나무를 담양에서 베어왔다. 문제는 잎사귀였다. 며칠만 지나도 잎사귀가 누렇게 마르다가 우수수 떨어진다. 이 난관을 해결하기 위해 무대장치 전문가 '종합무대'의 안천홍 사장을 찾아갔다.

"만들 수야 있지. 그런데 국내에서 만들면 인건비 때문에 너무 비싸고 지금은 만드는 곳도 없어. 중국에 주문하면 국내에서 하는 것보다는 훨씬 싸게 할 수 있으니 그렇게 합시다."

담양에서 가져온 대나무의 가지를 전부 잘라내고 중국에서 만들어온 잔가지와 잎사귀를 하나하나 붙였다. 여기에만 수천만 원의 비용이 들어갔다. 무대를 풍성하게 하는 데 돈만이 능사는 아니다. 적은 돈을 들여도 기발한 아이디어가 있으면 좋은 무대를 만들 수 있지만, 〈산불〉은 리얼리즘 연극이다. 현실성이 담보되어야 하기 때문에 아이디어만으로는 부족하다. 실제로 무대를 다 채워야 한다. 연극을 본 관객들은 알겠지만 무대에 쓰인 대나무숲을 야외에 옮겨놓으면 산새들이 집을 지을 만큼 진짜 같다. 완성된 무대를 보면서 '과연 돈 들어간 표가 나는구나' 했다.

〈산불〉의 하이라이트는 대나무밭이 불타는 장면이다. 불이 대나무를 먹기 시작하면 화력이 상당하다. 특히 대나무 마디가 터질 때는 불꽃놀이를 방불케 한다. 얌전하게 타서는 그런 효과를 낼 수 없다. 진짜 불을 지를 수는 없으니 조명과 음향, 그리고 연기를 잘 써야 한다. 〈맘마미아!〉, 〈시카고〉, 〈아이다〉 등 20년째 우리 작품의 조명을 맡고 있는 토탈코리아의 신재 사장을 만났다. 〈산불〉을 올린다는 건 알고 있는 터라 다짜고짜 본론을 꺼냈다. 〈아이다〉에서 썼던 조명 기재를 물량이 있는 대로 모두 다 달라고 했다. 그것도 적은 예산을 내놓으며 말이다. 덕분에 어지간한 대형 뮤지컬보다 더 많은 조명을 써서 실감 나는 산불 장면을 만들어낼 수 있었다.

음향도 비슷한 과정을 거쳤다. 본래 연극에서는 마이크를 쓰지 않는데 대극장이라 어쩔 수 없이 무선 마이크를 써야 한다. 역시 20년 넘게 일하고 있는 서울음향의 최기선 사장에게 부탁을 했더니 "우리도 신시가 하는 의미 있는 일에 투자하고 봉사해야지요" 하면서 도와주었다.

이외에도 함께 일하는 동료 회사들이 많은 도움을 주었다. 그랬기 때문에 풍성한 무대를 만들 수 있었다. 나는 이렇게 늘 빚지고 산다. 그 큰 빚을 갚는 방법은 좋은 공연을 만드는 일밖에 없는 것 같다. 이렇게 많은 분들의 도움에도 불구하고 제작비가 8억 원 가까이 투자되었다. 공연이 끝나고 내가 농담으로 한 이야기가 있다.

"무대에 두 덩어리의 산봉우리하고 초가 두 채를 올려놓았는데요, 전체 무대장치에 들인 돈으로 제 고향 해남에 가면 실제로 산 두 덩어리하고 동네 하나를 묶어서 살 수 있어요."

한 달이라는 짧은 기간 동안 대극장에서 〈산불〉을 올리면서 수익을 보겠다는 생각은 없었다. 배우들을 비롯해 동료 업체들이 도와준 데에는 차범석 선생의 작품이라는 것도 있었지만 수익을 보기 어려운 구조를 잘 알고 있었기 때문이다. 그래도 대극장 연극의 가능성을 타진하는 좋은 기회라고 생각했기에 막대한 제작비를 투입할 수 있었다. 관객 수는 약 2만 명, 하루에 1,000명 정도 온 셈이다. 좀 더 유치할 수 있었다는 아쉬움은 남지만 중장년 관객이 많았다는 점이 고무적이었다. 또 눈에 띄는 관객층이 20대였다. 주로 연극 관련 공부를 하는 학생들이었다. 한국 연극 100년사에서 세 손가락 안에 드는 작품, 1962년에 초연되었지만 지금도 그 스토리와 메시지가 통하는 작품, 근대 희곡의 교과서적인 작품이 작가가 의도한 사실적인 극장에서 공연된다는 소식을 듣고 단체로 온 경우가 많았다. 모든 관객들이 사실적인 무대에 놀라고 만족스러워했다는 것이 프로듀서로서 가장 기분이 좋았다.

〈산불〉은 내게 의미가 큰 작품이다. 뮤지컬 〈댄싱 섀도우〉로 만들 때는 지금까지 해왔던 작업에 대한 정리, 미래에 어떤 작품을 만들 것인가에 대한 지표였다. 뮤지컬을 끝내고 무대장치를 모두 불태우면서 언젠가 연극으로 다시 하리라 생각했다. 그 '언젠가'가 이렇게 빨리 올 줄은 몰랐다. 〈산불〉 공연은 앞으로 우리가 어떤 정신으로 어떤 연극을 만들 것인가를 시험하는 가늠자였다.

〈산불〉은 나에게만 의미가 큰 작품은 아니다. 초청공연을 한 날은 마치 대한민국 예술원 총회가 열리는 듯한 분위기였다. 연극, 영화, 무용, 문학, 미술계 등 많은 원로들께서 공연을 봐주셨고 공연이 끝난 뒤 열린 리셉션 자리도 지켜주셨다. 많은 공연에서 리셉션을 해보았지만 그렇게 많은 분들이 참석한 경우가 있었던가 싶다. 차범석 선생을 그리워하는 많은 분들이 〈산불〉을 통해서 차범석 선생을 추억하고 싶었던 것이다.

뭐니 뭐니 해도 가장 많은 혜택을 받은 사람은 나였다. 공연을 준비하는 내내 행복했다. 〈산불〉은 내 연극정신의 고향이니 다시 고향으로 돌아간 느낌이었다. 차범석 선생은 프로듀서로서의 내 인생에 피와 살을 주신 분이다. 손가락질 받을 짓을 해서는 안 된다고, 특히 돈 문제에서는 깨끗해야 한다고 신신당부하셨다. 좋은 연극을 보시면 입술에 백태가 끼도록 칭찬하셨다. 마음에 들지 않는 연극을 보시면 뒤도 돌아보지 않고 극장을 떠나셨다.

선생이 남기신 말씀들이 한바탕 대나무밭을 쓸고 가는 선한 바람의 머릿결처럼 느껴진다. 오늘, 선생이 몹시 그립다.

〈산불〉을 원작으로 한 〈댄싱 섀도우〉의 런던 워크숍에서. 차범석 선생은 외국인의 대본과 음악으로 다시 태어난 작품을 맞으며 '시집간 딸을 보는 것 같다'고 소회를 나누셨다.

연극인 박명성을 만들어 세상을 살아가게 만들어준 것은 〈산불〉이다. 연극 〈산불〉에 감동하여 연극계에 몸담게 되었고, 이 희곡을 원작으로 거의 7년에 걸친 노력 끝에 뮤지컬 〈댄싱 섀도우〉를 무대에 올렸었다.

신시 명품 연극 시리즈

신시는 2008년 〈침향〉을 올린 후 지금까지 여러 편의 연극을 무대에 올렸다. 2009년부터는 〈피아프〉로 시작해서 1년에 대여섯 편씩 한 꼴이다. 신시는 우리나라에서 연극을 제일 많이 하는 컴퍼니가 되었다. 대학로의 극단이나 기획사는 대부분 대표가 연출가여서 1년에 한두 편밖에 할 수 없다. 나는 이미 젊은 시절에 '연출가로서는 젬병'이라는 진단을 받았으니 열심히 기획하고 좋은 연출가를 찾아 작업하면 된다. 또 신시에는 막강 스태프들이 있다. 그래서 다른 컴퍼니보다 더 많이 작업할 수 있는 여건이 된다.

연극은 이상하다. 힘들고 돈도 안 되고 그다지 인정을 받지도 못하는데 거기서 빠져나올 길이 없다. 뮤지컬만 만들 때도 연극은 늘 그리움이었다. 먼 길을 돌아 다시 연극으로 돌아왔다. 내 시작이 연극이었던 것처럼 어디를 돌아가든 종착지는 연극이 될 것이다. 그것이 내가 정한 나의 운명이라고 생각한다.

2009년 본격적으로 연극을 제작하기로 결정하면서 우리 관객들에게 시차 없는 연극을 보여주고 싶었다. 한때, 우리나라 뮤지컬 시장은 '호랑이 담배 먹던 시절'의 작품들이 판을 치고 있었다. 오래됐다고 나쁜 작품은 아니지만, 우리나라 컴퍼니들은 라이선스 비용을 주지 않기 위해 브로드웨이의 30~40년 전 레퍼토리만 올렸다. 저작권자들이 비교적 관심을 덜 가지는 작품을 몰래 가져와서는 짧게 공연을 한 다음 막을 내려버렸다. 1990년대 말까지 그런 작업을 반복하고 있었다.

치사하게 남의 작품을 몰래 써먹는 것도 그렇고, 철 지난 작품들만 무대에 올리는 것도 싫었다. 나는 브로드웨이와 웨스트엔드에서 지금 공연하고 있는 작품을 관객들에게 보여주고 싶었다. 앞에서도 이야기했지만, '한국은 믿지 못하겠다'는 저작권 대행사를 설득해 국내 최초로 현지에서 성황리에 공연 중인 작품을 정식 라이선스 협약을 맺고 들여온 작품이 〈더 라이프〉다. 독자들은 '무슨 호랑이 담배 먹는 시절 이야기냐'고 하실지 모르겠지만 그리 오래된 이야기가 아니다. 〈더 라이프〉의 첫 공연이 1998년이다. 불과 20년 전의 일이다. 지금은 그런 일이 없다. 오히려 정반대라고 할까? 한국 컴퍼니들끼리 경쟁하느라 라이선스 비용이 천정부지로 치솟고 있다. 이래저래 바람직한 현상은 아니다.

시차 없는 뮤지컬을 보여주고 싶었던 것처럼 연극도 시차 없는, 따끈따끈한 연극을 보여주고 싶었다. 과거보다는 덜 해도 여전히 시차가 존재하고 있기 때문이다. 이런 이유로 2009년 토니상에서 작품상, 여우주연상, 연출상을 받은 〈대학살의 신〉을 시상식이 끝난 직후 라이선스 계약을 맺었다. 1998년부터 해외에서 신뢰를 쌓아온 신시였기에 쉽게 계약이 성사되었다.

〈대학살의 신〉은 우리나라에서 고정 레퍼토리가 된 〈아트〉라는 연극을 쓴 야스미나 레자의 작품이다. 제목만 보면 선혈이 낭자할 것 같지만 이 작품은 하이코미디다. 애들 싸움이 어른 싸움으로 번지는 과정에서 프랑스 상류사회의 가식과 위선을 적나라하게 보여주는 연극이다. 그런데 웃지 못할 실수가 벌어졌다.

유쾌한 하이코미디 〈대학살의 신〉

우리는 작가의 언어인 불어판을 번역하기로 했다. 번역은 제2의 창작이라 할 만큼 어렵다. 코미디는 특히 더 그렇다. 까딱하면 3류 코미디가 되어버리거나 별나라 이야기가 되고 만다. 서울여대 불어불문학과 임수현 교수에게 번역을 부탁드렸는데, 성실함의 소유자인 임수현 교수는 대본을 자근자근 씹어서 차분하게 번역해주었다. 그것도 부족해 연습장에 여러 번 나와서 필요한 부분을 설명해주는 등 많은 도움을 주었다.

황당한 실수는 훌륭한 번역본이 나오고 난 뒤에 벌어졌다. 우리는 연출가 선정을 위해 손진책 선생께 대본을 보냈다. 마당놀이 30주년 행사를 비롯해 여러 가지로 바쁘신 건 알고 있었지만, 시간이 되어서 연출을 해주시면 좋고 아니면 작품에 맞는 연출가를 추천해달라는 뜻이었다. 그때 손진책 선생께 〈대학살의 신〉 대본을 보내면서 〈33개의 변주곡〉 대본도 함께 보냈다. 〈33개의 변주곡〉은 공연 오픈까지 시간이 많이 남아 있었지만 미리 연출가를 추천받아두려 했던 것이다.

나는 어른들께 자주 의논을 드리는데, 그러면 애매하거나 갈팡질팡했던 부분들이 명료하게 정리된다. 때로는 내가 전혀 생각 못한 것까지 짚어주신다. 손진책 선생은 〈대학살의 신〉은 김동현 연출을, 〈33개의 변주곡〉은 한태숙 연출을 추천해주셨다. 김동현 연출은 개인적으로 인연은 없었지만 그가 만든 작품들을 알고 있었고, 한태숙 선생은 나도 잘 아는 분이었다. 두 분 다 적임자라는 생각이 들었다.

여기서 사고가 발생했다. 책임 프로듀서가 무슨 착각을 했는지, 한태숙 선생께 〈대학살의 신〉 대본을 보낸 것이다. 곧바로 잘못 보냈다는 걸 깨닫고 〈33개의 변주곡〉 대본을 다시 보내드렸다. 이렇게 일단락될 줄 알았는데, 한태숙 선생께서 "내가 〈대학살의 신〉을 해보면 어떨까?"라고 하신 것이다.

"〈33개의 변주곡〉이 나랑 맞을 거 같긴 해요. 내 스타일하고도 맞고 아주 격조 있긴 한데, 내가 이번에는 코미디를 한번 해보고 싶어요."

한태숙 선생은 자기만의 색깔을 고집하는 분으로 주로 무거운 작품 연출을 해왔다. 진지하고 깊이 있는 주제의 작품을 그만의 상상력으로 무대 형상화해서 국내뿐만 아니라 세계에서도 큰 주목을 받고 있는 연출가다. 그러나 코미디는 해본 적이 없는 것으로 알고 있었다. 그런 분이 〈대학살의 신〉을 하고 싶다고 하는 건 그만큼 작품에 끌린다는 뜻이었다.

"작품이 군더더기 없이 너무 깨끗해서, 내가 해보고 싶은 스타일의 작품이에요."

그래서 느닷없이 연출이 뒤바뀐 전대미문의 사건이 발생했다. 코미디를 해보지 않은 연출가이지만 워낙 독창적으로 잘 만드는 분이라 걱정하지 않았다. 또 연습벌레로 소문이 나 있어서 나도 '언제 저분 모시고 작업하고 싶다'는 생각을 더러 했었다. 실제로 작업을 해보니 소문은 소문일 뿐이었다. 소문보다 더 지독하셨다. 연출과 배우가 만나면 초반에는 대본 읽고 토의하고 두세 시간 만에 끝나는 게 보통이다. 그런데 처음부터 반나절 내내 대본을 읽고 토론을 하셨다. 동작선 들어가니까 밤늦게까지 연습하기가 예사였다. 그러니까 한태숙 선생과 작업을 하는 배우들은 스케줄을 다 비워두어야 한다.

여배우 두 명은 어렵지 않게 캐스팅했다. 연극 가족으로 유명한 오현경, 윤소정 선생의 딸인 오지혜는 제 발로 '연습 지옥'에 들어왔다. 이 작품을 한다는 소문을 듣고 같이하고 싶다며 여러 번 전화가 왔었다. 그래서 진즉에 대본을 보냈었다. 오지혜는 오랜만의 연극인 데다, 하고 싶었던 작품이라 들떠 있었다. 또 다른 여배우는 한태숙 선생과 콤비쯤 되는 서주희라는 배우를 캐스팅했다.

그 다음 남자배우 두 명을 캐스팅해야 하는데 이때부터 난관에 부딪혔다. 작품 이야기를 하면 다들 하고 싶어하는데 연출이 한태숙 선생이라니까 고개를 흔들었다. 다른 스케줄 때문에 연습시간을 맞출 수 없다는 것이었다. 한태숙 선생과 사무실 식구들이 배우들 목록을 쭉 펴놓고 고민에 고민을 거듭했다. 그리고 그 중 '그 작품이라면 모든 스케줄을 비우겠다'고 한 두 명을

한태숙 선생은 자기만의 색깔을 고집하는 분으로 진지하고 깊이 있는 주제의 작품을 그만의 상상력으로 형상화해서 세계에서도 큰 주목을 받고 있는 연출가다. 그러나 코미디는 해본 적이 없는 것으로 알고 있었다. 그런 분이 〈대학살의 신〉을 하고 싶다고 하는 건 그만큼 작품에 끌린다는 뜻이었다.

섭외했다. 박지일과 김세동이 그들이다.

대본, 연출, 배우의 진용을 갖추고 보니 멋진 연극이 만들어질 것 같았다. 저렇게 좋은 대본으로, 저렇게 독창적인 연출가가 작품 하나만 보고 달려든 배우들과 전투적인 연습량을 소화한다면 틀림없이 좋은 작품이 나올 거라고 확신했다. 한태숙 선생은 바쁜 일정 중에 짬을 내어서 책임 프로듀서들과 함께 뉴욕에 가 직접 연극을 보고 왔다. "너무 좋았다"고 하시면서 "한국에서는 전혀 다르게 만들 거다"라고 하셨다.

과연 무대는 독창적이었고 평가도 좋았다. 평단에서는 한태숙 연출이 코미디도 잘 만든다는 평가를 내놨다. 나도 보고 또 보고 한 작품이다. 하지만 흥행에는 성공하지 못했다. 우리는 제목의 무거움 때문이라고 분석하고 있다.

'〈대학살의 신〉이라니 얼마나 심각하고 무거울까? 어쩌면 어깨가 결릴지도 몰라.'

관객들은 제목만 보고도 이런 생각을 했을지 모른다. 거기다 연출과 배우들을 봐도 코미디와는 거리가 먼 사람들이다. 홍보 계획을 세우면서 제목을 바꾸자는 의견도 있었다. 실제로 바꿔보려고 다른 제목들을 뽑아봤지만 원작의 뉘앙스를 살리면서도 조금 가벼운 느낌을 주는 것은 없었다. 그래서 모든 홍보물에서 제목의 글씨체를 유머러스하게 표현해서 '이 연극은 심각하게 보는 연극이 아니에요'라는 점을 부각시키려 했지만 관객들에게는 들리지 않았던 모양이다. 오히려 '담이 결릴지언정 무거운 연극을 한 편 보겠다'고 온 관객들에게는 너무 가벼워 보였을 수도 있겠다. 그래도 작품이 워낙 재미있고 출연배우도 네 명밖에 되지 않으니 고정 레퍼토리로 하면 좋을 작품으로 점찍었다.

좋은 작품이 큰 관심을 받지 못해 뒷맛이 아쉬웠는데 다행히도 연말에 깔끔하게 해소되었다. 〈대학살의 신〉이 그해 대한민국연극대상에서 대상, 여우주연상, 연출상까지 받은 것이다. 10여 년 만에 연극으로 상을 받으니 기분 좋고 보람도 느꼈다. '더 좋은 작품, 더 많은 작품을 하라는 의미로 알겠다'는 것이 나의 수상소감이었다. 그 후로도 계속 연극을 만들고 있으니까 상의 의미는 충분히 살리고 있는 셈이 아닐까? 거기다 한국문화예술위원회에서 좋은 작품을 선정해서 주는 사후지원금도 받았다. 지원금이 무려 8,000만 원. 빈집에 소가 들어와 손실을 메우고도 남았다. 그 덕분에 예술의전당 자유소

극장에서 두 달간 재공연까지 할 수 있었다.

다양한 연극을 볼 권리 〈33개의 변주곡〉

책임 프로듀서의 실수로 〈33개의 변주곡〉을 맡은 김동현 연출은 연습량에서 한태숙 선생과 자웅을 겨룰 만했다. 손진책 선생의 추천으로 본 이전 연극도 그렇고 우리 작품도 그렇고, 세심한 연출력을 갖고 있는 친구다. 좋은 연출가라는 강한 인상이 남아 있다.

〈대학살의 신〉과 얽혀 팔자에 없는 고생을 한 〈33개의 변주곡〉의 소재는 제목 그대로 천재 음악가 베토벤의 변주곡이다. 연극 전체를 관통하는 질문은 '베토벤은 왜 그랬을까?'다.

1819년 베토벤과 동시대에 살던 악보 출판업자 안톤 디아벨리는 자신이 작곡한 시시한 왈츠곡을 오스트리아에 사는 유명한 작곡가들에게 보내 변주곡을 하나씩 써달라고 부탁한다. 음악적인 것과는 전혀 상관없는, 오로지 자신의 새 회사를 홍보하고 자신의 곡과 작곡가들이 써준 변주곡을 묶어 출판하려는 의도였다. 왜 그랬는지는 알 수 없지만 당시 부탁을 받은 작곡가 50여 명 대부분이 변주곡을 써주었다고 한다. 그 중에는 슈베르트, 체르니, 리스트 등 우리도 아는 음악가도 포함되어 있었다.

출판업자의 요청을 거절한 몇 안 되는 사람 중에 베토벤이 있었다. 그는 왈츠 형식을 싫어했다. 특히 출판업자의 곡을 '구둣방의 가죽조각'이라며 악평을 서슴지 않았다. 그의 초상화에서도 느껴지는 괴팍함이라면 충분히 그럴 수 있다고 여겨진다. 그런데 무슨 일이 일어났는지 다시 출판업자의 제안을 받아들인 베토벤은 23개의 아주 다채로운 변주곡을 완성한다. 몇 년 동안 잠시 손을 놓았다가는 10개의 변주곡을 추가로 작곡했다. 이때 작곡한 33개의 변주곡이 '디아벨리 변주곡'이다.

연극은 루게릭병에 걸린 현대의 한 음악학자가 이 변주곡에 얽힌 미스터리를 풀어나가는 과정을 그린다. 인생의 마지막을 '디아벨리 변주곡 미스터리'를 푸는 데 바치기로 한 음악학자는 죽는 순간까지도 삶의 열정을 놓지 않는다.

뉴욕에서 〈대학살의 신〉과 같은 시즌에 공연된 〈33개의 변주곡〉은 평론가들의 찬사를 받으며 토니상 작품상, 여우주연상 등에 노미네이트되었고,

무대디자인상을 수상했다. 그리고 제인 폰다가 46년 만에 브로드웨이로 돌아와 음악학자 역을 맡은 것으로도 화제가 되었다. "굉장히 고급스러운 연극이고 작품 자체가 음악을 소재로 했기 때문에 다른 연극과 차별화된다"라고 일본의 저작권 대행사 네일러 하라 인터내셔널의 마틴 네일러가 소개해주었다.

대본을 받아서 보니 변주곡 미스터리는 소재일 뿐 주제는 아니었다. 생의 마지막을 불태우는 음악학자의 집념, 딸과의 갈등을 풀어가는 가족의 이야기가 묵직한 감동을 안겨주는 작품이다. 김동현 연출의 말을 빌리자면, '보이지 않는 것, 들리지 않는 것을 찾아가는 여정 속에서 이미 존재하고 있는, 앞으로도 영원히 있을 삶의 의미와 순간들을 비로소 만나게 되는 이야기'다.

캐스팅은 정상급 배우들로 채워졌다. 베토벤 역은 박지일 배우가 무조건 하겠다고 했다. 박지일 배우는 7년 동안 〈맘마미아!〉에서 빌 역할을 했고 〈대학살의 신〉에서도 주연을 맡았다. 어떻게 해서든 자기 역할에 맞는 캐릭터를 만들어내고야 마는 대학로의 간판 배우다. 이 공연을 통해 근래 했던 역할 중 가장 카리스마 있는 연기를 보여주었다는 평가를 받았는데, 내가 보기에도 가장 '박지일스러운 인물'이었다.

출판업자 역은 이호성 선배가 맡았다. 이름은 낯설어도 얼굴을 보면 '아, 이 사람!'이라고 할 배우다. 영화와 드라마에서 감초 역할을 톡톡히 해내는 배우다. 낙천적인 성격에 사람과 술을 워낙 좋아해서 후배들이 고생깨나 했다. 연습 끝나면 꼭 술 한 잔 하자고 하는 바람에 후배들의 '핑계 창작력'을 높여주셨다고 한다. 어쩌면 이호성 선배 덕분에 공연이 끝날 때까지 팀 분위기가 화기애애했는지도 모른다. 그외 길해연, 박수영, 이승준, 서은경 등 대학로 토박이라 할 만한 배우들이 캐스팅되었다.

관객들은 음악학자 역을 맡은 배우에 대한 소개가 빠졌다는 것을 아실 것이다. 이 배역과 관련해 우여곡절이 많았다. 한태숙 연출에게 이 작품의 소문을 듣고 박정자 선생이 자발적으로 하시겠다고 하여, 최상의 캐스팅이 자연스럽게 정해졌다. 그런데 한창 연습을 하던 중 건강에 문제가 생겨 선생이 도중 하차하셨다. 공연이 40일도 안 남은 시점이었다. 연출과 배우들, 사무실 스태프들 모두 갑작스런 사태에 혼비백산이었다. 나도 2~3일간 이 일을 수습하느라고 분주하게 움직였다.

작은 배역이라면 한 달 남짓 남았으니 새로운 배우를 찾으면 된다. 그런데 비중이 큰 역할인 데다 대사량도 엄청나다. 젊은 배역이라면 그나마 사람이 많을 텐데 나이가 지긋한 여배우는 찾기가 더 어렵다. 모두들 지금이라도 공연을 취소해야 하는 거 아니냐는 생각을 했을 것이다. 그래도 공연을 한 달 앞둔 시점에서 그만두기에는 지금까지의 노력이 너무 아까웠다. 힘들겠지만 우선 대안을 찾아보고, 며칠 내에 대안을 찾지 못하면 접자는 쪽으로 결론이 났다.

숨 돌릴 틈도 없이 후보들을 놓고 고민을 했다. 김성녀 선생께 부탁을 해볼까 했는데 다른 일정 때문에 도저히 시간이 안 되었다. 몇 분 되지도 않는 후보들 중에서 한 분, 한 분 이러저러한 이유로 제외될 때마다 속이 타들어갔다. 그 와중에 빛나는 이름 하나가 있었으니 윤소정 선생이다. 윤소정 선생은 평소 자신을 내세워 소리 내지 않으나 한번 마음먹고 무대 위에 서면 그 연기맛이 유달리 멋스럽고 깊은 분이다. 윤소정 선생이 유일무이한 대안이라는 데 연출, 배우, 스태프 모두 동의했다. 역시 숨도 안 쉬고 연락을 취했더니, 아뿔싸 몇 달 쉬신다고 미국에 가 계신다고 했다. 그때 우리는 윤소정 선생을 모셔올 수만 있다면 가장 멋진 카드라고 생각했다. 나를 비롯해 우리 스태프와 배우들, 윤소정 선생과 조금이라도 안면이 있는 사람들은 모두 전화를 드렸다.

"그럼, 대본이라도 보내봐!"

'대본 보내겠다', '대본 보내라'는 말을 수없이 하고 수없이 들었지만, 그렇게 반가운 적은 처음이었다. 대본을 보내드리고 난 후, 선생은 어떠셨는지 모르지만 한국에 있는 우리들은 애가 탔다. 배우는 시간 내기가 어려워도 작품이 마음에 들면 어떻게든 시간을 만든다. 반대로 시간이 아무리 많아도 작품이 마음에 들지 않으면 하지 않는다. 경험을 쌓아야 하는 젊은 배우라면 또 몰라도 윤소정 선생이 마음에 들지 않는 작품, 끌리지 않는 배역을 할 까닭이 없다. '작품이 별로다', '배역이 나랑 맞지 않는다'라고 하시면 더 이상 매달릴 방법이 없다.

드디어 전화벨이 울리고 나는 긴장된 마음으로 전화를 받았다.

"대본이 좋다. 그리고 박명성 때문에 거절할 수가 없네. 어렵다니 내가 건져줘야지. 내가 내일 비행기 타고 갈게."

천국에서 울리는 종소리가 이보다 반가울까? 선생은 입국하신 다음 날, 바로 연습에 돌입하셨다. 그 연세에 여독이 풀리기도 전에 나오셨으니 얼마나 고단하실까 싶었지만, 그런데도 푹 쉬고 나오신 것처럼 연습을 하시는 열정과 책임감을 보고 나를 포함한 후배들이 느끼는 게 많았다. 다시 한 번 깊은 존경이 우러나오는 시간이었다.

우리는 선생 덕분에 큰 고비를 넘겼지만, 그 고비의 무거움을 선생께서 지셨다. 연습을 시작하고 2주, 공연까지 남은 시간 역시 2주가 남았을 때 대상포진 진단을 받으셨다. 극도의 스트레스와 피로감 때문에 면역력이 떨어졌기 때문이었다. 대상포진은 마약성 진통제를 사용해야 할 만큼 통증이 심한 경우도 있다고 한다. 너무 죄송하고 안쓰러운 마음에 '주말 하루라도 쉬시라'고 했다가 핀잔을 들었다.

"지금 쉴 시간이 어디 있어! 대사 외우기도 바쁜데. 내가 박명성이 때문에 살 수가 없어."

배우로서 사명감이 없는 사람이었다면 극심한 통증을 이겨내고 공연을 다 마치지는 못했을 것이다. 연극에 대한 열정, 과정이야 어찌됐든 자신이 참여한 작품이 잘못되면 안 된다는 책임감이 병을 이겨낸 동력이 아닐까 생각한다. 선생은 공연이 끝나고서야 "내가 괜히 한다고 그랬다가 후회도 많이 했다"고 농담처럼 말씀하셨다.

나는 윤소정 선생과 작업하면서 다시 한 번 뼛속 깊이 느꼈다. 선생같이 우리 연극계를 지켜온 원로배우들의 연극에 대한 깊은 사랑은 한없다는 것을. 요즘 조금만 유명해져도 출연료부터 올리는 일부 젊은 연극인들이 배워야 할 게 많다는 것을 새삼 생각했다.

우여곡절이 많았음에도 모두들 열심히 노력해준 덕분에 수준 높은 공연이 탄생했다. 음악을 사랑하는 관객들이 오는 걸 보면서, 힘들었지만 공연하기를 잘했다는 생각도 했다. 고생해서 만든 연극, 수준 높은 연극이 관객의 사랑까지 듬뿍 받았으면 '금상첨화, 고진감래'라 하겠는데 그러지는 못했다. 폭풍 같은 드라마 없이 극 내내 흘렀던 33개의 변주곡처럼 잔잔한 드라마였던 탓에 관객 확보에 어려움이 있었다. 도중에 문제를 겪으면서 홍보마케팅에서 실기를 한 것이 무엇보다 아쉽다. 관객을 꽉꽉 채워드리지 못해 고생한 연출과 배우들, 특히 윤소정 선생께 미안했다. 그래도 430석 극장에서 두 달 동안 공연을 하면서 객석의 반은 채웠다.

흥행에 실패했다고 모든 것이 실패한 것은 아니다. 관객들에게 고급스러운 연극을 보여주었다는 것, 몇 번씩 본 관객들이 있다는 것에 만족한다. 클래식 음악을 소재로 한 작품이니, 누가 보아도 폭넓은 대중의 지지를 받기는 어렵다. 그러나 그런 연극을 원하는 관객들도 분명히 존재한다. 관객들은 다양한 연극을 골라 볼 권리가 있고, 그 권리를 보장해주어야 하는 것이 프로듀서의 임무다. 지금 대학로에서는 개그쇼 같은 연극이 티켓 판매 순위에서 상위를 차지한다. 잘 팔린다고 모두 그것만 하면 그 안에서 우리끼리 말라 죽는다. 이런 연극을 하는 극단도 필요하고, 저런 연극을 하는 극단도 필요하다. 기상천외한, 개성 넘치는, 지금껏 보지 못했던 연극을 관객들에게 제공하는 것, 그것이 신시가 연극을 하는 이유다.

윤소정 선생과 김동현 연출은 안타깝게도 이 세상에 안 계신다. 생전에 멋진 연극을 만들기 위해 열정을 바친 모습이 아른거린다. 고인의 명복을 빈다.

우연 혹은 필연 〈가을소나타〉

공연을 제작하다 보면 뜻밖의 장소에서 무대에 올릴 작품을 만나고 배우를 캐스팅하는 일이 있다. 물론 그 계기는 모두 사람이다. 2009년 초 우연한 자리에서 손숙 선생을 뵌 적이 있었다. 그 자리에서 손숙 선생이 〈가을소나타〉라는 작품이 있는데 배우로서 꼭 해보고 싶다, 같이 해보지 않겠느냐고 말씀하셨다. 알고는 있는 작품이었지만 우리가 한다는 생각은 못하고 있었는데, 선생의 말씀을 듣고 보니 솔깃했다.

〈가을소나타〉는 연극계 사람이라면 다들 아는, 연극과는 상관없는 사람이라도 연출의 이름은 들어봤음직한 작품이다. 잉마르 베리만, 〈산딸기〉, 〈마적〉, 〈제7의 봉인〉. 잉마르 베리만은 우리에게 영화감독으로 잘 알려져 있다. 하지만 그는 100여 편의 연극을 무대에 올린 연극인이기도 하다. 〈가을소나타〉는 1978년 잉마르 베리만이 극본을 쓰고 영화 연출을 한 작품이다. 잉마르 베리만에 대한 이야기를 하자면 책 한 권으로도 모자란다. 여기서는 그를 지칭할 때 '거장'이라는 수식어가 따라다닌다는 말로 갈음한다.

나는 그 자리에서 해보겠노라고 말씀드리고 다음 날 바로 대학로 예술극장을 대관했다. 생긴 지 얼마 안 되는 극장이라 '저기서 좋은 연극을 한번 해봐야겠다'고 벼르고 있던 차였다.

〈가을소나타〉에는 네 명의 등장인물이 나온다. 유명 피아니스트인 엄마, 그런 엄마에게 열등의식을 느끼는, 그러면서도 사랑받기를 원했기에 감정을 숨기기 바빴던 큰딸, 그리고 장애를 가진 작은딸, 큰딸보다 스무 살이나 많은 사위.

엄마 역할은 이미 정해졌으니 걱정할 게 없었다. 연출은 손숙 선생이 박혜선을 추천했다. 제45회 동아연극상에서 신인연출가상을 받은 젊은 여성 연출가다. 엄마와 딸의 이야기니까 여성의 감성을 잘 아는 여성 연출이 제격이었다. 오랫동안 고민하고도 찾지 못한 배역이 큰딸이다. 큰딸은 엄마와 갈등을 일으키며 이야기를 끌어나가는 중심축이다. 무대에서 손숙 선생과 '대결'할 만한 내공도 있어야 한다. 공연기간도 한 달이니까 스케줄도 되고 자기관리도 잘하는 여배우가 필요했다.

마땅한 배우가 없어서 조바심이 나기 시작하던 즈음, 전화 한 통을 받았다. SBS의 하금열 사장이셨나. 한 달 전 아버지께서 돌아가셨을 때 문상을 와주셨는데 상 치르느라 고생했다며 소주나 한 잔 하자셨다. 비가 폭포처럼 내리던 여름날, 비를 뚫고 간 자리에는 다른 분들도 같이 있었다. 〈웃어요, 엄마〉, 〈천사의 유혹〉, 〈아내의 유혹〉을 쓴 김순옥 작가, SBS 제작본부장, 〈시티홀〉, 〈천일의 약속〉을 제작한 예인문화의 이명숙 대표, 그리고 추상미가 있었다. 추상미가 출연한 드라마 〈시티홀〉이 끝나고 겸사겸사 모인 자리 같았다.

"요즘 공연 뭐 준비하세요?"

"손숙 선생을 모시고 〈가을소나타〉라는 작품을 준비하고 있어요."

다들 '이 바닥'에 있는 분들이라 '아!' 하는데 유독 눈이 커지는 사람이 있었다.

"〈가을소나타〉요? 아, 저 그 작품 정말 하고 싶었는데!"

그 말을 듣는 그 짧은 순간에 내가 아는 추상미에 관한 데이터를 큰딸 역에 대입해보았다. 싱크로율이 100퍼센트다.

"너 진짜 할래?"

"네, 진짜 할게요!"

"그럼 진짜 캐스팅했다?"

"예! 그럼요."

우연한 자리에서 건진 뜻밖의 수확이었다. 추상미는 1996년 신시에서 올린 차범석 선생의 작품 〈바람 분다, 문 열어라〉에 출연해 백상예술대상 신인상을 받은 적도 있다. 언젠가 한번은 추상미랑 작업을 해야겠다 생각했는데 번번이 시간이 맞지 않았다. 노래도 곧잘 하니까 뮤지컬을 해도 좋은 배우다.

주요 배역이 캐스팅되었으니 나머지는 어렵지 않았다. 큰딸의 남편 역은 〈사운드 오브 뮤직〉, 〈유린타운〉 등에 출연했던 박경근 씨가 맡았다. 조용히 자기 일을 다하는 성실한 배우다.

작은딸은 이태린에게 맡겼다. 작은딸 역은 참 쉽고도 어렵다. 극 내내 침대에 누워 있고 대사가 한 마디도 없다. 끝까지 그런 거면 내가 가발 쓰고 누워 있어도 되는데 마지막에 비명을 지르며 침대에서 떨어지는 장면이 있다. 엄마와 딸의 소통 부재로 인한 고통을 상징적으로 보여주는 것이라 짧지만 강한 충격을 줘야 한다. 이태린은 커튼콜 때 박수를 많이 받았다.

12월이라는 공연 특수 기간에다 손숙 선생의 명성 덕분에 540석이 거의 매진 사례를 이어갔다. 무대장치를 포함해 2억 원 정도의 제작비가 들어갔는데도 공연 수익이 있었다. 좋은 작품에 무대를 풍요롭게 하면 연극이라도 장기공연에 성공할 수 있다는 자신감이 생겼다.

〈가을소나타〉는 우리가 명품 연극 시리즈를 만들게 된 직접적인 계기가 된 작품이다. 격조 있는 희곡에 좋은 배우들을 모셔다가 품격 있는 연극을 만들자는 것, 코미디를 하더라도 한 번 웃고 마는 코미디가 아니라 하이코미디를 하고 문학성을 갖춘 감동이 있는 연극을 올리자는 것이 신시 명품 연극 시리즈의 목표다. 일반적으로 '격조 있는', '명품', '명작' 등의 수식어가 붙으면 지루하다는 인상을 받기 쉽다. 묵직하고 진지한 작품은 지루한 감이 있을 수 있다. 하지만 1시간 30분 동안 지루해봐야 얼마나 지루하겠는가. 설사 지루함이 느껴지더라도 그것은 극을 위한, 스토리의 흐름과 드라마 트루기를 쌓아가기 위한 지루함이다. 그 지루함이 깊은 감동을 위한 초석이므로 지루하다는 말은 성립되지 않는다. 마치 폭풍전야처럼 말이다.

〈가을소나타〉는 〈침향〉 이후 손숙 선생과 두 번째로 한 작품이다. 〈침향〉에서는 너무 많은 어른들이 계셔서 자주 뵐 기회가 없었는데, 이 공연은 연습과 공연기간이 길고 출연진도 적어서 가깝게 뵐 수 있었다. 이때 손숙 선생의 진면목을 알게 되었다. 연습 나오시면서 한 번도 빈손으로 오시는 걸 보지 못했다. 치킨이며 케이크며 늘 후배들과 스태프들을 챙기시는 어른이시다.

〈담배 피우는 여자〉, 〈어머니〉, 〈셜리 발렌타인〉 등 수많은 연극에서 엄마 혹은 어머니로 불리는 여성의 인생과 사랑을 이분만큼 섬세한 감성의 올을 짜듯 보여준 배우는 없을 것이다. '엄마', 당신이 계셔서 연극하는 삶이 경이롭습니다.

웃을 수도 울 수도 없는 이야기 〈푸르른 날에〉

'저런 걸물이 어디에 숨어 있다가 벼락같이 나타난 것일까?'

정경진 작가에 대한 첫인상이다. 그는 목포에 있었고, 지금도 목포에 있다. 정경진 작가는 2008년 〈홍어〉로 데뷔했다. 〈푸르른 날에〉가 제3회 차범석 희곡상을 받기 전까지 나는 정경진이라는 사람을 전혀 몰랐다. 차범석 희곡상을 받은 희곡은 신시에 맡긴다는, 혹은 기껍고 감사하게 맡는다는 암묵적 약속에 따라 연극 제작을 맡았다. 차범석 희곡상은 2회와 4회 때에는 연극 부문에서 당선작이 없었다. 아직까지는 아는 것보다 모르는 게 더 많지만 지금까지 내가 본 정경진 작가는 낙천적이고 즐겁게 사는 걸 추구하는 사람인 것 '같다'. 태권도 사범이었던 적도 있단다. 여러 모로 탐구해보고 싶은 사람이다. 목포에서 만나 차를 마신 적도 있는데, 이 차가 또 신기하다.

〈푸르른 날에〉는 5.18 광주민주화운동을 소재로 다도(茶道)와 구도(求道)를 버무린 작품이다. 차 문화에 대해 심도 있게 이해하지 못하면 다도 이야기를 쓸 수 없다. 더구나 '광주'와 다도를 엮는다는 건 보통 내공으로는 불가능한 일이다. 정경진 작가는 해남 대흥사에 있는 초의문화관에서 다도를 배웠다고 한다. 초의문화관은 조선 후기 다도를 정립한 스님인 초의선사를 기리기 위한 곳이다. 아무튼 참 '신기한 사람'이라 알아가는 재미가 있을 것 같다.

역사적 사실을 다루는 것이 역사가의 일이라면, 그 역사 속에서 사랑하고 싸우고 욕망하고 좌절한 사람의 이야기를 다루는 것이 예술이 하는 일일 것이다. 〈푸르른 날에〉도 역사적 사실을 다루고 있지만 정작 이야기하고자 하는 것은 사람이다. 작가는 작품을 이렇게 정의한다.

"인스턴트식 만남과 헤어짐이 어느덧 쿨하다는 표현으로 자리 잡은 요즘, 사상과 시대를 초월한 러브스토리는 그저 진부한 구시대적인 향수인지도 모른다. 하지만 사람이 살아가는 데 있어서 사랑만큼 소중한 것이 있을까? 5.18 광주민주항쟁과 다도를 접목한 〈푸르른 날에〉는 1980년대의 시대적 암울함과 맞물린 주인공들의 구도적 삶의 여정을 통해 사랑의 숭고함을 지향하는 한편, 궁극적으로는 사람과 사람이 마주 볼 수 있는 따뜻한 세상, 차별 없는 평온한 세상의 부활을 희구하는 작품이다."

스태프와 배우 구성을 하려던 시점에 서울문화재단에서 운영하는 남산예술센터의 제안을 받았다. 젊은 작가의 실험적인 작품을 주로 하는 드라마센터의 극장장이 작품을 탐내면서 '우리랑 하면 어떻겠느냐'고 했다.

제작진은 '정적인 작품을 동적으로 다시 수정할 필요가 있지 않겠느냐'는 쪽으로 의견을 모았다. 드라마센터의 성격도 있고, 또 젊은 연극인들과 작업을 할 거니까 그게 더 좋을 것 같았다. 스태프들과 회의를 하면서 이왕 작품을 수정할 거면 각색 능력이 있는 젊은 연출가가 좋겠다는 데까지는 합의가 되었다. 문제는 그게 누구냐는 거였다. 여러 젊은 연출가들을 놓고 의논하던 중에 누군가 무심결에 '고선웅식의 작품을 만드는 사람이면 좋겠다'는 말을 했다. 여기에 이어 '굳이 고선웅식 연출을 찾지 말고 고선웅에게 맡기면 되지 않느냐'는 말이 나왔고 모두들 동의했다.

고선웅 연출은 극단 마방진의 대표와 경기도립극단의 예술감독을 맡았으며, 〈마리화나〉, 〈강철왕〉, 〈락희맨쇼〉 등의 작품을 연출했다. '기발한', '이색적', '상상력', '재치', '독특한', '관객의 상상을 깨는' 등 고선웅 연출을 설명하는 단어들이 많지만 정확한 설명은 아니다. 그의 스타일을 몇 마디 말로 표현할 수는 없다. 그의 작품 〈칼로막베스〉를 잠깐 살펴보자. '스타일리쉬 무협 액션극'이라는 수식어를 달고 나온 이 연극의 배경은 먼 미래, 범죄자들이 수용된 '세렝게티베이'라는 곳이다. 파워풀한 액션, 슬랩스틱으로 서로를 죽이고 또 죽이는 폭력의 공간을 묘사했다. 여기까지야 암울한 미래를 다룬 여러 영화의 줄거리와 크게 다르지 않아 보인다. 그러나 놀라지 마시라. 이 연극의 원작이 있으니, 바로 셰익스피어의 〈맥베스〉다. 누구나 알고는 있지만 확실히 아는 사람은 드문 '맥베스의 줄거리를 알려줄게'라고 시작된 게 〈칼로막베스〉라고 한다. 그 상상력이 어느 정도인지 느껴지지 않는가? 덕분에 그의 스타일은 호불호가 갈린다. 특히 젊은층에서 좋아하는 사람이 많다.

고선웅 연출에게 〈푸르른 날에〉 연출을 제안했더니, 얼마 뒤에 몇 번 읽어보았다며 연락이 왔다.

"소재하고 구성은 좋은데 지금은 씬이 너무 많고 영화적인 이미지가 많습니다. 제 스타일로 하자면 이대로는 안 되겠고 대폭 수정을 해야 할 것 같습니다. 저한테 수정할 수 있는 권한을 주시면 한번 해보겠습니다."

〈푸르른 날에〉는 '미학적 성과가 뛰어나고 한국 연극에 의미 있는 방향성을 선보였다'는 평가를 받았다.

"좋은 의견이에요. 그럴 요량으로 고선웅 연출한테 부탁한 거예요. 그 부분은 작가하고 의논하고 다시 연락드릴게요."

정경진 작가에게 수정의 필요성을 설명하고 직접 고칠 건지, 아니면 연출에게 맡길 건지 물었다. 합리적인 대답이 나왔다. 자기가 고치면 시간이 걸릴 테니 연출의 시각으로 수정하는 게 좋겠다고 했다.

고선웅 연출의 스타일을 아는 마방진 식구들이 많이 캐스팅되었다. 유명 스타는 없지만, 무대에서는 스타 이상의 빛을 발하는 배우들은 손발을 척척 맞춰가며 고선웅 연출 스타일을 소화해냈다. 고선웅 연출은 자신이 연출한 〈푸르른 날에〉를 두고 '명랑하게 과장된 통속극'이라고 정의했다. 연출의 말대로 연극은 시작부터 유치하고 철 지난 유머와 슬랩스틱 코미디를 보여준다. 고통스럽거나 펑펑 울어도 시원치 않을 상황에서도 이러한 유머는 불쑥불쑥 끼어든다. 과거와 현재의 남녀 주인공이 서로 짝을 이뤄 말다툼을 하는 장면에서는 웃어야 할지 울어야 할지 모르게 만든다. 키득키득 웃음이 나지만, 그 웃음은 이상하게도 살얼음판 위에 서 있는 것처럼 위태롭고 아프다. 아직도 역사가 되지 못한 그 일이 한 개인의 한 번뿐인 인생을 어떻게 바꿔놓았는지 생각하면 내내 마음이 먹먹하다. 유머 속에서도 주제를 놓치지 않는 연출의 힘이다.

〈푸르른 날에〉는 드라마센터 공연 작품 중 객석 점유율이 가장 높았고 평가도 좋았다. 관객들은 무거운 주제를 이렇게 코믹하게 풀 수도 있구나 하면서 박수를 쳤다.

작품이 무대에 오르고서 차범석 희곡상 심사위원들께 야단을 맞았다. 원작이 너무 많이 각색되었다는 것이다. '우리가 상을 줄 때는 저런 작품이 아니었다'는 요지다. 충분히 이해하고, 그분들이 노여워하시는 것도 당연하다고 생각한다. "그래도 이 작품을 무대에 올리기까지 많은 스태프들이 애를 썼고, 관객들의 반응이 폭발적이었습니다. 차범석 희곡상 수상작이 매년 공연할 수 있는 고정 레퍼토리가 됐다는 것에 평가를 해주시면 감사하겠습니다."라고 말씀드렸다. 심사위원들의 말씀도 이해하고, 자기 스타일로 만든 연출도 이해한다. 때로 프로듀서는 특별히 잘못한 일이 없을 때도 가운데서 욕을 먹고 삼켜야 한다. 이게 프로듀서의 일이고 짐이다.

공연이 끝나고 6개월이 지난 12월에 기분 좋은 소식이 날아왔다. 〈푸르른 날에〉가 2011년 한국연극평론가협회가 선정한 '올해의 연극 베스트 3'

중 하나로 선정된 것이다. 협회는 '미학적 성과가 뛰어나고 한국 연극에 의미 있는 방향성을 선보인 작품을 뽑았다'고 밝혔다. 그리고 〈푸르른 날에〉는 '번역극이 우세한 올해 연극에서 가장 돋보이는 창작극'이라고 평가를 했다. '의미 있는 방향성', '가장 돋보이는 창작극'이라는 말을 들으니 뿌듯하고 기분이 좋았다. 고선웅 연출에 대한 극찬도 있었다.

"원작은 '광주' 자체가 우리에게는 눈물일 수 있는, 5.18 광주민주항쟁의 아픔을 배경으로 30년의 시공을 오가며, 다도의 미학과 구도의 지혜를 극복의 원리로 덧입힌 서사였다. 따라서 과거의 기억과 상처를 새삼 떠올리며 멜로드라마적인 감상성으로 다가온 다소 '난감한' 희곡이라고 하겠다. 하지만 연출은 원작의 감상성을 과감히 의도적으로 파괴하고 해체해 '명랑하게 과장된 신파극'으로 새롭게 포장했다. 그리하여 원작에 담긴 아픔의 흔적들을 유머와 아이러니로 상승시키며, 오늘의 관객과의 소통을 이끌어내고자 했던 것이다. 특히 남산예술센터의 극장 구조를 본격적으로 다층적, 복합적으로 활용하면서 작품 내면에 숨겨진 의미를 끌어낸 공연은 연출가 특유의 극장주의적 발상은 물론, 공간 자체의 미덕을 크게 확대했다는 점에서 연출 미학의 승리였다."

이런 평가를 들으면 내가 연출이 아닌데도 왠지 뿌듯해진다. 〈푸르른 날에〉의 상복은 또 이어졌다. 2011년 대한민국연극대상에서 작품상, 연출상을 수상하고 '공연 베스트 7'에도 선정되었다. 상을 받는 건 언제나 기분 좋은 일이다.

〈푸르른 날에〉는 2011년에 이어 무려 5년 동안 재공연을 했다. 연일 객석이 발 디딜 틈 없이 가득 찼다. 다시 봐도 초연 때의 먹먹함은 그대로였다. 이런 먹먹함을 만들어낸 고선웅 연출과 배우들, 스태프들에게 박수를 보낸다.

앞으로도 차범석 희곡상을 받은 희곡은 계속해서 무대에 올릴 생각이다. 나쁘게 말하면 떠안는 거지만 좋은 창작극을 할 수 있는 기회다. 차범석 선생의 함자를 딴 희곡상을 내가 제작할 수 있다는 것만으로 충분히, 충분히 행복한 일이다.

이제껏 볼 수 없었던 최고의 〈햄릿〉

2016년은 이해랑 선생 탄생 100주년이다. 1년 전인 2015년부터 이해랑 연극재단의 이방주 이사장, 유민영 선생, 임영웅 선생, 손숙 선생 등과 함께 모여 이해랑 선생 100주년 기념 사업에 대한 의견을 나누었다. 유민영 선생이 오래전부터 준비한 '이해랑 평전'을 출판하고, 또 기념작품도 병행하는 것이 의미가 있겠다고 의견이 모아졌다. 그럼 어떤 작품을 선정하여 만들 것인가? 이방주 이사장을 비롯해 연극계 어른들은 100주년 기념 공연으로 〈햄릿〉을 추천했다. 이 작품은 이해랑 선생이 생전에 마지막으로 연출한 작품이다. 여기서부터 〈햄릿〉 공연이 시작되었다고 볼 수 있다.

작품이 〈햄릿〉으로 결정되면서 일은 급물살을 타기 시작했고, 나는 초기 작업의 심부름 역할을 맡았다. 작품을 어떻게 만들 것이며, 또 팀은 어떻게 꾸릴 것인가에 대해 여러 차례 의논이 오고 갔다. 그 결과, 지금까지 이해랑연극상을 수상한 분들로 팀을 꾸리는 것으로 의견이 모아졌다. 나는 이 기념 사업에 중추적인 역할을 맡으신 이방주 이사장, 손숙 선생과 긴밀하게 소통하는 동시에, 그간 이해랑연극상을 수상하신 선생님들을 한 분씩 찾아뵙고 의논하느라 분주하게 움직였다.

드디어 이제껏 본 적 없는 환상적이 팀이 꾸려졌다. 연출을 맡은 손진책 선생을 중심으로 권성덕, 전무송, 박정자, 손숙, 정동환, 김성녀, 유인촌, 윤석화, 손봉숙 배우까지 아홉 배우의 조합이 꿰매진 것이다. 이 엄청난 배우들의 평균 연령이 68.2세였다. 무대 경력 또한 모두 합쳐보니 400년이 넘을 정도로 연기의 달인들이 모였다고 볼 수 있었다. 자기 혼자의 힘으로도 무대의 깊이를 달라지게 하는 분들, 연극 그 자체라고 해도 좋은 분들의 만남이다. 연출을 맡은 손진책 선생은 "배우들의 연륜이 많다는 점을 오히려 장점으로 바꿀 수 있다. 배우들의 존재감과 연기로 승부하는 〈햄릿〉을 만들겠다"고 자신감을 보였다. 여기에 박동우 디자이너가 무대 디자인을 맡게 되었고 나는 이 작품의 프로듀서를 맡게 되었다. 극본을 맡은 배삼식 작가를 제외하면 모두 이해랑연극상을 수상한 분들로 구성된 것이다.

이런 만남이 이뤄진 것은 각자의 마음속에 품고 있을 '이해랑'이라는 이름 때문이었다. 각자 다른 마음으로 품고 있을 이름이지만, 그것에 단 하나의 이름을 붙인다면 이렇게 부를 수 있을 것이다. '연극'.

이 뜨거운 이름이 모여, 그 뜨거운 부름에 답해 연습에 연습을 거듭했다. 하지만 곧 예상치 못했던 문제가 생겼다. 권성덕 배우께서 후두에 문제가 생겨 장기간 입원을 해야 하는 안타까운 일이 생기는 바람에 팀에서 이탈해야 했다. 하는 수 없이 권성덕 배우의 역할은 한명구 배우가 합류하면서 일단락되었다.

연습실 분위기는 매 장면마다 파워풀한 내면의 소리를 내뿜는 기로 후끈 달아올랐고 장중함마저 감돌았다. 상대방의 연기 장면이 끝날 때마다 박수를 쳐주며, 서로의 만남을 모두가 행복해했다. 손숙 배우는 "우리가 이렇게 다시 모여서 연극할 기회가 없으리라는 생각에선지 연습장 분위기가 정말 좋다"라고 하셨다. 박정자 배우는 언제나처럼 낮은 목소리로 "이 세상 모든 연극이 서로 귀하게 여기는 〈햄릿〉 팀처럼 행복한 작업이면 얼마나 좋을까?"라며 행복해하셨다. 배우들은 마치 30여 년 전 유랑극단 시절로 돌아간 듯, 두 달 가까운 연습기간 동안 연습장에서 밥을 지어서 함께 식사를 했다. 정말 오랜만에 보는 모습이었다. 조연출들은 연습장에 오자마자 밥솥에 쌀을 안치는 일이 우선이었다. 이렇게 모이는 것 자체가 마냥 즐겁고 행복한 순간이었다. 인생을 꾹꾹 눌러 담은 연기와, 연극을 꾹꾹 눌어 담은 인생이 만나는 모습은 정겹고 아름다웠고, 황송하기까지 했다.

처음 연극 〈햄릿〉을 신시에서 기획, 제작하자고 말했을 때, 다들 입이 쫙 벌어질 만큼 놀랐다. 이 엄청난 분들을 한 작품에 한 분 모시는 것도 벅찬데, 한꺼번에 어떻게 모시고 하느냐고 '무섭다'고 했다. 나는 〈햄릿〉 팀과의 작업은 다른 작품 몇 작품 하는 것보다 힘들겠지만 연극의 진솔함과 연극의 가치를 깨우쳐줄 기회라고 말했다. 최은경 대표, 정소애 본부장, 박지형 실장이 책임 프로듀서 역할을 맡았다. 작업에 들어가자 역시 신시 식구들답게 어른들을 잘 모셔가면서 순조롭게 소통해나갔다.

최승희 실장이 맡은 홍보마케팅 전략도 계획대로 원활하게 잘 진행되어갔다. 공연이 임박해오자 티켓이 불티나게 팔려나갔다. 공연 오픈과 동시에 한 달 동안의 좌석이 전석 매진되다시피 했다. 결국은 추가 공연까지 하면서 성공적으로 마무리가 되었다. 신시 식구들은 이 작품을 통해 연극에 대한 인식을 새롭게 재정립했고, 맷집을 튼튼하게 하는 계기가 되었을 것이다. 앞으로는 어떤 작품도 해낼 수 있다는 자신감도 얻었을 것이다.

〈햄릿〉은 무대 위에 새로운 무대를 만든 아주 독특한 무대를 연출했다.

손진책 연출과 박동우 무대 디자이너 그리고 나는 수많은 미팅을 통해 객석 600석 규모로 특별한 〈햄릿〉을 만들기로 했다. 국립극장 1,500석의 객석을 전혀 쓰지 않고 버리는 일이었다. 해오름극장의 무대 위에 고대 그리스 원형 극장 형태의 객석을 설치하기로 했다. 손진책 연출은 정말 특별하고 역발상의 혁신적인 무대를 만들어냈다.

관객들은 입장할 때부터 고개를 갸우뚱거렸고 의아해했다. 지금까지 봐왔던 극장에서의 상식을 완전히 뒤집어버렸으니 말이다. 눈앞에서 벌어지는 생소한 장면들이 한둘이 아니었을 것이다. 공연이 시작되자 명배우들의 깊은 연기가 관객을 숨 쉴 틈 없이 몰입하게 만들었다. 평범한 연기를 하는 배우가 단 한 명도 없었다. 관객들은 의자에 등을 기대지 못했다. 특히 마지막 장면은 그야말로 압권이었다. 성벽을 상징하는 메인 커튼이 열리고 무대와 객석이 뒤바뀌는 듯한 장면은 명장면 중의 명장면이었다. 관객들은 순간 모두 기립하여 박수와 환호를 보냈다.

나는 아직도 그때의 감동을 생생히 기억한다. 마치 '한여름 밤의 꿈'을 꾸고 있는 것 같았다. 대사 한 마디에서 뿜어져 나오는 서늘한 기운에 정신이 번쩍 들었다. 몸짓 하나에서 흘러나오는 뜨거운 기운에 내 마음도 뜨거워졌다. 인생을 연극으로 채워온 대사 한 마디, 몸짓 하나가 연극이란 이런 것이며 연극정신이 무엇인지를 직접 보여주고 있었다. 다시 이런 무대를 만날 수 있을까! 아름다운 꿈을 꾸는 듯했다. 단 한 순간도 놓치고 싶지 않은 시간이었다.

나는 〈햄릿〉에서 할 수 있는 역할이 있었다는 것이 행운이라고 생각한다. 대배우들과 함께 연극의 힘을 새삼 느끼는 행복한 작업이었다. 연극하는 일에 쓰임새가 있다는 것이 새삼 고마웠다. 내 연극쟁이 인생에서 잊지 못할 추억으로 남을 것이다.

이 엄청난 배우들의 평균연령이 68.2세였다. 무대경력 또한 모두 합쳐보니 400년이 넘을 정도로 연기의 달인들이 모였다.

특히 마지막 장면은 그야말로 압권이었다. 성벽을 상징하는 메인 커튼이 열리고 무대와 객석이 뒤바뀌는 듯한 장면은 명장면 중의 명장면이었다. 관객들은 순간 모두 기립하여 박수와 환호를 보냈다.

신시 30주년 연극 〈더 플레이 댓 고우즈 롱〉

〈더 플레이 댓 고우즈 롱(The Play That Goes Wrong)〉은 2017년 정소애 본부장, 최승희 실장, 신선영 실장 등이 런던에 가서 공연을 보고 선택한 작품이다. 극중극 형식의 작품인데, '뭔가 잘못되어가고 있는 연극'이라는 특이한 제목에서 느껴지듯이 엄청난 유머로 무장한 작품이다. 뉴욕타임스지에서는 "웃다가 내장이 터질 듯한 유머! 너무 웃어서 눈물이 날 지경에 이르게 될 것이다"라고 호평할 정도였다. 2017년 토니상을 비롯해 올리비에상 등 세계적인 어워즈에서 11개 부문을 수상하며 전 세계를 발칵 뒤집어놓고 있다. 2012년 초연 당시 4명의 관객으로 시작된 이 연극은 현재 미국, 독일, 일본 등 37개국에 수출할 정도로 승승장구하고 있다.

이 연극은 지난번의 〈렛미인〉처럼 레플리카 방식으로 제작된 한국 초연이다. 전체 배역 11명의 배우를 캐스팅하기 위해 8일간 오디션이 진행되었다. 총 1,000여명이 넘는 연극 배우들이 지원했다. 연극 오디션에 이렇게 많은 지원자가 몰린 경우는 처음이었다. 그만큼 많은 배우들이 세계적으로 인정받는 좋은 연극에 목말라 있는 증거라고 생각한다. 또 한편으로는 영국 오리지널 크리에이티브팀과 함께하는 레플리카 제작 시스템에 대한 호기심이 아니었나 싶기도 하다. 영국의 연출가 숀 터너는 적재적소의 배역을 뽑았다며 큰 만족감을 표시했다. 뽑힌 배우들의 면면을 보니 내가 아는 배우가 거의 없었다. 배우의 인지도보다는 작품으로 승부를 하겠다는 내 취지와 맞아떨어진 것이다.

현재 세계 연극의 추세는 배우들이 몸을 자유자재로 쓸 줄 알아야만 가능한 연극이 대세를 이루고 있다. 요즘 선풍적인 바람을 몰고 온 〈해리포터〉, 〈렛미인〉, 〈더 플레이 댓 고우즈 롱〉이 바로 그런 작품들이다. 나는 우리 한국 배우들도 그런 세계적인 트렌드를 잘 알고 이에 발맞춘 훈련을 해야 한다고 생각한다. 이와 같은 작품들에서 가장 기대되는 것은 바로 배우들 간의 완벽한 앙상블이다. 결국은 항상 그래왔듯이 팀워크와 작품성으로 승부를 짓는 작품으로 관객들에게 인정받고 싶었다.

이 작품은 제작 방식 또한 특별했다. 공연에 세워질 오리지널 무대 세트를 그대로 연습실에 세팅한 것이다. 배우들은 실제 공연이 될 세트 위에서 5주 동안 리허설을 했다. 보통 연극에서 볼 수 없던 제작 방식이다. 뮤지컬 같은 경우 연습실에 연습 무대가 들어올 때가 더러 있지만, 연극에서는 흔치 않은 일이다. 그만큼 무대와 배우가 하나 되는 조직적인 앙상블을 필요로 하는 작품이기 때문이다. 세트를 세울 만큼 높은 천장을 가진 연습실을 찾지 못해 결국 경기도 고양시 어울림누리 연습실에서 6주간의 리허설을 했다. 6주간의 리허설 동안 배우들은 순발력, 위기 대처능력 등을 훈련하는 특별한 트레이닝 과정과 함께 앙상블을 맞춰나갔다. 덕분에 배우들은 실제 무대 위에서 실전 같은 연습을 진행할 수 있었고, 이로써 완벽한 코미디 호흡을 관객들에게 선사할 수 있게 되었다.

연극이 시작되기 전부터 배우들은 객석과 로비를 휘저으며 없어진 강아지를 찾아 나서고 무대 위는 무대 준비가 덜 되어 객석의 관객에게 도움을 요청한다. 이 심상치 않은 오프닝부터 일반 연극 상식의 틀을 깨는 작품임이 드러난다. 이렇게 관객과 서서히 호흡하며 시작하는 작품은 장면이 거듭 진행될수록 점차 걷잡을 수 없이 망가진다. 문이 열리지 않아서 배우가 당황하고 벽에서 소품들이 배우 얼굴에 떨어지고, 배우는 대사를 잊어버리기도 한다. 음향과 조명장비도 말썽을 부리고 배우가 기절하여 스태프가 대신 무대에 오르고 그야말로 무대는 난장판이 된 와중에도 배우들은 최선을 다하고 공연은 꾸역꾸역 계속되지만, 급기야 상상을 뛰어넘는 종말을 맞이한다.

이전에 한국에서 볼 수 없었던 특별한 이 공연은 위트 넘치는 말잔치와 함께 무대 위 참사가 반복되면서 객석을 웃음의 바다에 빠뜨렸다. 그야말로 관객들의 혼을 쏙 빼놓는 연극이 시작된 것이다. 배우들은 정말 진솔하게 이 불협화음의 연극을 아무렇지도 않은 듯 최선을 다해 연기했고, 그들의 코미디 앙상블의 합은 기가 막히게 맞아 들어갔다. 젊고 이름 없는 우리 배우들은 그 어떤 유명 배우들보다도 완벽하게 제 역할을 만들어냈다.

영국 연출가 숀 터너는 "이 공연 속 유머가 연극하는 사람들이 대부분 경험해봤을 법한 일들에서 찾은 것들이에요. 실제 공연에서도 소품이 망가진다던가 배우가 늦게 등장한다던가 대사를 까먹는 일들이 일어나곤 하죠. 이 연극은 사회를 풍자하려는 의도나 깊은 뜻은 없어요. 그냥 재미있으라고 만든 유머들이죠"라고 명쾌하게 해석해주었다. 연출가의 말만 들으면 이 작품을 도대체 왜 하는 것인가 싶다. 특히 짧은 한국 연극의 역사 속에서, 작품 안에 들어 있는 심오한 메시지에 주목하는 훈련을 주로 받은 우리 관객 앞에서 이런 코미디라니 말이다.

그렇지만 연극은 언제나 기발해야 하고, 무한한 상상력 속에서 톡톡 튀는 개성이 있어야 한다. 모든 연극이 햄릿처럼 우수에 젖어 있어야 하는 것은 아니라는 것이다. 연극도 뮤지컬처럼 다양성을 추구해야 한다. 더 큰 상상의 나래를 펼칠 때, 창작자들도 더욱 폭넓은 사고로 임할 수 있고 깊이도 더욱 깊어질 것이다. 그리고 모든 프로듀서들이 잊지 말아야 할 것은, 어떤 연극을 만들더라도 허투루 만들어서는 안 된다. 관객에게 그 분야 최고의 것을 보여주겠다 하는 마음가짐과 그를 위한 치밀한 준비과정이 있어야 한다. 이 무대가 바로 그런 것이다. 아무 교훈이 없어 보이는 정통 코미디지만, 그 면면을 살펴보면 어떤 뮤지컬보다 견고하다. 무대장치와 소품들 하나하나에도 기상천외한 아이디어들이 불을 뿜어낸다. 정신없는 무대 위 웃음 속에도 과학적이고 견고한 무대 메커니즘이 뒷받침해주고 있다. 그리고 이를 완성해주는 것은 완벽한 합을 이루는 배우들의 치밀한 연기력이다. 이 연기력을 위해 특별한 오디션과 매 공연 전에 한 번도 쉬지 않고 진행되는 배우 훈련의 과정이 있다. 〈더 플레이 댓 고우즈 롱〉이 전 세계에서 드라마틱한 성공 스토리를 써갈 수 있었던 것은 연극을 조금도 쉽게 가지 않으려는 이 철저한 준비과정 때문일 것이다.

오늘도 전 세계를 뒤흔들고 있는 이 작품은 200만 명 이상이 관람했으며, 연일 박스오피스의 기록을 갈아 치우고 있다. 수준 높은 메커니즘의 하이 코미디를 표방한 이 연극이 한국에서도 롱런했으면 좋겠다.

제4부

프로듀서란 무엇인가

김진, N_either1121, 116.7x91cm, oil on linen , 2011

'어떤 꿈을 꾸면
관객과 내가 행복해질 수 있을까?'
프로듀서에게 이보다
더 깊은 숨을 몰아쉬게 하는 질문,
심장처럼 펄떡이는 질문이 있을까?

프로듀서는 꿈꾸는 사람이다

무대는 텅 비어 있다. 객석엔 빈 의자만이 즐비하다. 극장 안엔 그저 어둠뿐이다. 그 어둠 속에서는 무대의 크기, 형태, 객석 규모, 어느 것도 가늠할 수가 없다. 오로지 극장이라는 추상적인 공간이 있을 뿐이다. 어둠 속에 갇혀 있던 그 공간에 상상력이라는 입김을 불어넣어 살아나게 만드는 것, 그것을 나는 프로듀서가 하는 일이라 감히 정의한다.

무대에서는 사랑을 노래하기도 하고, 인생의 고단함을 절절하게 그려내기도 하며, 묻혀 있던 역사의 어두운 면을 고발하고 풍자하기도 한다. 무대에서 들려주는 이야기에 따라 관객은 울고 웃으며 때로는 분노하고 때로는 위로를 받는다. 관객에게 어떤 행복감을 줄 것인지 결정하는 일, 이것 또한 프로듀서의 몫이다.

나는 연기도 연출도 젬병이었다. 대본을 쓸 수 있는 능력도 없고 작곡은커녕 연주할 수 있는 악기 하나 없었다. 네가 설 자리가 없다고 자꾸 등을 떠미는데도 나는 그저 연극이 좋아서 이곳을 떠날 수가 없었다.

그렇게 나는 프로듀서가 되었다. 그리고 지금의 나는 프로듀서 예찬론을 쓰고 있다.

생각해보라. 프로듀서인 내가 멍석을 깔고 판을 만들지 않으면 어떤 대본은 영원히 서랍 속에서 잠만 자다가 그대로 묻혀버리게 될 것이다. 그 대본에 따라 연출가, 작곡가, 연주가, 각 파트의 스태프들이 자신의 역할을 맡게 되고 그들은 그때야 비로소 자신의 꿈을 무대에서 실현하게 된다.

다시 말해 무대를 향한 프로듀서의 꿈이 모든 무대의 최초가 되는 것이다. 나의 꿈은 연출가의 꿈이 되고, 배우의 꿈이 되고, 스태프의 꿈이 된다. 거꾸로 그들의 꿈이 나의 꿈이 되기도 한다. 그렇게 서로의 꿈을 주고받는 동안 하나의 작품이 완성되고, 우리 모두는 같은 꿈을 이루게 되는 것이다. 이 얼마나 멋진 일인가!

프로듀서로서 내가 올리는 모든 작품은 나의 꿈이다. 환상적인 무대로 관객을 깜짝 놀라게 하겠다, 잊고 살았던 어머니를 관객에게 되돌려주고 반성의 눈물을 흘리게 하겠다, 먼 옛날 먼 나라에 살았던 젊은 남녀의 사랑과 비극적 결말을 안타까워하게 만들겠다, 두메산골 남녀의 그저 그런 사랑이 왜 파국으로 치닫게 되었는지 알려주겠다, 우리의 할아버지, 할머니들이 하와이, 멕시코로 팔려가듯 일하러 간 역사적 사실을 아프게 각인시키겠다…, 이런 꿈들을 무대에서 실현시켜왔다. 이 모든 꿈의 공통점을 뽑아내 하나의 문장으로 만들면 '무대 언어를 통해 관객을 행복하게 만들겠다'가 된다. 관객을 행복하게 만드는 것이 나의 꿈이고 관객이 행복해하면 나도 행복하다.

나는 공연 첫날에 늘 맨 뒤에 서서 공연을 본다. 그리고 어떤 관객보다 빨리 로비에 나와 극장 문을 나서는 사람들의 얼굴을 살핀다. 정서적인 충격을 받았거나 삶의 고단함을 위로받은 관객의 표정은 행복에 겹다. 그리고 나도 행복에 겨워진다. 그런 표정을 보는 일은 언제나 즐겁다. 이와 관련해서 깊게 각인된 기억이 있다. 〈맘마미아!〉 지방공연 때의 일이다. 경기도 이천에서 시작해 제주도까지, 1년간 전국 23개 도시에서 순회공연을 했다. 지방의 작은 도시들은 공연 문화의 불모지나 다름없다. 대형 뮤지컬을 관람할 기회는 거의 없다고 보아도 무방할 것이다. 그날도, 소문을 들어 〈맘마미아!〉를 알고 있던 사람들, 유명한 뮤지컬이라고 하니 이번 기회에 '뮤지컬 구경'이나 해보자는 사람들이 삼삼오오 짝을 지어 극장으로 왔다. 무슨 공연이 영화 10편 보는 것보다 비싼가 하는 사람도 있었을 것이다.

공연 시작 전에는 낯선 문화에 어색해하고 약간은 긴장하는 느낌도 없지 않았지만 나올 때는 완전히 다른 얼굴이었다. 환한 얼굴, 잠시나마 삶의 고단함을 다 내려놓은 듯한 얼굴들이었다. 웃고 우는 바람에 공들였던 화장이 조금 번졌어도 그보다 예쁜 얼굴은 없을 것이다. 내가 저렇게 예쁜 얼굴, 저렇게 행복한 표정을 본 적이 있었던가. 그 얼굴들을 보기 위해 나는 4억 원을 투자했다. 기존의 오리지널 무대장치는 설치에만 2주가 걸리는데, 지방은 관객층이 얇아서 주말 4회 공연이 고작이다. 그것을 위해 2주 동안 무대를 비워둘 수는 없었다. 그래서 알아본 투어용 무대장치는 3일이면 완성할 수 있었고, 이를 위해 나는 비용을 들여 무대장치를 새로 구입했다. 그래서 가능하게 된 지방투어였던 것이다.

미처 물어보지 못했지만 연출, 배우, 스태프, 그리고 우리 신시 식구들까지 포함해 나와 비슷한 생각이었을 것이다. '뮤지컬 구경을 하기 힘든 분들에게 세계 최고라고 평가받는 작품을 선보이는 것, 그래서 그들을 행복하게 만드는 것은 정말 행복한 일이다'라는 생각 말이다.

누군가 나에게 왜 뮤지컬을 하고 연극을 하느냐고 묻는다면 내 대답은 단순하다. 행복하니까. 관객들을 행복하게 만드는 꿈을 꿀 수 있으니까. 행복한 꿈을 꿀 수 있어서 프로듀서로 살아가고 있고 꿈을 꾸지 않으면 행복한 프로듀서가 될 수 없다. 그러므로 프로듀서의 핵심 가치는 꿈을 꾸는 것이다. 적어도 나에게는 그렇다.

물론 프로듀서라는 타이틀을 달고 있으면서 꿈을 꾸지 않는 사람들도 있을 것이다. 그들에게는 무대가 비즈니스다. 작품을 결정하고 투자를 유치하고 흥행을 위한 홍보를 하는 것이 그들이 생각하는 프로듀서가 하는 일의 전부인 것 같다. 공연계에 미치는 영향을 생각하면 답답한 마음이 들기도 하지만 여기에서 그들을 비난할 수는 없는 일이다. 어떤 프로듀서가 될 것인가는 각자의 선택에 달린 문제다. 다만 그런 사람들은 무슨 재미로 작품을 만드는지 모르겠다. 돈을 벌고자 한다면 세상에 돈 벌 수 있는 일은 널렸으니까 말이다. 나는 그들이 일하는 방식은 알되 그들 내면의 생각은 알 수 없다. 나는 오로지 꿈을 꾸기 위해 연극을 하는 방법만 알려줄 수 있을 뿐이다.

나만의 작품을 꿈꿔라

공연 역사에서 관객을 행복하게 만들었던 작품은 부지기수다. 그리고 관객을 행복하게 하는 데 실패한 작품은 더 많다.

관객은 까다롭다. 변덕스럽고, 싫증을 잘 내며, 좀처럼 만족감을 표현하지 않는다. 감동받은 작품은 여러 차례 보면서도 그와 비슷한 작품에는 '아류'라는 딱지를 붙인다. 프로듀서는 이렇게 까다로운 관객에게 자신의 꿈을 평가받아야 하는 숙명을 지녔다.

관객을 행복하게 하는 꿈, 그래서 내가 행복해지는 꿈. 그 꿈의 원천은 바로 작품이다. 프로듀서로서의 존재 이유를 작품으로 증명해야 하는 것이다. 작품으로 관객을 행복하게 만드는 방법은 많다. 파격적인 형식으로 정서적인 충격을 줄 수도 있고, 이 시대를 살아가면서 곱씹어보아야 할 메시지를 전달할 수도 있다. 삶을 살아가면서 받은 상처를 위로해줄 수도 있으며, 이외에도 얼마든지 많은 방식과 내용으로 관객을 행복하게 만들 수 있다.

'어떤 꿈을 꾸면 관객과 내가 행복해질 수 있을까?'

프로듀서에게 이보다 더 깊은 숨을 몰아쉬게 하는 질문, 심장처럼 펄떡이는 질문이 있을까? 이 질문에는 무수히 많은 정답과 무수히 많은 오답이 있다. 어떤 답이 관객을 만족시킬지는 무대에 올려보지 않으면 모른다. 물론 좋은 대본, 창의적 연출, 안정된 연기력을 갖춘 질 높은 작품을 만들어야 할 것이다. 그러나 이것은 질문에 대한 답이 아니라 꿈을 완성해가는 과정의 일이다. 나는 그보다 먼저 '어떤 무대의 최초'에 대한 생각을 나누고 싶다.

여기, 연극 한 편을 보기 위해 무작정 대학로에 간 관객이 있다. 그는 혜화역 2번 출구로 나와 골목길을 걷는다. 길을 걷는 동안 "연극 보러 가세요?" 하며 말을 걸어오는 호객꾼을 여러 차례 만나기도 한다. 실제로 이럴 사람은 없겠지만, 이 관객은 미련하게 성실한 사람이라서 각 극장에서 어떤 연극을 하는지 골목 구석구석을 다니면서 확인한다. 그런 다음 그가 무슨 말을 할까? "볼 만한 연극이 없군"이면 차라리 다행이다. 그는 아마도 이렇게 말하지 않을까? "뭘 보나 별 차이가 없겠군."

물론 과장이다. 하지만 무리한 가정은 아니다. 대학로에서 하루에 올라오는 연극만 해도 150여 편이 넘는다. 그 중에서 특별하다고 할 만한 작품은 얼마 되지 않는다. 대부분은 로맨틱 코미디로 분류할 수 있는 작품들이다. 개그콘서트를 맥락 없이 이어붙인 것 같은, 연극 같지 않은 연극도 많다. 왜 이렇게 된 것일까? 프로듀서의 꿈이 모든 무대의 최초라면, 대학로의 거의 모든 프로듀서가 비슷한 꿈을 꿨다는 결론에 도달한다. 그럴 수 있을까?

물론 그럴 수 없다! 프로듀서가 자신의 꿈을 꾸기 이전에 관객에게 먼저 굽실거렸기 때문이다. 작품이 관객의 욕구에 부응해야 하는 것은 맞지만 말초적인 욕구에 타협하고 굴복해서는 안 된다. 작품을 평가하는 것은 관객이지만 일차적인 칼자루는 프로듀서가 쥐고 있다. 그래서 승부인 것이다. 나의 꿈을 꾸고 그 꿈으로 관객과 당당하게 승부를 벌여야 한다. 아류를 만들어 시류에 영합하지 말고 나만의 꿈을 꾸는 것, 남과 다르고 새로운 꿈을 꾸기 위해 펄떡이는 질문을 심장에 심어두고 있어야 한다. 그야말로 '세상에 없는 무대'를 만들기 위해 노력해야 하는 것이다. 관객들도 듣고 싶은 작품 속 이야기가 있다. 프로듀서도 이 시대에 하고 싶은 이야기가 있어야 한다.

너 나 할 것 없이 비슷한 작품만 만든다면 프로듀서의 존재 이유는 무엇인가. 있어도 그만 없어도 그만인 작품을 꿈꾸는 프로듀서는 있어도 그만 없어도 그만이다. '나'라는 프로듀서의 존재 이유이자 가치는 남과 다른 나만의 꿈에 달려 있다.

뮤지컬 〈빌리 엘리어트〉

뮤지컬 〈맘마미아!〉

프로듀서는 예술가다

'연극이 좋다. 죽어도 여길 떠날 수는 없다.' 그 뜨거운 열정만으로 버티기에 그 당시 연극판에는 내가 서 있을 자리가 없었다. 떠밀리고 떠밀려 서게 된 자리가 프로듀서였다. 말이 좋아 프로듀서지, 그 당시만 해도 극단 총무 역할이었다. 작품을 기획하고 총괄하는 사람은 극단 대표였고, 그분들이 연출을 겸했다. 프로듀서라 불리던 총무들은 극단 가계부를 정리하고 온갖 잡다한 일을 도맡아 해야 했다.

나와 비슷한 시기에 같은 길을 선택한 사람들을 프로듀서 1세대라 한다. 우리는 각자의 방식으로 프로듀서의 개념을 만들어갔다. 나 같은 경우에는 차츰 업무의 범위를 넓혀갔고, 그 방식이 다른 후배들과 컴퍼니에도 전파되기 시작했다. 그때부터 지금까지 프로듀서의 업무 범위와 개념은 끊임없이 변화, 발전해가고 있는 중이다.

우리가 몸으로 부딪히면서 개척하고 만들어온 것을 지금은 학교에서 예술경영이라는 이름으로 가르치고 있다. 프로듀서는 어떤 덕목을 갖춰야 하는지, 어떤 소양과 지혜가 필요한지 학문적으로 공부할 수 있는 체계가 갖춰진 것이다. 선배들이 현장에서 맨몸으로 배운 것을 후배들도 똑같은 방식으로 배워야 한다면 공연계의 발전은 없다. 우리가 '미련하게' 배운 것들을 체계적이고 압축적으로 알려주는 것이 오늘날의 예술경영 교육이다. 당연한 결론이기는 한데 단점도 없지는 않다. 모르긴 해도 내 경우에 비춰 짐작해보면 1세대 프로듀서 중 처음부터 이런 일을 할 거라고 생각한 사람은 없었다. 어떤 의미에서 나는 좌절한 예술가였다. 배우나 연출가처럼 예술가가 되고 싶었지만 재능이 없어서 되지 못한 좌절한 청춘이었다. 그럼에도 불구하고 무대를 완전히 버리지는 못한 청춘이었다. 그래서 나는 사업가보다는 '예술가적 프로듀서'에 가깝다고 볼 수 있을 것이다. 이루지 못한 예술가의 꿈을 프로듀서라는 또 다른 방식의 예술로 이루고 있는 것이다.

안타깝게도, 프로듀서는 흥행을 위해 존재한다고 생각하는 사람이 더 많은 것 같다. 실제로 예술가적 프로듀서보다 장사꾼 프로듀서가 더 많다. 뮤지컬이 돈벌이가 된다고 하니 너도 나도 뛰어든 것인데 사업의 개념으로만 접근하니 부작용이 만만치 않다. 할 말이야 많지만 작품의 질적 저하를 초래했다는 점만 지적하고 넘어가자.

프로듀서는 사업가이니 흥행할 만한 작품을 선정하고 제작비를 내면 나머지는 연출과 배우, 스태프가 알아서 만드는 것일까? 진정한 프로듀서, 의식 있는 프로듀서라면 한 작품을 완성하는 여러 예술가 중에서도 가장 중요한 한 축을 담당해야 한다는 각오가 있어야 한다. 그러니까 예술가적 프로듀서라는 나의 말은 잘못되었다. 프로듀서는 그 자체로 예술가다. 프로듀서인 내가 이해랑연극상을 받은 것이 그 증거다. 예술가들에게만 주던 상을 프로듀서가 받았다는 것은 프로듀서도 예술가로 인정한다는 선언이자 프로듀서도 예술가여야 한다는 요구다.

내 걱정은 학교에서 예술경영을 배우는 학생들이 예술이 아니라 경영에 방점을 찍지는 않을까 하는 것이다. 내가 이해랑연극상을 받았을 때 고선웅 연출은 이렇게 말했다. "이제 연극 프로듀서가 주목받아야 할 시대다. 작가, 연출가보다 더 중요하다고 해도 전혀 지나치지 않다. 연극을 만들게 하는 최초의 후견인이면서 발화점 아닌가." 조금 민망하지만 이 말에 백 번 동의한다. '최초의 발화점'인 프로듀서가 경영의 관점으로 연극을 본다면 이후의 상황은 뻔하다. 연출과 배우들도 경영의 틀 안에서 움직이게 된다. 무대예술은 없고 무대경영만 남게 된다.

관객의 욕구를 읽되 타협하진 말라

앞서 말했듯, 요즘 관객은 과거에 수동적이었던 관객과는 다르다. 작품 홍보가 나오면 배우들은 물론이고 어느 컴퍼니에서 제작한 것인지 연출, 음악감독, 안무, 작곡 등은 누구인지까지 파악한다. 그런 방식으로 작품의 신뢰도를 가늠하는 것이다. 이제는 정신을 바짝 차리고 작품을 제대로 만들어놓고 홍보해야 한다는 경종이다. 작품을 허술하게 만들면 오픈하자마자 사장되어버리는 경우도 있다. 마니아층이 늘어나면서 일반 관객들 중에서도 평론가에 버금가는 감상평을 내놓기도 한다. 공연을 사랑하는 사람들이고 이런 사람들이 공연계를 발전시키는 동력이 되어주기도 한다. 늘 감사하다. 적극적인 마니아층의 확대가 가져오는 부작용도 없지는 않다. SNS는 순식간에 퍼져나가고, 만약 잘못된 정보가 퍼져나가면 진실이 모두의 인정을 받기까지는 시간이 걸린다. 퍼져나간 메시지는 회수되지 않고, 영영 잘못된 정보를 맞는 것으로 알고 있는 사람도 있을 것이다.

〈유린타운〉을 초연했을 때였다. 공연을 본 관객 중 한 명이 신랄한 비난의 글을 올려놓았다. '도대체 사다리 하나 놓고 하는 뮤지컬이 어디 있나.

너무 무성의한 거 아니냐. 그렇게 안 봤는데 신시에 정말 실망했다.' 전체적인 비난을 요약하면 신시가 돈벌이에만 눈이 멀어서 뮤지컬 같지도 않은 휑한 뮤지컬을 올렸다는 것이었다.

억울하고 답답했다. 그건 원래 그런 작품이다. 〈유린타운〉은 오프브로드웨이에서 워크숍을 통해 브로드웨이로 진출한 풍자극인데, 우리가 고치고 싶어도 라이선스 계약 때문에 그러지도 못한다.

〈아이다〉 때도 비슷한 일이 있었다. 역시 초연 때였다. 정확한 내용은 기억나지 않고 핵심은 이랬다. '내가 뉴욕에 가서 〈아이다〉를 보고 왔는데 정말 좋았다. 한국에서 한다고 해서 봤더니 무대를 축소해서 그런지 별로였다.'

한 번 물어만 봤어도 좋았을 텐데, 그러면 다 말해줬을 텐데…. 브로드웨이 오리지널 무대를 그대로 뜯어오는 것도 모자라 의상도 그대로 벗겨왔는데 말이다. 그 사람은 그저 브로드웨이에 다녀왔다는 걸 자랑하고 싶었던 것일지도 모르겠다.

그래도 이처럼 잘못된 정보를 퍼뜨려 억울하게 만드는 경우는 어느 정도 타격은 입겠지만 바로잡을 수는 있다. 그런데 취향과 작품성을 혼동할 때는 참 어렵다. 사람마다 좋아하는 스타일의 작품이 있다. 어떤 사람은 파격적인 형식을 좋아하고, 어떤 사람은 쇼적인 뮤지컬을 좋아한다. 쇼적인 뮤지컬인 줄 알고 갔는데 무거운 주제의식을 가진 작품이라면 실망스럽기도 할 것이다. 그렇다고 이런 건 작품도 아니라고 평가하는 건 대단히 위험한 생각이다. 내가 좋아하지 않는 스타일이라고 해서 졸작인 것은 아닌데 참 쉽게 그 작품에 참가한 모든 사람의 멱살을 잡고 흔들어버린다. 그렇다고 감상평 올리는 것은 우리가 어떻게 할 수는 없는 문제다. 안고 가야 할 부분이다.

내가 정말 걱정하는 것은 적극적인 마니아와 여기에 호응하는 프로덕션이다. 작품에 대한 적극적인 의사 표명을 넘어 작품을 만드는 데까지 참여하려는 마니아가 늘어나고 있는 것 같다. 어떤 프로덕션은 여기에 적극 호응해 연출과 배우를 포함해 스태프까지 마니아층과 카톡을 하고 문자를 한다. 그냥 안부인사 정도가 아니라 작품을 만드는 전 과정을 공개하고 있는 것이다. 이들은 캐스팅에도 영향을 미친다. 자기가 싫어하는 배우가 캐스팅되면 SNS를 통해 난도질해버리고 사람을 바보로 만든다. 그래도 강행한다면? 집요한 공격을 받을 각오를 해야 한다. 마치 예술가들을 유리상자 안에 넣어놓고 이렇게 만들어라, 저렇게 만들어라, 이 배우는 좋고 저 배우는 아니라고 일

일이 코치하는 것처럼 보인다. 프로덕션은 이에 편승해 배우들의 연습과정까지 노출시켜버리는 걸 보면 홍보에 도움이 된다고 생각하는 것 같다.

마니아층은 뮤지컬 대상에도 일정 부분 영향을 미치고 있다. 스타상, 인기상은 관객들의 투표로 수상자가 결정되는데, 투표에 참여하는 사람들은 모두 마니아들이다. 수상에 욕심이 있는 사람이라면 그들과 친해지고 싶기도 할 것이다.

어떤 연출가는 이런 행동을 자랑스럽게 여기기도 한다. '나는 열려 있어, 관객들과 소통하고 있어'라며 과시하는 연출가도 많다. 예술가로서 열려 있어야 하는 것도 맞고 관객과 소통해야 하는 것도 맞는데, 내가 보기엔 굉장히 위험해 보인다.

작품은 예술가들의 독창적 상상력이 발휘되는 영역이다. 그 소중한 영역에 관객이 들어온다? 거기서 서로 소통한다? 내게는 소통이 아니라 예술가가 관객과 타협하는 것으로 보인다. 소설가가 글을 몇 줄 써놓고 독자들의 검사를 받는다는 걸 상상이나 할 수 있는가? 평소에 시대와 호흡하고 관객의 욕구를 읽으려고 하는 태도는 물론 중요하다. 그러나 작품에서는 다르다. 작품은 독창적인 상상력으로 관객들과 한 번 붙어보는 승부다. 이 승부가 예술가를 위태롭고도 멋진 직업으로 만들어주는 것이 아닌가. 나는 타협하는 예술가를 예술가라는 이름으로 부르고 싶지 않다.

뮤지컬 〈아리랑〉

뮤지컬 〈퀴즈쇼〉

프로듀서는 질문을 던지는 사람이다

삼각관계는 긴장감을 주기에 용이한 구도다. 그래서인지 수많은 작품에서 오래전부터 반복, 또 반복되어왔다. 현실에서도 얼마든지 겪을 수 있는 일이다. 본인이 삼각 중 하나의 각이 되었다는 이야기는 종종 듣는 경험담이다. 그러거나 말거나 타인의 삼각관계는 진부한 스토리일 뿐이다. 그것이 연극의 스토리라면 더더욱 진부하다. 친구의 이야기라면 우정을 위해 들어줄 수도 있지만 돈을 내고 들으러 와줄 까닭은 없다.

뮤지컬 〈아이다〉에서 라다메스 장군은 암네리스 공주와 결혼하게 되어 있다. 물론 아버지들의 이익을 위한 정략결혼이다. 암네리스는 라다메스를 사랑하지만 라다메스는 사랑 따위에는 관심도 없는 전쟁 영웅이다. 그에게 결혼은 총독의 아들이자 사령관으로서 치러야 하는 행사에 불과하다. 그런 그에게 노예 신분의 아이다가 나타난다. 관심은 가지만 그것이 사랑의 징조임을 알지 못하는 라다메스는 장차 결혼할 여인에게 아이다를 하인으로 보낸다. 잘나가는 장군이 공주를 사랑하고 결혼하는 스토리는 재미가 없다. 극복하기 어려운 제약이 있음에도 '불구하고' 사랑해야 극적인 스토리가 만들어진다.

노예를 사랑하는 장군, 장군을 짝사랑하는 공주, 장군에게 조금씩 마음을 열어가는 노예, 그리고 친구 사이가 되어버린 공주와 노예. 조금만 바꿔보면 이렇게 된다. 가난한 집안에서 태어난 인턴 여직원과 그를 사랑하게 되어버린 능력 출중한 본부장, 그리고 부모가 시키면 사랑도 시작할 수 있는 대기업 회장의 무남독녀 외동딸. 놀랍게도 외동딸과 인턴 여직원은 초등학교 동창. 이쯤되면 요즘 흔히 나오는 드라마의 기본 설정이 완료된다. 한 남자를 두 명의 여인이 동시에 사랑한다, 혹은 한 여자를 두 명의 남자가 사랑한다는 설정은 셀 수 없이 많다. 그런데 뮤지컬 〈아이다〉를 본 후 흔해빠진 삼각관계라고 말한 사람은 없었다. 그들의 '진부한' 사랑이 지배국과 피지배국이라는 상황에 놓여 있기 때문이다.

비극이 예견된 사랑을 하는 세 남녀. 이와 비슷한 이야기가 있다. 차범석 선생의 〈산불〉이다. 1962년 작품으로 한국전쟁 중의 어느 두메산골이 무대다. 흙이나 파먹고 살았을 마을의 남자들은 국군이나 인민군으로 끌려가 어느 전장에서 서로에게 총구를 겨누고 있을지 모른다. 여자들만 남은 마을에는 낮에는 국군이, 밤에는 공비가 나타나 들어본 적도 없는 이데올로기를 강요한다. 농사 짓고 살며 품앗이 해가면서 소소한 질투, 사소한 다툼이나 벌이고 살았을 이웃들은 생존을 놓고 갈등을 벌이게 된다. 그리고 한 남자와 그를 사랑하는 두 여자. 전쟁이 아니었다면 그러다 말았을 삼각관계가 비극으로 결론을 맺는다.

〈아이다〉는 먼 나라의 먼 옛날이야기이고 〈산불〉은 우리 땅에서 불과 몇 십 년 전에 일어났던 일이다. 하지만 전하고자 하는 메시지는 동일하다. 글쎄, 사람에 따라 〈아이다〉에서는 시대를 초월하는 사랑의 위대함을, 〈산불〉에서는 두 여자의 치정을 발견하기도 할 테지만 내가 보는 메시지는 다르다. 흔해빠진 일상, 치기 어린 괴로움도 전쟁 중에는 비극이 된다. 떨어져서는 죽고 못 사는, 여러분도 한 번쯤은 겪었을 연애도 전쟁 중에는 비극이 된다. 손 한 번 잡기 위해, 키스 한 번 하기 위해 목숨을 걸어야 한다.

'아이다, 라다메스, 암네리스 그리고 규복, 점례, 사월이 평화로운 어떤 시대에 살았더라면 어땠을까?' 내가 관객에게 던진 질문은 이것이었다. 많은 관객들이 그들의 이야기를 보면서 안타까워했던 이유가 여기에 있다.

어떤 이야기는 시대 배경은 현재인데도 전혀 공감을 일으키지 못한다. 또 어떤 이야기는 천 년 전의 이야기, 혹은 천 년 후의 이야기인데도 공감을 얻는다. 너무 당연한 말이라 맥 빠지기도 하지만 과거를 통해 현재를 이야기하기 때문이다. 역사적 인물에 대한, 역사적 사건에 대한 새로운 해석이 계속해서 나오는 것도 현재가 달라졌기 때문이다.

무슨 이야기를 하든, 무엇을 소재로 삼든 현재를 말해야 한다. 현재에 대한 질문을 관객에게 던짐으로써 미래를 말해야 한다. 시대의 흐름 읽기는 끝이 아니라 질문을 던지기 위한 전제 조건이다. '겨우' 시작이라는 말이다.

시대를 읽는 눈부터 길러라

"또 일 저질렀네"라는 걱정을 숱하게 듣게 한 뮤지컬이 있다. 바로 〈아리랑〉이다. 최초의 꿈은 〈아이다〉 초연 때부터 시작되었다. 〈아이다〉를 보면서 먼 옛날, 먼 나라의 이야기가 아니라고 생각했다. 우리에게도 저런 역사가 있었다. 노예로 끌려와 꿈도 미래도 없이 처절한 삶을 사는 누비아 사람들의 아리아를 들으면서 우리의 할아버지, 할머니들이 불렀을 아리랑이 떠올랐다. 돈을 벌 수 있다는 말에 이름도 들어본 적 없던 하와이, 멕시코로 향하는 배를 탔던 사람들이 있다. 우리가 선조들이라고 부르는 그들도 그때는 젊었다.

지금은 우리 조상들이라는 무미건조한 이름으로 불리고 있지만 누군가의 아들, 누군가의 동생, 누군가의 연인이었을 사람들의 이야기가 떠올랐다.

뮤지컬에서 다 담지 못했지만 소설 『아리랑』은 일제 침략부터 해방기까지 우리 민족의 끈질긴 생존과 투쟁, 이민사를 다루고 있다. 우리는 지금 대한민국에 살고 있지만 소설의 시제는 그 전이다. 가장 가까운 것이 70년 전의 과거이고 100년을 훌쩍 뛰어넘는 이야기도 있다. 케케묵은 옛날에 있었던 억울하고 슬픈 이야기일 뿐일까? 과거는 과거일 뿐이고 일제강점기 시대의 역사는 일본의 사과를 받아내기 위해서만 필요한 것일까?

해방 이후 대한민국은 눈부신 성장을 해왔지만 엄밀하게 말해 아직까지 일제강점기를 완전하게 극복하지 못했다. 해방과 함께 찾아온 남북분단이 지금껏 이어지고 있기 때문이다. 우리는 아직까지 온전한 독립을 하지 못했다. 광복 70주년을 앞두고 우리의 아픈 과거를 한 번은 매듭지어야 그 기반 위에서 미래의 꿈과 희망을 펼쳐나갈 수 있을 거라고 생각했다. 그래서 우리의 역사 그 자체인 아리랑을 선택했다. 뮤지컬 〈아리랑〉에는 아리랑의 다양한 변주를 포함한 50여 곡의 음악이 사용되었는데 “관객들이 뮤지컬을 통해 자기 안에 아리랑이 있음을 발견하는 감격을 맛볼 것”이라고 한 연출가 고선웅의 말은 사실이 되었다.

일제강점기와 아리랑은 남북이 공유할 수 있는 역사와 문화다. 남북의 문제를 정치, 경제, 문화로 분류할 수 있다면 가장 어렵고 긴 시간이 걸리는 것이 문화다. 그러나 가장 쉽게 접근할 수 있는 부분 역시 문화다. 남북이 서로 공감할 수 있는 문화 콘텐츠를 공동으로 개발해 문화적으로 먼저 교류할 수 있다면 그 중심은 단연 아리랑이다.

아리랑은 우리 민족의 원초적인 정서가 녹아 있는 대표적인 민요다. 400가지가 넘는 노랫말 속에는 우리 민족의 삶과 희로애락이 고스란히 투영되어 있다. 우리 민족은 아리랑을 부르며 슬픔과 고통을 이겨냈고 일제강점기에는 독립군이 ‘독립군 아리랑’을 부르면서 제국주의에 저항하기도 했다.

아리랑은 개인성과 집단성을 동시에 갖고 있다. 그래서 이별과 아픔과 한탄을 뛰어넘어 끈기, 의지, 생명력, 희망이 되었다. 우리 민족의 마음속에는 아리랑의 창조적 유전인자가 살아 있는 것이다. 조정래 선생도 “우리 역사는 지울 수도 없고 지워서도 안 된다, 식민 지배를 극복하고 살아냈던 것이 바로 우리 민족 정체성의 뿌리이고 핵심이다”라고 말씀하신 바 있다.

뮤지컬 한 편 만들면서 너무 거창한 해석을 한다고 여길 수도 있겠다. 그러나 우리 자신을 포함해 우리가 만드는 모든 무대는 '지금 이 시대'라는 더 큰 무대 위에서만 존재할 수 있다. 문화 콘텐츠는 사회가 안고 있는 문제에 대해 질문을 던지지만 해답을 주지는 않는다. 올바른 질문이기만 하다면 그것만으로 충분하다. 질문에 대한 답은 관객의 몫이다. 관객들이 그 필요하고도 올바른 질문을 대하 뮤지컬 〈아리랑〉에서 들었기를 바란다.

2012년에 올린 연극 〈니 부모 얼굴이 보고 싶다〉 역시 우리 사회에 던지는 질문이었다. 연극은 학교 내 집단 따돌림과 그로 인한 학생의 죽음을 다루고 있다. 정말 섬뜩하게도, 우리 사회에서 청소년의 자살은 너무 익숙해서 이제는 신문에서조차 잘 다루지 않는다. 우리는 지금 청소년 사망원인 1위가 자살인 나라에 살고 있다. 그래도 괜찮은가? 연극 한 편이 던지는 질문이 청소년의 자살 문제를 해결하지는 못한다. 그러나 한 사람의 생각과 행동을 바꿀 수는 있다. 이것이 세상을 변화시키는 힘이라고 나는 믿는다. 청소년 관련 문화예술 프로그램을 다양하게 개발하고 보급해야 한다. 극장, 아니면 학교 강당이라도 무대를 상설화해서 예술 작품을 통해 학교 폭력을 예방하고 치유하도록 적극적이고 과감한 투자를 해야 한다.

나는 신문을 볼 때 늘 뒷면의 사설부터 본다. 거기에는 이 시대의 핵심 이슈들이 거론된다. 또는 우리가 관심을 가져야 할 어떤 문제에 대한 통찰이 담겨 있기도 하다. 관객들에게 깊은 질문을 던지려면 사회에 대한 누적된 관심이 필요하다. 그런데 절대 다수의 학생들이 매체를 통해 흡수하는 정보는 연예인들의 가십이다. 세상 사람들에게 말을 걸려고 하면서, 그 사람들에게 질문을 하려고 하면서 세상에는 관심이 없다. 타인의 슬픔, 타인의 분노에 공감하지 못하면서 어떻게 그들의 정서를 자극하는 무대를 만들 수 있겠는가. 같은 시대를 사는 사람들에게 관심을 가지지 않으면서 어떻게 그들의 슬픔을 위로할 수 있겠는가 말이다.

나만의 질문이 중요하다

우리나라 사람들은 유행에 민감하다. 유행하는 옷 한 벌쯤은 가지고 있어야 하고 흥행하는 영화라면 일단은 봐둬야 한다. 방송에 나온 음식점은 맛이 있어서 줄을 서는 건지 거기서 먹었다고 자랑하기 위해 줄을 서는 건지 의

심스러울 지경이다. 유행에 뒤떨어지면 안 된다는 불안감도 일정 부분 작용하는 것 같다. 이렇게 유행에 민감한 관객들을 불러들이려면 작품을 선정할 때도 유행을 최우선으로 고려해야 하지 않을까라고 생각하기 쉽다. 대학로에서 압도적 다수를 차지하는 로맨틱 코미디를 생각해보라. 이른바 '로코'가 대학로의 유행인 것만은 확실해 보인다.

여기서 주목하고 싶은 작품이 있다. 바로 〈김종욱 찾기〉. 내가 아끼고 좋아하는 작가 장유정이 쓰고 연출한 작품이다. 2006년 제12회 한국뮤지컬대상에서 여우주연상과 인기스타상을, 2007년 제1회 더 뮤지컬어워즈에서 작사/극본상, 남우조연상, 남우인기상, 연우인기상 등을 수상한 뮤지컬이다. 뮤지컬의 인기에 힘입어 영화도 제작되었고 소설로도 나왔다.

첫사랑이라…. 누군들 풋내 나고 아릿한 첫사랑을 해보지 않았을까. 누군들 한 번쯤은 밤잠을 설치게 했던 그녀 혹은 그를 찾아보고 싶지 않았을까. 첫사랑은 닳고닳은 소재이면서 인류가 존재하는 한 모든 예술 작품의 소재가 될 화수분이다. 〈김종욱 찾기〉가 여타 첫사랑 작품들과 다른 점이라면 우연한 만남이 아니라 '주식회사'의 힘을 빌려 적극적으로 찾는다는 것이다.

이 작품을 초연 때 본 이후 8년 만에 다시 보았다. 공연을 보는 내내 '요즘에도 저런 만남이나 이별이 존재할까?'라는 질문이 떠나지 않았다. 당시의 풍속을 잘 잡아낸, 혹은 젊은 사람들이 원하는 만남과 이별을 잘 그려냈던 작품이었는데 8년이 지난 지금은 진부한 사랑 이야기가 되어버렸다. 말을 숨길 줄 모르는 나는 내 생각을 그대로 장유정 작가에게 전했다. "이 시대의 트렌드에 맞게, 지금 관객의 입맛에 맞게 재구성할 필요가 있겠네요. 요즘 어떻게 이런 사랑을 하겠어요. 뻔한 이야기를 너무 시간을 끌고 있는 느낌이었고, 10분 정도 줄여도 좋을 것 같아요. 지금 젊은이들이 쓰는 언어, 젊은이들이 만나는 공간으로 옮겨올 필요가 있어 보입니다." 장유정 작가도 공감한다고 했다.

로코는 지금 이 시대의 사랑을 코믹하게, 때로는 애잔하게 다룬다. 그런데 '지금 이 시대의 사랑 이야기'는 너무나 빨리 변하고 있다. 새로운 유행어가 생겼다가 없어지고 라디오에서 하루에 몇 번씩 틀어주던 노래가 사라진다. 1년 전의 유행어, 1년 전의 노래로는 로코에서 요구되는 정서를 만들 수가 없다. 무대를 구성하는 모든 요소가 반짝반짝 빛나야 하는데 1년만 지나도 구닥다리 냄새가 난다.

반짝반짝하는 유행을 잘 버무려 넣기만 하면 되는 것일까? 지금 대학로에는 반짝반짝의 퍼레이드만 있고 기승전결이 없는 로코가 숱하게 있다. 대부분 그렇지 않을까 싶은 걱정도 있다. 〈김종욱 찾기〉는 그저 그런 로코들 사이에서 잘 만들어진 작품'이었고', 곧 다시 잘 벼려진 작품으로 재탄생되리라 기대한다.

다양성은 문화의 기본이다. 인류의 연극사에서 한 번도 다루지 않은 소재라도 좋고 수만 번 써먹었던 소재라도 좋다. 로맨틱 코미디 역시 얼마든지 만들어도 좋다. 로맨틱 코미디의 소재 자체를 문제 삼고 싶은 생각은 추호도 없다. 관건은 언제나 작품성이다.

'연극이 뭐 별거냐? 보는 동안 관객을 웃기고 울리면 그것으로 충분하지 않느냐?'고 한다면 더 이상 할 말은 없다. 실제로 이렇게 생각하는 사람들이 많은 것 같기도 하나. 연극판 개그콘서트 같은 것들이 너무 많나. 그들에게 내 이야기는 머나먼 별나라 이야기로 들릴 것이고 힘들여 설득하고 싶은 마음도 없다. 나는 예술가로 살고 싶은 프로듀서 지망생들에게 도움이 되고 싶다. 이 책은 그들에게 건네는 조언이다.

어떤 소재를 선택하든 어떤 형식의 무대를 꿈꾸든 먼저 질문을 해봐야 한다. 시대에 던지는 질문은 예술가의 책무 중 하나다. 로코도 예외가 아니다. 관객들이 첫사랑을 소재로 한 연극을 본 이후 자신의 첫사랑에 대한 느낌이나 생각에 어떤 변화도 없다면 무대의 낭비다. 그러니 프로듀서 스스로 첫사랑에 대한 익숙한 정서와 생각에 질문을 던지고 그런 질문을 던진 작품을 찾아야 한다. 그러자면 작품을 쓰는 작가도 연출가도 프로듀서도 그 당시에는 첫사랑이 자신의 화두여야 한다. 그래야만 첫사랑에 대한 새로운 해석을 할 수 있기 때문이다. 내가 속상한 부분이 바로 이것이다. 대학로의 그 많은 젊은 예술가들이 비슷한 질문을 던지고 있다. 그 많은 사람이 사랑이라는 주제에 탐닉하면서 풀어내는 형식도 코미디를 선택하고 있다. 시류에 영합하지 않고서는 일어날 수 없는 일이다.

대부분의 상품은 시대의 흐름을 정확하게 반영하기만 해도 성공할 수 있다. 하지만 문화상품은 다르다. 시대의 흐름을 정확하게 읽되 거기서 한발 더 나아가야 한다. 시대의 흐름이 의미하는 바를 통찰하고 그것을 관객들에게 보여주는 작품을 해야 한다. 어려운 일이고 나 역시 완벽하게 해내고 있지 못하다. 늘 말해왔듯이, 완성된 프로듀서는 없다. 누구든 완성해나가는 과정에 있을 뿐이다. 시대에 대한 질문은 그 과정을 한발 한발 내딛게 하는 힘이다.

연극 〈니 부모 얼굴이 보고 싶다〉
청소년 사망원인 1위가 자살인 나라, 그래도 괜찮은가? 연극 한 편이 던지는 질문이 청소년의 자살 문제를 해결하지는 못한다. 그러나 한 사람의 생각과 행동을 바꿀 수는 있다. 이것이 세상을 변화시키는 힘이라고 나는 믿는다.

프로듀서는 도전하는 사람이다

남과 다른 길을 가야 한다는 말은 참 흔하고도 뻔한 말이다. 그런데도 여전히 금과옥조처럼 여겨지는 이유는 다른 길을 가는 사람이 많지 않기 때문일 것이고, 남이 가지 않는 길을 걷는 게 어려운 일이기 때문일 것이다. 오래전부터 나는 프로듀서를 꿈꾸는 이들에게 역발상과 괴짜 근성을 가지라고 얘기해왔다. 앞으로도 이 얘기는 계속해야만 할 것 같다.

남과 다른 기발한 무대를 상상하는 것과 그것을 무대에 올리는 것은 차원이 다른 문제다. 주변 사람들에게 미쳤다는 말을 들어야 하고, 함께 작품을 만들어갈 사람들을 미치게 만들어야 한다. 마지막에는 관객들도 미치게 만들어야 한다.

2001년 12월, 아직 뮤지컬 붐이 조성되지 않았을 때 뮤지컬 〈틱틱붐〉을 무대에 올렸다. 새로운 스타일의 뮤지컬을 꿈꾸는 젊은 예술가들의 자전적인 이야기다. 〈렌트〉의 작가 조나단 라슨의 일대기를 다룬 작품으로 그해 6월 오프브로드웨이에서 초연된 후 한국 공연이 세계에서 두 번째였다. 별다른 장치가 없는 무대에 달랑 여자 한 명, 남자 두 명이 등장하는 특이한 형식의 뮤지컬이다. 여기까지는 그간 내가 해온 '미친 짓' 축에 끼지 못한다. 특이하기는 해도 제작비 측면에서는 부담이 적은 작품이다.

내가 '미쳤다'라는 소리를 들었던 것은 세 명이 나오는 공연에 아홉 명의 배우를 캐스팅하고, 세 명의 연출을 섭외했다는 점이다. 하나의 원작을 세 팀의 연출과 배우들에게 각각 맡기고, 다른 공연장에서 같은 날 오픈하는 엉뚱한 짓을 한 것이다. 그러나 관객들은 하나의 원작이 각기 다른 색깔로 변주되는 무대를 동시에 비교하며 즐길 수 있었다.

관객뿐 아니라, 연출, 배우, 스태프에게 이런 특이한 작업은 한 번쯤 해보고 싶은 경험이다. 그들은 나의 미친 짓이 반가웠을 것이다. 그러나 공연에 참여하지 않는, 나를 걱정해주는 사람들은 이해하기 어려운 제작 시스템이었을 것이다. 나 역시 한 팀이나 잘 만들지 괜한 짓을 하는 건 아닌지 걱정스럽기도 했다. 세 공연을 비교해가며 볼 마니아가 몇 명이나 될까? 하나의 극장에서 받을 수 있는 관객을 세 개의 극장에서 나눠 받는 꼴이니, 수익을 생각하면 미친 짓임에 분명하다. 그래도 나는 그런 꿈을 꾸었고, 그 꿈을 이루고 싶었다.

나의 '미친 짓 연대기'는 그 이전에도 있었고, 그 이후에도 계속 이어졌다. 그리고 내가 프로듀서라는 이름을 달고 있는 한 멈추지 않을 것이다. 정확하게는, 멈추지 '못할' 것이다. 뭔가 어려운 작품을 성공시킨 후 안정될 만하면 새로운 미친 짓을 벌이는 고질병이 발병하니까 말이다. 솔직히 말하면, 역발상의 도전은 쪽박을 찰 위험도 크지만 대박을 칠 수 있다는 유혹이 있는 것도 사실이다.

지금까지 내가 작품을 기획하면서 사람들에게 의견을 물었을 때 찬성보다는 반대와 걱정이 더 많았다. 걱정한 사람들도 모두 나를 아끼는 분들이었다. 그래서 어렵다. 어떤 프로듀서가 새로운 꿈, 다른 꿈을 꾸면 반드시 그를 아끼는 사람들의 반대에 직면하게 된다. 실패할 거라는 그들의 말은 사실이다. 새롭다는 것은 성공할 확률이 낮다는 뜻이기 때문이다. 남과 다른 길을 가는 것이 편안하고 안전할 리 없다. 역발상, 괴짜 근성은 위험을 전제로 하는 것이고, 그래서 도전이라고 불린다.

다시 대학로 이야기를 해보자. 로맨틱 코미디 일색인 대학로의 현실을 비판하는 나의 말에 그들은 이렇게 대꾸하고 싶을 것이다.

"좋아서 하는 게 아니라 현실이 그러니까 할 수 없이 하는 거다. 로맨틱 코미디를 해야 그나마 입에 풀칠이라도 할 수 있다."

연극인이 예나 지금이나 가난의 대명사가 된 것은 연극 관객이 절대적으로 부족하기 때문이다. 지금 대학로에 오는 관객 중 상당수는 뜨내기다. 연극이라는 예술을 감상하러 온다기보다는 대부분 데이트 코스의 하나로 연극을 소비하는 듯하다. 그런 사람들이 무거운 주제의식을 다루는 연극은 보지 않을 것이다. 절대적인 관객의 부족, 가벼운 볼거리로 연극을 대하는 관객. 그런 관객이라도 잡으려면 그들의 취향에 맞춰 로맨틱 코미디를 올리는 것이 맞을까? 뻔한 발상의 무대를 꿈꾸는 것이 현실적인 선택일까?

나는 우리 연극인들이 연극을 죽이는 데 일조하고 있다는 생각이 든다. 연극을 보겠다고 온 관객이 '연극이란 게 이런 거구나. 별것 없구나. 극장에서 하는 개그콘서트 정도구나' 한다면 다시는 연극을 찾지 않을 것이다. 장기공연을 하는 연극 중에서도 그저 웃기는 데만 골몰하는 작품이 많다. 연극다운 연극이라고 부르기 어려운 작품들이다. 연극만의 매력이 있는 감동적인 작품이 아니다. 제 발로 극장에 찾아온 관객을 우리 스스로가 내쫓는 격이다.

여기에 대한 반발로 탈대학로의 움직임도 있다. 대학로와 다른 꿈을 꾸려는 도전이다. 지금 그들은 '대학로의 그들'보다 더 어려운 환경에 있을지 모른다. 나는 다른 꿈에 도전하는 그들을 응원한다. 그들의 도전은 위험하지만 지금의 대학로처럼 모두 같은 꿈을 꾸면서 서서히 죽어가는 것보다는 덜 위험해 보인다. 그리고 본래 위험한 장사가 많이 남는 법이다.

역발상이라고 해서 무조건 일을 크게 벌이라는 말이 아니다. 고정관념과 상식을 깨는 역발상의 '또라이' 기질만 있다면 적은 비용이 드는 실험적인 무대로도 충분히 해볼 수 있다. 성공할 수 있다는 확신이 있다면 모두가 바보라고 할 때조차 그 바보 같은 짓을 밀어붙여야 한다. 성공하든 실패하든 강한 믿음이 없다면 시작조차 할 수 없다. 누구도 믿지 않는 일에서 성공을 이뤄낸다면 그것을 발판으로 삼을 수 있고, 또 실패하더라도 주눅 들지 말고 거기서 새로운 정신을 배우면 된다. 실패란 스스로와의 반복된 싸움이기에 소중한 가치를 갖는다. 이것이 자신의 경쟁력을 튼튼하게 하는 똑똑한 실패다. 그럴 때 비로소 내가 하는 일에 대한 가치를 얻게 되는 것이 아닐까? 예술가에게 역발상과 혁신이야말로 프로 세계로 가는 필수 덕목이다.

역발상은 콘텐츠의 폭발이다

드물지 않게 혜성처럼 나타나는 신인 연출가가 있다. 특이한 형식의 기발한 작품, 역발상 그 자체라고 불러도 좋을 작품으로 공연계를 깜짝 놀라게 한다.

'정말 제대로 된, 장래가 촉망되는 예술가가 나왔다. 어떻게 이런 발상을 했을까? 어떻게 이런 해석을 했을까? 이게 첫 연출작이라니 믿어지지 않는다. 도대체 이 젊은 연출가의 끝은 어디일까?'

이렇게 공연계의 기대를 한 몸에 받았던 젊은 예술가 중 상당수가 기대만큼의 실망감을 주고 사라진다. 기발한 연출, 독특한 해석의 효용은 한 번뿐이다. 다음 작품에서도 이전 작품과 같은 '기발한 연출, 독특한 해석'을 반복한다면 그것은 기발하지도 독특하지도 않다. 그렇게 특별한 연출을 했던 젊은 연출가는 자신의 전작보다 못한 몇몇 작품을 올린 후 소리 소문 없이 사라진다. 그들을 바라보는 선배로서의 내 마음은 안타깝다. 거목이 될 수 있었던 묘목이 너무 빨리 세상으로 나온 게 아닐까. 조금만 더 그늘의 답답함을 견뎠다면 어땠을까.

요즘 젊은 친구들은 빨리 예술가가 되고 싶은 조급증이 있는 것 같다. 그들에겐 조급증을 만족시킬 자신감도 있다. 그렇게 연출가로 데뷔를 해 세상을 놀라게 했으면 중견 연출가가 될 때까지 대성해야 하는데 한두 작품으로 끝나버리고 만다. 경험이나 콘텐츠가 부족하기 때문에 밑천이 빨리 떨어져버리는 것이다. 예전에는 조급증이 있더라도 긴 조연출 생활을 해야 했다. 무조건 옳다고만 할 수는 없지만 이런 방식이 가지는 장점은 분명히 있었다.

내가 기대하는 연출가 중 김태훈이라는 친구가 있다. 그의 연출작이 〈레드〉다. 창의적인 아이디어, 관객을 몰입하게 만드는 음악, 디테일한 부분까지 연구한 흔적 등 초연과 다른 색다른 작품을 만들었다. 그는 10년 동안 국내외의 다양한 연출가들 밑에서 조연출로 수련을 쌓았다. 예나 지금이나 조연출은 선배 연출가 밑에서 예술적인 부분을 포함해 온갖 잡다한 일까지 해야 하는 자리다. 그러면서 그는 많은 경험을 했을 것이고 선배 연출가와 의견이 달랐던 아이디어를 축척해왔을 것이다. 그 공력의 일부가 폭발한 것이라고 나는 믿는다.

조급증이 있는 사람들에게는 이런 시간이 뒤치다꺼리나 하며 시간 낭비 하는 것으로 보이겠지만 콘텐츠의 곳간을 채우는 귀중한 시간이다. 역발상은 무조건 남과 다른 작품을 말하는 게 아니다. 새롭다는 것은 필요조건이지 충분조건이 아니다. 까딱하면 풋내 나는 얼치기 작품이 될 수도 있다. 그리고 한두 작품이 아닌 연속적인 역발상이 더 중요하다. 그러기 위해서는 젊었을 때부터 콘텐츠의 곳간을 가득가득 채워야 한다. 콘텐츠의 압력이 폭발한 결과가 '작품성 있는 역발상'으로 나타나는 것이다.

이런 면에서 보면 프로듀서도 연출가와 크게 다르지 않다. 요즘에는 창의적인 아이디어만 있으면 혼자서도 얼마든지 투자를 유치할 수 있다. 지금까지 없었던 소재와 형식의 작품을 계속 업그레이드하면서 그 콘텐츠를 얼마든지 발전시켜나갈 수 있다. 그렇게 해서 성공을 거두는 후배들도 꽤 있다. 문제는 얼마나 갈 것인가 하는 것이다. 한 분야에서 대가가 된 이들은 젊었을 때 긴 시간 동안 미래 예술가로서의 수련을 거친 사람들이다. 자신의 곳간에 콘텐츠를 많이 쌓아둔 것이다. 곳간에 쌓인 콘텐츠의 양에 따라 창의적인 아이디어, 기막힌 발상이 많이 나올 수 있다. 그것이 기본이고 가장 중요하다.

나는 연극을 공부하는 학생들에게 뮤지컬 관람을 권하지 않는다. 뮤지컬은 기본적으로 무대 메커니즘을 위한 쇼다. 무대 메커니즘에 의해 관객에게 환상을 심어주고 노래로 함축해서 집약적으로 보여주는 것이 뮤지컬이다. 그래서 뮤지컬에는 여백이 별로 없다. 그러나 연극과 무용은 다르다. 관객을 위한 여백이 충분히 존재한다. '저긴 바다가 있다고 하고, 저긴 뒷문이라고 하고, 저긴 옆집이라고 치고….' 이처럼 무대장치만 해도 여백이 존재하기 때문에 상상력을 발휘할 수 있다. 연극만 보는 것도 권하지 않는다. 소설, 음악, 무용, 전통문화 등 다양한 기초예술을 많이 접해야 한다. 그런 것들이 콘텐츠의 곳간을 채우는 일이다. 로열석에서 보는 뮤지컬 1편이면 연극 10편을 볼 수 있고 진도에 가서 굿을 볼 수도 있다. 물론 발품을 열심히 팔아야 한다는 조건이 붙지만 그조차도 경험의 축적이다.

역발상은 프로듀서로 사는 한 감당해야 할 '골치 아프고 행복한' 숙제다. 모든 예술가의 숙제이기도 하다. 이 숙제를 잘해내려면 기본기가 튼튼해야 한다. '반짝' 하는 아이디어로 한두 작품 성공할 수 있지만 한두 해 하고 말게 아니라면 묵직한 역발상을 지속적으로 고민하고 뚝심 있게 밀고 나가야 한다. 그러자면 억지로 끌어내는 역발상이 아니라 콘텐츠의 압력에 의해 내부에서 폭발하는 역발상이어야 한다.

시련에 맞서 정면으로 돌파하라

오랫동안 우리는 정해진 답을 맞히는 훈련을 해왔다. 고등학교까지 12년을 그렇게 배웠고 대학에서도 크게 다르지 않았다. 이렇게 할 때는 다른 사람들과의 경쟁이 필요 없었다. 내내 입시경쟁에 내몰려왔는데 무슨 소리인가 할 것이다. 내가 하려는 말은 경쟁자에 따라 정답이 달라지는 경쟁을 하지 않았다는 뜻이다. 학교에서는 경쟁자가 아무리 많아도 정답은 달라지지 않는다. 그런데 사회에서는, 특히 공연계에서는 같은 답을 쓴 사람이 많으면 그것은 오답이 된다. 모두가 비슷한 주제와 형식의 연극을 무대에 올리는 상황을 생각해보면 쉽게 이해가 갈 것이다.

우리나라는 정보강국이다. 덕분에 젊은 세대는 더욱 다양한 소통의 장을 가지게 되었다. 이는 장점도 있지만 문제점도 있다. 사람과의 대면접촉이 부족하기 때문에 경쟁자를 전혀 알 수가 없고 그 사람이 리더가 됐을 때 상대방의 정서를 모르는 문제가 생길 수 있다. 오죽하면 문자로는 수다를 떨다가 막상 만나면 휴대폰만 쳐다보고 있다는 말까지 있을까.

공연시장은 치열하고 전투적이다. 승자독식의 게임이다. 나눠먹고 분배하는 것이 용납되지 않는 것이 공연시장이다. 이런 상황에서 학교에서 배웠던 것처럼 정답을 찾다가는 가장 나쁜 답을 적을 확률이 높다. 달리 말하면 혼자서는 잘하지만 전쟁터에서 상대가 있을 때 경쟁하는 훈련이 되어 있지 않다는 것이다.

뮤지컬만 1년에 100편 이상의 작품이 나온다. 양적으로 팽창되어 있기 때문에 작품이 살아남으려면 생존경쟁의 정신으로 무장하지 않으면 어렵다. 단단한 맷집으로 무장해야 한다. 일에 관한 한 야성적인 정신이 몸에 배어 있어야 하고, 공격적이고 전투적인 추진력과 돌파력이 필요한 사회다. 소통은 '아군'끼리만 하는 게 아니다. '적군'과의 소통도 필요하다. 이것이 지피지기다. 온실 속에서 정답을 찾아가는 자세로는 단단한 맷집을 기를 수 없다. 야생에서 사람을 만나고 그들과 어울리고 경쟁할 때, 강인한 정신을 갖춘, 공연계의 정글에서 살아남을 수 있는 작품을 만들 수 있다.

내가 알기로 현재 성공했다는 프로듀서 중 내내 승승장구해온 사람은 없다. 나를 포함해 모두들 한두 번은 그야말로 지옥의 문턱까지 갔다 왔다. 앞으로 프로듀서의 길을 걷게 되면 상상조차 하지 못한 시련을 만날 수 있다. 그런 일을 만났을 때 비교적 쉬운 출구를 찾은 사람, 무대나 주변 사람보다 자기 자신을 지키려고 애썼던 사람은 다시는 공연계로 돌아오지 못했다. 오히려 당시에는 더 어려운 길이었지만 정도를 밟으면서 시련을 이겨온 사람이 아직까지 공연계에서 활동하고 있다. 맷집은 단순히 시련을 겪는다고 해서 길러지지 않는다. 시련을 정면으로 돌파하는 사람에게 주어지는 것이다.

승부가 끝날 때까지는 끝난 것이 아니다. 절대로 포기하지 마라. 이루고자 하는 일을 해낼 때까지 멈출 줄 모르는 열정으로 직진하라. 그러자면 자기 자신부터 다스릴 줄 알아야 한다. 성공과 실패는 종이 한 장 차이다. 실패했다고 포기하거나 성공했다고 안주하면 안 된다. 승부는 여기에 달려 있다. 흥행에 실패했다고 주저앉느냐, 아니면 새로운 도전을 하느냐. 그래서 이 일은 끈기를 갖고 갈 수밖에 없다. 승부가 날 때까지 절대로 포기하지 말아야 한다.

내가 기대하는 연출가 김태훈이 연출한 〈레드〉.
창의적인 아이디어, 관객을 몰입하게 만드는 음악, 디테일한 부분까지 연구하며 초연과 다른 색다른 작품을 만들었다.

신시의 새로운 실험들

딱히 계획한 건 아닌데 2~3년에 한 번은 어려운 작품을 하고 있다. 어려움의 의미는 매번 다르다. 〈렌트〉처럼 파격적이어서 흥행에 성공하기 어려운 작품이 있고, 〈아이다〉처럼 막대한 물량을 쏟아붓고 복잡한 무대 메커니즘을 소화해야 하는 작품이 있다. 〈엄마를 부탁해〉처럼 소설의 언어를 무대의 언어로 바꾸는 작업이 어려운 작품도 있다. 모두 도전이었고 새로운 것에 도전하는 내 가슴은 그때마다 뛰었다.

〈렌트〉와 〈아이다〉는 연극쟁이로서의 내 인생에서 결코 빼놓을 수 없는 작품이고 자주 입에 올리는 작품이기도 하다. 여전히 좋은 작품이지만 이제는 내 가슴을 뛰게 하기에 부족함이 있다. 〈렌트〉는 더 이상 한국 관객들이 받아들이기 어려운 정서를 가진 작품이 아니다. 오랫동안 공연을 하다 보니 형식도 새롭게 느껴지지 않는다. 그렇게 파격적이던 작품이 이제는 익숙한 작품이 되었다. 〈아이다〉의 무대는 여전히 아름답지만 이제는 무대 메커니즘이 더 이상 어렵지 않고 투자 물량에 대한 부담도 예전보다 적다. 〈엄마를 부탁해〉는 연극과 뮤지컬에서 모두 성공을 거두었고 계속해서 재해석되어 무대에 오르고 있다.

이렇게 무대에 올리는 작품들이 익숙해질 때쯤 괴짜 기질이 발동한다. 남들이 하지 않으려고 하는 작품, 엄두를 내지 못하는 작품, 하지만 나라면, 우리 신시라면 어려움을 겪더라도 해낼 수 있을 것 같은 작품에 도전해보고 싶은 괴짜 근성이 발동하는 것이다. 새로운 이야기에 대한 갈망, 새로운 스타일에 대한 욕구다. 사업적으로 보면 한 고비 넘겨서 안정될 만하면 새로운 일을 벌이는 형국이다.

압도적 비주얼의 향연, 〈고스트〉

2014년에 올린 〈고스트〉는 연인원 5,400명이 투입되어 10주 동안 무대설치와 리허설을 했다. 수익을 생각하면 정신 나간 짓이다. 10주 동안의 대관료만 해도 소극장 연극 몇 편은 만들 수 있는 금액이다. 〈고스트〉는 익히 알고 있는 영화 〈사랑과 영혼〉을 원작으로 만들었다. 사랑과 권선징악이라는 메시지는 새로울 것이 없고 그것을 전하는 방식 역시 새롭지 않다. 내 가슴을 뛰게 만든, 도전해보고 싶게 만든 점은 무대 메커니즘이었다. 환상 그 자체! 마술까지 동원한 무대 메커니즘의 최첨단을 보여주고 싶었다. 〈맘마미아!〉에

쓰인 특수 조명기의 숫자는 180대였고, 〈아이다〉가 240대를 썼다. 〈고스트〉에는 무려 400대가 쓰였다. 일반적인 국내 창작 뮤지컬에 쓰이는 특수 조명기의 숫자가 40대 정도인 걸 생각하면 어마어마한 물량이다.

〈아이다〉와는 또 다른 의미의 환상적인 무대가 펼쳐졌다. 그것은 환상 그 자체였고 관객들의 벌어진 입은 공연 내내 다물어지지가 않았다. 3D 영화를 보는 것 같은 압도적인 비주얼은 관객들의 넋을 빼놓기에 충분했다. 물론 배우들의 연기 또한 훌륭했다. 주원과 아이비의 재발견, 최정원에 대한 재확인이 큰 수확 중에 하나였다. 열 번 넘게 공연을 관람한 관객이 꽤 있었다.

하지만 흥행에 대한 기대에 부풀어 있을 무렵 끔찍한 비극이 벌어졌다. 그 이름을 입에 올리는 것만으로도 다시 눈시울이 뜨거워진다. 무심한 바다가 우리의 소중한 아이들을 한순간에 삼켜버렸다. 거센 파도에 스러져버린 꽃송이들 앞에서 우리는 무기력하게 눈물만 꾸역꾸역 집어삼켰다. 그 시간을 어렵게 견디고 난 후 정신을 차려보니 티켓 판매율은 반 토막이 났고 흥행 결과는 참패였다. 하지만 그럼에도 나는 또 하나 소중한 것을 건져냈다.

재공연에 대한 확신! 그것을 얻은 것만으로 나는 또 새로운 계획을 세울 수 있게 된 것이다.

설레고 가슴을 뛰게 하려면 새로운 길을 가야 한다. 새로운 도전, 어려운 도전을 해야 한다. 익숙한 것은 편하다. 편안한 작업에 도전은 없다. 그리고 가슴이 뛰지도 않는다. 물론 새롭고 어려운 것이니만큼 실패의 위험도 따른다. 그러다가 실패하면 어쩔 거냐고 묻는다면 프로듀서로서의 당신은 누구냐고 되묻겠다. 프로듀서로 살아가려는, 살아가고 있는 이유가 무엇인지 묻고 싶은 것이다. 고만고만한 공연을 만드는, 고만고만한 프로듀서가 되어서 있어도 그만, 없어도 그만인 그런 프로듀서가 되고 싶은가?

돈을 벌기 위해 프로듀서로 사는 사람도 있다. 물론 프로듀서도 돈을 벌어야 한다. 그래서 사업가의 기질을 가져야 한다. 그러나 사업가는 아니다. 프로듀서는 광대다. 적어도 나는 광대 같은 프로듀서로 살고 싶다. 작품에 미치고 관객도 그 작품에 미치게 하는 광대로 살고 싶다.

오케스트라가 없는 뮤지컬, 〈원스〉

〈원스〉는 참 조심스러운 작품이었다. 토니상 8개 부문 수상에다 마니

아층이 형성되어 있는 영화를 원작으로 한 작품이라 우리 신시를 포함해 대한민국의 거의 모든 컴퍼니에서 욕심을 냈다.

작품은 더할 나위 없이 특별한 스타일의 뮤지컬이다. 〈고스트〉가 시각의 즐거움을 극대화했다면 〈원스〉는 청각의 즐거움에 초점을 맞춘 작품이다. 일반적인 뮤지컬의 화려함과는 거리가 멀다. 연극적인 스타일의 작품으로 현란한 조명도 없고 격렬한 춤도 없고 무대도 원 세트 개념이다. 없는 것이 또 하나 있는데, 바로 오케스트라다. 대신 13명의 배우들이 2시간 30분 동안 직접 악기를 연주하면서 노래를 부르고 춤을 춘다. 배우들이 오케스트라인 셈이다. 그래서 〈원스〉에는 76개의 마이크 주파수를 사용했다. 어지간한 뮤지컬의 마이크 주파수는 35개 정도면 된다.

이렇게 미치도록 아름다운 작품을 만든 연출가는 스코틀랜드 출신의 연극 연출가 존 티파니다. 작품을 보기 전에 브로드웨이에서 오픈하면서 왜 뮤지컬을 한 번도 해보지 않은 연출가에게 맡겼을까 궁금했다. 그런데 작품을 보고 나니 작품을 꿰뚫어보는 프로듀서의 안목에 감탄하지 않을 수 없었다. 존 티파니는 연극 연출가이기에 가능한 무대를 만들어냈다. 프로듀서는 이 작품이 필요로 하는, 작품에 딱 맞는 연출가를 발탁한 것이다.

파격적인 형식, 연극적인 무대도 좋았지만 무엇보다 배우들이 직접 연주를 한다는 점이 가장 매력적이었다. 그리고 가장 매력적인 그것이 나를 조심스럽게 했다. 한 가지 이상의 악기를 능수능란하게 다루면서 연기와 춤과 노래가 가능한 배우들이 얼마나 있을까? 악기를 잘 다룬다고 해도 춤까지 추면서 연주해야 하니까 다른 작품에 비해 훨씬 더 길고 강도 높은 연습이 필요하다. 이런 문제에 대한 해결책을 모색하지 않고 시작했다면 '파격적인 졸작'이 나왔을 것이다.

오픈 1년여 전에 오디션을 진행하면서 얼마만큼 고생해야 하는지 알렸다. 오디션에 통과한 배우들은 10개월간 매주 두 번씩 모여 악기 트레이닝을 받았다. 공연 7주 전부터는 아침부터 저녁까지 매일 8시간씩 오리지널 크리에이티브팀에게 강도 높은 트레이닝을 받았다. 그런 과정을 거쳐 주연 배우부터 앙상블까지 기대 이상의 무대를 보여주었다.

윤도현은 "외국 팀들하고 연습할 때부터 죽는 줄 알았다. 내가 이렇게 열심히 살았던 적이 있었나 싶더라"라고 했다. 무엇보다 평소 밤에 활동하고 낮에는 자는데 그 생활패턴을 바꾸기가 힘들었다고 한다. 그렇게 해서 연기력까지 인정받은 뮤지컬 배우 윤도현이 되었다.

전미도는 우리를 감쪽같이 속였다. 오디션에서 피아노를 잘 치기에 캐스팅했는데 실은 지정곡 두 곡만 외워서 온 거였고 악보를 읽을 줄도 모른다고 했다. 그런데도 독하게 연습해서 아빠에게 피아노를 배웠다는 극 중 '걸'처럼 능청스럽게 연주를 잘해주었다. 박지연과 이창희에 대한 칭찬도 많았다. 두 사람은 〈고스트〉에서도 호흡을 맞췄는데 그 무렵부터 감성적인 코드가 뭔지 이해했다는 느낌을 주었다. 이제 어떤 작품을 해도 잘 소화할 수 있을 것 같다. 〈원스〉를 본 관객들의 반응은 호불호가 갈린다. 영화를 원작으로 해서 '이런 뮤지컬도 가능하구나'라는 호평과 '이게 뮤지컬이야, 소극장 연극이야?'라는 혹평. 새로운 뮤지컬을 원하는 관객은 좋아했고 기존의 화려한 뮤지컬을 기대한 관객은 실망했을 것이다. 기존 뮤지컬과는 다른 정서를 자극한다는 점에서, 기존의 틀을 깨는 새로운 형식의 뮤지컬이라는 점에서 최소한 절반은 성공했다고 평가해도 좋을 듯하다.

무대의 상상력이란 이런 것, 〈렛미인〉

괴짜 기질의 발동과 그것을 무대에서 현실화시키는 것 사이의 거리는 꽤 멀다. 괴짜 기질을 만족시키는 작품은 제작과정에서 홍보까지 괴짜의 연장선에 있어야 한다. 이런 부분들을 해결하지 못하면 어설픈 괴짜가 되고 만다. 정말 새로운 스타일의 대본이 나왔다고 해도 그것을 무대에서 제대로 구현해내지 못하면 아무것도 아니다. 제작과정에서 어떤 어려움이 있을 것인지 예상하고 대비할 수 있어야 한다.

특히 라이선스 작품의 경우, 많은 프로듀서들이 완성된 작품을 보면서 흥행의 가능성을 점친다. 물론 그것도 중요하지만 작품을 완성해오면서 힘들었던 지점을 발견하는 것이 더 중요하다. 그래서 그들의 제작과정을 세심하게 들여다봐야 한다. 작품을 만들어오는 작업과정을 이해했을 때 이 작품을 잘 만들 수 있을지 판단할 수 있기 때문이다. 분명 그들도 진행과정에서 중단을 거듭하면서 갈등도 있었을 것이다. 그걸 알아야 같은 과오를 범하지 않는다. 결과만을 놓고 판단해서는 안 된다. 작품을 만드는 처절한 과정을 보지 않고 겉치레만 봤을 때 실패할 확률이 높다.

연극 〈렛미인〉을 레플리카 방식으로 제작한 것은 그들의 처절한 과정과 우리의 처절함을 비교하고 공부해보고 싶었기 때문이다. 오리지널 스태프들을 참여시키려면 제작비의 규모가 달라진다. 대형 뮤지컬에서는 일반화되었지만 최대한 제작비를 아껴도 적자가 나기 일쑤인 연극에서는 엄두도 못 낼 시스템이다. 수익성 면에서는 망하기로 작정을 했기에 시작할 수 있었다.

내가 망하기로 결심한 시발점은 외로운 뱀파이어 소녀와 심약한 소년의 사랑을 말하던 존 티파니의 눈빛이었다. 그는 여전히 일라이와 오스카의 이야기에 미쳐 있었고 나에게도 동참할 것을 권했다. 수백 년을 살아온 소녀와 어린 소년의 정서적 교감을 기상천외하고 아름답게 그렸다는 데 마음이 끌렸다. 소재는 뱀파이어가 등장하는 판타지이지만 주제는 학교 폭력과 가정에서의 소외, 그리고 사람들의 외로움이었다. 주제와 소재 모두 마음에 들었다. 더구나 존 티파니의 연출작품이었다. 소설을 원작으로 영화가 스코틀랜드에서 만들어졌고 할리우드에서 리메이크되었다. 이후 스코틀랜드 국립극단에서 영화를 원작으로 만든 연극이 호평을 받으면서 웨스트엔드와 브로드웨이로 진출했다. 작품성에서는 검증된 것이다.

그렇다면 어떻게 만들 것인가? 〈렛미인〉은 '무대의 상상력이란 이런 것이다'라고 말하는 작품이다. 무언가 환상적인 일이 일어날 것만 같은, 그냥 서 있는 것만으로도 외로워 보이는 자작나무숲이 있다. 그 가운데 외로운 두 영혼이 교감할 작은 놀이기구가 있다. 배우들이 걸을 때마다 폴싹폴싹 일어나는 눈이 깔려 있고 오스카의 방, 일라이의 방, 학교 등의 장소가 소도구들과 조명 하나로 나타났다 사라진다. 음악 역시 최고였다. 음악을 잘못 선택하면 오히려 드라마를 단절시킬 수 있는데, 더할 것도 뺄 것도 없이 상황에 딱 들어맞았다. 암전 없이 음악만으로 장면 전환을 하는 것도 좋았다. 이 모든 것을 그대로 한국의 무대로 옮겨오고 싶었다. 그래서 망할 줄 알면서 레플리카 제작방식을 택한 것이다. 덤으로 공부도 할 수 있으니 일거양득이다.

조명, 음향, 무대, 음악, 조연출, 연출, 프로듀서 등 11명의 스태프와 눈을 포함한 무대장치 전부를 '수입'했다. '국산'은 배우와 27그루의 자작나무가 전부였다. 사실 둘레 30센티가 넘는 자작나무를 구하는 데 상당히 애를 먹었다. 그 정도면 보통 30년 이상 자란 거라고 한다. 강원도에 있는 자작나무 산을 찾고 그 주인을 찾아서 겨우겨우 구했다. 우리 스태프들은 자작나무 구하는 게 제일 힘들고 어려웠다고 한다. 이렇게 하고 보니 9억 5,000만 원이라는 제작비가 들었다. 연극 한 편의 제작비로는 어마어마한 규모다.

그래도 의도했던 두 가지는 충분히 얻었다. 무대, 음악, 조명은 원작 그대로 구현되었고 배우들이 연기에 몰입할 수 있도록 하는 과학적 무대 메커니즘도 배웠다. 예를 들어 일라이의 얼굴로 피가 흘러내리는 장면이 있다. 가발 속에 심은 파이프줄에서 피가 흘러내리는데 눈썹 위에 바세린을 발라서 눈으로는 한 방울도 들어가지 않도록 했다. 또 물속에서 2분 동안 숨을 참아야 하는 배우를 위해 체계적인 훈련을 시켰다. 두 달 동안 스킨스쿠버 호흡 훈련을 받은 배우들은 2분 정도는 가볍게 숨을 참았다. 그리고 물의 온도를 늘 29도로 유지하는 것도 세심하고 놀라운 배려였다.

〈렛미인〉은 배우들의 움직임이 중요한 연극이다. 영화의 특수효과를 배우들의 몸으로 보여줘야 한다. 영화와 같을 수는 없지만 나무를 기어오르고 놀이기구를 오르내리고 피를 흘리는 장면이 어설프게 보여서는 안 된다. 공연 1년 전에 오디션을 볼 때도 이 점을 중요하게 보았다.

망할 거라고 시작했는데 망하지 않았다. 거의 제작비에 이를 만큼 많은 관객이 찾아주었다. 한 달 조금 넘게 한 공연에서 이 정도면 정말 대성공이다. 나는 이 점에서 신시 기획팀을 칭찬하지 않을 수 없다. 신시 기획팀은 공연계 최강이고 보물과 같은 사람들로 뭉쳐 있다. 그들은 매 작품마다 '절박하고 절실하게' 일한다. 신시와 박명성을 위해서 일하는 게 아니다. 그들은 자신들의 꿈과 성취감을 위해 일하는 집단이다. 한 작품 한 작품 만들어갈 때마다 그들이 자랑스럽고 대견할 뿐이다.

작품의 힘과 신시 기획팀의 열정에 작품의 운까지 더해졌다. 오디션 때 존 티파니가 "저 배우다!" 하고 뽑을 때까지만 해도 박소담은 유명한 배우가 아니었다. 그런데 그 사이 영화 〈검은 사제들〉로 연기력을 인정받으면서 흥행에 도움이 되었다.

돈으로 상상하는 것은 아니지만 상상력을 실현하자면 어느 정도 돈이 든다. 연극으로는 많은 제작비를 감당할 수 없다고만 할 게 아니라 충분히 투자를 해서 새로운 경험을 선사하면 관객도 알아봐준다는 걸 단적으로 보여준 작품이었다. 그리고 '과학적인 무대 메커니즘과 체계적인 처절함'을 배운 작품이기도 하다.

내가 망하기로 결심한 시발점은 외로운 뱀파이어 소녀와 심약한 소년의 사랑을 말하던 존 티파니의 눈빛이었다. 그는 여전히 일라이와 오스카의 이야기에 미쳐 있었고 나에게도 동참할 것을 권했다. 수백 년을 살아온 소녀와 어린 소년의 정서적 교감을 기상천외하고 아름답게 그렸다는 데 마음이 끌렸다.

한계를 뚫고 나간 배우들의 뜨거운 열정, 〈빌리 엘리어트〉

뮤지컬 〈빌리 엘리어트〉는 캐스팅과 공연장이 중요한 비중을 차지하는 작품이다. 다행히도 공연장은 최은경 대표가 신시의 작품을 가장 많이 올린 디큐브아트센터와 협의를 시작하면서 일사천리로 진행되었다. 디큐브아트센터는 우리에게 좋은 추억이 많은 곳이다. 그런데 예상치 못한 악재가 출현하는 바람에 긴장하지 않을 수 없었다. 다른 프로덕션들이 디큐브아트센터에서 갑자기 개막을 연기하거나 취소하는 사태가 줄줄이 발생한 것이다. 출연료와 협력업체에 지불해야 하는 비용이 체불되면서 일어난 일들이었다. 이러한 사태가 빈번해지면 극장의 이미지가 타격을 받을 수밖에 없다. 아직도 이런 무책임하고 한심한 일들이 발생하다니, 극장 관계자들은 분노했을 것이다. 우리는 이런 파장이 몰고 올 사태를 예의주시하며 공연을 준비했다. 120억 이상의 제작비가 투자되는 공연을 앞두고 극장의 이미지가 타격을 입고 있으니 걱정스러울 수밖에 없었다. 그렇다고 다른 대안이 있는 것도 아니었다. 이제 와서 다른 극장으로 옮길 수도, 공연을 연기할 수도 없는 형편이었다. 그때를 생각하면 최은경 대표의 한숨 소리가 여기까지 들리는 듯하다.

디큐브아트센터는 신시와 궁합이 잘 맞는 극장이다. 개관 이래 10년 동안 거의 절반 가까이 거기서 공연을 했을 정도다. 디큐브아트센터는 전 세계 어디에 내놓아도 손색이 없을 정도의 특급 시어터다. 배우들은 이곳 무대에 서면 편하다고 말한다. 스태프들도 시설의 활용도가 좋아 작업의 속도가 빠르다고 한다. 관객들 역시 좋은 작품을 볼 때는 감동이 배가 되는 극장이라고 평하는 곳이다. 다른 극장에 비해 무대와 객석이 가까워서 그만큼 배우와 관객의 소통이 잘 이루어진다는 얘기다. 지리적 환경으로 보면 멀게 느껴지는 부분도 있지만, 작품을 잘 만들고 홍보와 마케팅을 열심히 한다면 충분히 승산이 있다는 것을 우리는 이미 경험해왔다.

〈빌리 엘리어트〉에서 공연장만큼 중요했던 또 한 가지는 어떤 배우를 캐스팅하느냐였다. 나는 어린 아이가 주인공인 이 작품은 주인공만큼이나 조역을 맡을 배우들의 역할이 중요하다고 생각했다. 연기파 배우들이 가세했을 때, 관객들에게 작품에 대한 신뢰를 얻을 수 있다고 본 것이다. 런던과 뉴욕 공연에서도 조역에 연극배우들을 기용한 이유가 바로 여기에 있었다.

빌리를 비롯한 아역 배우들을 제외한 나머지 캐스팅은 내가 바랐던 대로 이루어졌다. 박정자 선생, 감갑수 형, 최정원. 〈빌리 엘리어트〉에서 완벽한 캐스팅 조합이 탄생했다. 다행히 박정자 선생도 김갑수 형도 여타 다른 후배 배우들과 똑같이 오디션에 참여해주신 덕분이다. 최은경 대표와 정소애 본부장이 어려운 마음으로 오디션 참여 여부를 여쭈었는데, 박정자 선생은 한 치의 망설임도 없이 참여하시겠다고 해서 오히려 당황했다고 했다. 김갑수 형도 그렇고, 역시 모든 사람에게 존경받는 대배우다운 모습이었다.

어린 아역 배우들은 한 클래스로 구성되어야 했다. 2016년 4월, 1차 오디션과 함께 소년 빌리를 찾는 여정이 시작되었다. 서울 공연을 2년 7개월 남겨둔 시점이었다. 대여섯 번의 치열한 오디션 끝에 한 개의 클래스가 탄생했다. 공연을 20개월이나 남겨둔 시점에 59명의 배우들이 전부 캐스팅된 것이다. 앞으로 이들은 20개월 동안 하루 6시간의 고강도 트레이닝을 견뎌내야 했다. 물론 낙오자도 나올 것이다. 그만큼 인내와 열정이 없으면 버텨내기 힘든 고강도의 훈련이 이어질 예정이었다. 발레를 기본으로 덤블링, 탭댄스, 아크로바틱, 노래 등 초등학교 4학년, 5학년생들이 견뎌내기엔 혹독한 훈련과정이었다.

우리는 신시 사무실 1층과 2층을 연습장으로 개조하여 빌리 스쿨을 운영했다. 트레이닝이 속도가 붙자 새침하고 부끄러워하던 처음의 모습은 찾아볼 수 없을 정도로 치열한 경쟁이 시작되었다. 어린 아이들인데도 자신들의 목표치에 도달해야겠다는 의지가 강했다. 하루 6시간씩 강도 높은 훈련을 하는 동안 인내와 끈기로 무장한 아이들을 보면서 작품의 완성도를 확신할 수 있었다. 매일 훈련과정을 지켜보면서 어린이들의 열정에 감동받았다. 우리 어른들은 얼마나 열심히 살아가고 있는지, 정해놓은 한계를 두고 극복하지 못하는 건 아닌지 반성하는 계기도 되었다.

이들 중 최고의 빌리로 성장한 5명의 아이들이 가려졌다. 리허설 과정에서 아역 배우들과 성인 배우들이 하나가 되는 앙상블을 맞춰 나갔다. 빌리 스쿨 멤버들은 감사하게도 한 사람의 낙오자도 없이 20개월을 버텨냈다. 뮤지컬 〈빌리 엘리어트〉의 완성이 보이기 시작했다.

영국 오리지널 〈빌리 엘리어트〉 크리에이티브팀과 기술팀이 10주간의 셋업 작업과 리허설을 위해 오디션 이후 다시 한번 한국에 왔다. 10주간의 셋업과 리허설은 작품의 완성도를 위해 중요한 기간이라 할 수 있다. 세트와 조명, 음향 설치 작업이 완료되면 크리에이티브팀, 배우, 뮤지션, 각 파트의 기

신시 사무실을 개조하여 빌리 스쿨을 운영했다. 매일 훈련과정을 지켜보면서 어린이들의 열정에 감동받았다. 우리 어른들은 얼마나 열심히 살아가고 있는지, 정해놓은 한계를 두고 극복하지 못하는 건 아닌지 반성하는 계기도 되었다.

빌리 성지환

빌리 천우진

빌리 김현준

빌리 에릭 테일러

빌리 심현서

술 스태프들이 총동원된 각종 리허설이 4주 동안 진행된다. 테크니컬 리허설, 장면별 리허설, 1막 반복 리허설과 2막 반복 리허설, 전체 총리허설, 드레스 리허설, 일반 관객 공개 리허설을 끝으로 지루하게 반복된 리허설은 끝이 난다. 그런 다음 프리뷰 공연을 시작으로 정식 오픈 공연이 시작된다. 영국에서 온 인터내셔널 크리에이티브팀들과 각 디자이너들, 그리고 기술 스태프들 30여 명의 임무는 여기까지다.

모든 준비가 끝이 났다. 〈빌리 엘리어트〉가 오디션 과정에서부터 3년간의 준비를 끝내고 관객들의 평가를 받는 날이 온 것이다. 빌리는 더 이상 초등학생 어린이가 아니었다. 오랜 훈련과정에서 연마한 춤과 노래와 연기력으로 2시간 40분 동안 압도적으로 무대를 휘젓고 뛰어다녔다. 특히 단연 최고의 장면으로 꼽히는 1막 엔딩 '앵그리 댄스(Angry Dance)'에서 5명의 빌리 모두 폭발적인 에너지로 객석을 압도했다. 관객들은 기립 박수로 화답해 주었다.

〈빌리 엘리어트〉가 성공할 수 있었던 데에는 메시지를 유지하되 무대 효과를 극대화시킨 스테판 달드리의 기발한 상상력과 연출 능력을 꼽을 수 있다. 여기에 드라마를 배가시켜준 엘튼 존의 아름다운 음악과 피터 달링의 천재적인 안무도 큰 역할을 했다.

제5부

결국 사람이다

김진, N_either1011, 130.3x97cm, oil on linen, 2010

모든 콘텐츠는 사람에서 시작해 사람으로 끝난다.
프로듀서는 '고작' 최초의 꿈을 꾸는 사람이다.
어쩌면 사람에 대한 사랑과 관심이 프로듀서라는
일의 시작이자 끝일지도 모르겠다.

혼자서 완성할 수 없는 꿈

연극에 입문한 후 다방면에서 참 많은 경험을 했다. 배우 지망생 신분으로 소극장과 극단 사무실을 청소했고, 선배들의 옷을 빨았고, 함께 먹을 라면을 끓였다. 데뷔를 한 이후에는 단역과 앙상블로 출연했다. 연기가 젬병이어서 조연출이 되었다. 당시 조연출은 연출과 연기 빼놓고는 다 할 줄 알아야 했다. 한마디로 '전천후 인간'인 셈인데, 조연출 시기에 나는 조그만 소극장이지만 음향기사, 조명기사, 무대감독 등을 다 해봤다. 혼자서 이 세 가지를 다 할 때도 많았는데 당시 조연출은 다 그랬다.

세계잼버리대회 개·폐회식과 잠실종합운동장에서 개최된 한 대기업 체육대회에서 무대조감독도 해봤다. 뮤지컬의 무대감독과 조연출도 해봤고, 세종문화회관 대극장에서 공연된 작품의 조연출을 하기도 했다. 소극장에서 대극장까지, 뮤지컬에서 각종 이벤트 행사까지 안 해본 거 없이 다 해봤다고 해도 과언이 아니다. 되짚어보니 오케스트라와 연극에서 주인공을 빼고는 거의 다 해본 셈이다.

이런 경험들을 한 후에 프로듀서가 되고 보니 일하기가 아무래도 수월했고, 큰 도움이 되었다. 협력사들의 스타일과 작업 환경을 속속들이 꿰고 있기 때문에 공존할 수 있는 적정 수준을 안다. 선수들끼리는 몇 마디 나눠보면 서로를 알아본다. 슬쩍 떠보고 그럴 필요 없이 곧바로 실무로 들어갈 수 있고 말도 잘 통한다.

그리고 어떤 시점에 그들에게 무엇이 필요한지 알 수 있다. 기술 스태프는 어느 시점에 어떤 부분 때문에 힘든지 알고, 앙상블의 마음고생이 무엇인지 안다. 각 과정에서 지금 핵심적으로 필요한 것을 간파하는 능력이 생긴 것이다. 이것이 처음부터 프로듀서가 된 사람들에 비해 내가 유리한 지점이 아닌가 생각한다. 연극을 만들고 뮤지컬을 만드는 작업은 제품을 생산하듯이 기계로 찍어내는 게 아니라 사람들이 만나서 현장에서 실시간으로 만들어가는 작업이다. 프로듀서가 현장의 미세한 기류 변화를 잘 읽고 조화를 이루어내면 미흡했던 부분들이 완성되어간다. 프로듀서가 이 부분을 간과하면 완성되었던 것도 무너진다.

경험이 없으면 현장을 읽을 수 없고, 그러면 현장의 사람들을 하나로 통합하기 어렵다. 조연출로서 오랜 기간 수련을 거친 연출가의 내공이 다르듯, 프로듀서가 되려는 사람도 다양한 경험을 해봤으면 좋겠다. 빨리 프로듀서가 되는 것도 좋겠지만, 그보다는 경험을 쌓아가면서 현장을 읽는 안목, 현장에서 일하는 사람들의 정서를 읽을 수 있는 힘을 키우는 것이 더 좋겠다.

투자받는 능력만 있어도 된다면 프로듀서는 참 매력 없는 직업이다. 나머지는 예술가들이 알아서 하라고 하고 나중에 손익계산만 하는 프로듀서는 참 재미없을 것 같다. 투자받을 수 있어서, 혹은 돈이 있어서 프로듀서가 되는 거라면 굳이 프로듀서가 존재해야 할 이유가 없다. 꿈을 꾸고, 함께 꿈꿀 사람들을 모으고, 그들의 마음을 헤아려주면서 프로듀서의 꿈을 모두의 꿈으로 바꿀 수 있는 것, 그리고 함께 다음 작품을 꿈꾸는 것, 나는 그것이 프로듀서가 존재하는 의미라고 생각한다.

잔소리 하나를 덧붙이자면, 비즈니스를 할 때는 항상 을의 입장에서 살아야 한다. 그러면 상대방의 의견을 듣게 되고 이해하게 된다. 프로듀서로서뿐만 아니라 인생살이도 편해지는 길이다.

정서를 통합하는 일의 어려움

배우 중 누구라도 좋고 오케스트라 중 누구여도 된다. 공연에 관계된 사람이라면 누구라도 가능하다. 어떤 이유에서든 앙심을 품는다면 최악의 공연을 만들 수 있다. 의도적으로 대사를 잊어버린다거나 음을 틀리게 연주한다거나 조명을 켜지 않는다거나 주연 배우의 옷을 거꾸로 입혀버린다거나…. 무대예술에서 NG란 없다. 실수는 그 자체로 공연의 수준이 된다.

반대로 연출을 포함한 그 누구도 혼자서는 멋진 무대를 만들 수 없다. 제아무리 뛰어난 사람이라도 불가능하다. 지구상에 나타난 적이 없던 걸출한 배우가 모노드라마를 한다고 해도 스태프가 있어야 무대에 설 수 있다. 최악의 무대는 한 사람의 힘으로도 가능하고 최고의 무대는 모두의 힘이 합쳐져야 가능하다.

앙심을 품고 의도적으로 실수를 한 경우는 내가 알기로 없다. 그러나 최선을 다하지 않을 수는 있다. 구성원 각자의 베스트가 앙상블을 이뤄내야 최고의 무대가 만들어진다. 모두들 프로니까 알아서 베스트를 만들어야 한다는 말에 동의하지 않을 재간은 없다. 그러나 프로도 사람이고 감정이 있다. 더구나 배우뿐 아니라 공연계에 종사하는 사람들은 감성이 풍부한 사람들이다. 그들은 개성이 강하고 독창적이지만 동시에 모나고 튀는 사람들이다. 이런 사람들을 한 덩어리로 모으고 융합해야만 멋진 공연이 나온다. 그 일을 잘

해내는 것이 프로듀서의 일이고, 그 마음들을 하나로 잘 묶었을 때 실력 있는 프로듀서라고 평가할 수 있다.

각기 다른 사람들의 정서를 하나로 통합하는 친구 역할을 하는 것이 공연예술이다. 배우와 관객이 친구가 될 수 있고, 관습과 문화가 달라도 공연장 안에서는 다 친구가 되고 교감하는 곳이 극장이라는 공간이다. 그런데 무대를 만드는 사람들부터 그게 되지 않으면 관객에게는 어림도 없다.

실천이 어려워서 그렇지 말은 언제나 쉽다. 그들의 마음을 읽어줘야 한다는 것, 그들 각자의 존재 가치를 인정해주고 단 한 사람도 그 공연에서 마음이 떠나지 않게 하는 것, 쉽지 않은 일이다.

나도 진땀 나는 경험을 꽤 해봤다. 지금보다 훨씬 어렸을 때는 연출이나 주연급 배우들은 나보다 나이가 많은 선배들이었다. 그런 분들이 갈등을 일으키면 새우 등은 속절없이 터져나갔다. 갈등의 원인은 다양하다. 술자리에서의 사소한 말실수가 원인이 되기도 하고, 작품에 대한 해석의 차이가 갈등을 유발하기도 한다. 어떻게든 해결을 해야 작품이 제대로 가는데 나이 많은 사람들을 어린 내가 타이를 수도 없고, 여기서는 선생님이 옳습니다 하고 저기 가서는 또 선배님이 옳습니다 할 수도 없었다. 그때도 제대로 해결하지 못했던 것 같은데, 지금 생각해봐도 명쾌한 방법은 없다. 그저 열심히 양쪽 다 쫓아다니면서 "우리가 작품은 성공시켜야 하지 않겠습니까, 서로 양보하고 존중하면서 한 번 해보십시다"라면서 작품을 이야기하는 수밖에 없었다. 그런 갈등으로 작품이 망가진 적은 없지만 그런 일이 발생하면 정말 곤혹스러웠다. 주변의 증언에 따르면 그들 사이에서 안절부절못하는 내가 불쌍해서 못 봐줄 정도였다고 한다.

일단 갈등이 생기면 누구라도 해결하기가 쉽지 않다. 그러니 미리미리 예방하는 게 최선이다. 우선 간단한 예방약(?)으로 김호영이라는 배우를 소개한다. 〈아이다〉 초연과 재공연에서 메렙 역을 맡았던 친구다. 초연에서 그는 자기 역할을 충실히 소화했다. 그런데 재공연을 위한 오디션에서는 탈락할 뻔했다. 연기와 노래에서는 메렙 역을 하기에 부족함이 없었다. 그런데 그와 비슷한 실력을 가진 신인이 나타났다. 더구나 그 신인은 부모에게서 물려받은 이미지가 딱 메렙이었다. 오리지널팀에서는 그 신인에게 기회를 주는 쪽으로 기울고 있었다.

그러나 오리지널팀은 모르는 김호영의 능력이 있었다. 물량 투자가 많은 〈아이다〉는 늘 장기공연을 해야 한다. 재공연 때도 120회의 공연이 잡혀 있었다. 연습기간까지 포함하면 6개월이다. 배우들은 그 시간 동안 지하 공간에서 살다시피 한다. 짜증나고 지치기 쉽다. 짜증이 나면 배우들 사이에 갈등이 생기고, 지치면 좋은 연기가 나오지 않는다. 감수성을 다치기 쉬운 환경에서 김호영은 단비 같은 존재다. 그는 초연 때 주변을 즐겁게 하는 데 탁월한 능력을 보여주었다.

사업적인 관점에서만 보면 연출과 배우, 스태프 모두 프로듀서와 함께 하는 사람들이다. 그들을 존중하지 않고 프로듀서가 막강한 권한을 행사하기는 어려운 일이다. 작품 해석에 맞고 목표치에 맞는 사람들을 추천해줄 수는 있다. 그렇다고 갑과 을의 관계는 아니다. 칼자루는 프로듀서가 아니라 그들 각자가 쥐고 있다. 연출이라고 해서 배우들에게 갑인 것은 아니다. 여전히 칼자루는 배우들이 쥐고 있다.

지금도 자신이 갑이라고 생각하는 프로듀서가 있고, 무조건 자신의 해석에 따라야 한다고 주장하는 연출이 있다. 과거에는 그랬다. 연출의 작품 해석이 무조건 맞고, 선배의 인물 해석이 정답이었다. 나도 그렇게 생각하던 후배 중 하나였다. 아직도 그렇게 생각하는 연출가가 있고, 젊은 사람 중에도 권위주의적인 사람이 꽤 있을 것이다. 그런데 내가 중견쯤 되고 보니 모든 분위기는 항상 자유로워야 한다는 것이 지론이 되었다. 과거처럼 권위나 경험으로 누르면 안 된다. 자유로움 속에서 창의력이 나오고, 무한한 상상력이 발휘된다. 신입 스태프의 이야기라도 귀담아들으면 좋은 아이디어가 될 수 있다. 누구의 말도 옳을 수 있다는 분위기가 되어야 각자 자신이 가진 상상력의 최대치를 발현할 수 있다.

권력이 아닌 사람을 보라

어떤 작품이든 무대에 올릴 때는 목표치가 있다. 메시지 전달을 최고 목표로 두기도 하고, 최첨단의 무대 메커니즘을 선보이는 데 주력하기도 한다. 또 파격적인 형식, 현란한 무대를 목표로 하기도 한다. 각 부문별로 목표치를 정해 전체적인 작품성을 갖추면서도 그 중 특별히 주력하는 부분이 있는 것이다. 같은 작품이라도 어떤 목표가 설정되는가에 따라 연출과 배우의 구성이 달라진다. 이 목표가 프로듀서에게 작품으로 꾸는 꿈이라고 할 수 있다.

일단 연출, 배우, 스태프 구성이 완료되면 그때부터 프로듀서는 할 수 있는 게 없다. 수백 개 조명 중 단 한 개의 방향을 바꾸려고 해도 조명감독의 손을 거쳐야 한다. 배우의 어떤 연기가 마음에 들지 않으면 연출에게 말해야 한다. 최초의 꿈을 꾸는 것은 프로듀서지만 그것을 완성하는 것은 연출, 배우, 스태프다. 연출가는 연출을 잘해야 하고, 배우는 연기를 잘해야 하고, 조명감독은 그 무대에 맞는 색채를 잘 맞춰줘야 한다. 그리고 프로듀서는 그들 모두와 잘 만나야 한다.

원한다면 프로듀서가 권력을 가질 수 있다. 작품을 만드는 과정에 일일이 참견하고 자신이 원하는 것을 관철시킬 수 있다. 그렇게 작품을 망칠 수 있는 자리다. 누구나 그렇지 않은가. 자신의 의견이 권력에 의해 무시당하면 더 이상 아이디어를 떠올리지 않는다. 예술가들은 시키는 대로 하라는 프로듀서의 작품에 자신의 베스트를 던지지 않는다. 누구의 머리에서 나왔든지 아이디어는 아이디어 그 자체로 경쟁하고 협력해야 한다. 작품에 참여하는 구성원 모두 자신의 아이디어를 마음껏 내놓을 수 있는 분위기를 만들어야 하고, 프로듀서의 아이디어 역시 동일한 무게를 지닌 아이디어 중 하나로 내놓아야 한다.

작품을 정하고 투자 유치만 해놓고 나 몰라라 하는 프로듀서는 꿈을 꾸지 않는 사람이다. 또, 식견이 좀 있다고 일일이 간섭하는 프로듀서는 모두의 꿈이 하나로 응축될 때 좋은 작품이 완성된다는 것을 이해하지 못하는 사람이다.

말로 하면 쉽지만, 사실 정말 어려운 일이다. 권력은 상호간의 작용이다. 프로듀서가 권위를 내려놓고 아이디어를 내놓을 때, 예술가들 역시 자발적으로 자신의 권한을 내어줄 수도 있다. 그래서 내 지론 중 하나가 '못 믿을 사람 같으면 함께하지를 말고 함께한 이상 끝까지 믿는다'는 것이다. 함께하는 사람들을 믿지 않으면, 즉 그들의 아이디어가 최고의 작품을 만들기 위한 마음에서 나왔다는 것을 믿지 않으면 대화는 불가능하다. 그러면 내가 아무리 "여러분의 의견을 존중한다"고 얘기해도 그들이 믿지 않는다.

신뢰는 한두 마디 말로 되는 것이 아니다. 내가 어떤 연출가를 섭외할 때 그가 이전에 했던 작품들을 참고하고 주위의 추천을 받는 것처럼 예술가들 역시 프로듀서의 역사를 알고 있다. 믿음에는 일정한 시간과 관계를 만들어가는 에너지가 필요하다.

내가 여러 분야의 많은 사람들과 저녁을 먹는 이유 역시 서로 간의 믿음을 위한 것이다. 프로듀서는 만나야 할 사람이 참 많다. 작가, 연출, 배우, 스태프를 포함해 공연 관계자들을 만나야 한다. 언젠가는 하루에 세 번 저녁 약속이 있었다. 나와 인연이 깊은 초창기 멤버들과 오래전에 약속했던 저녁을 먹고 있었다. 술도 몇 잔 곁들이면서 즐겁게 이야기를 나누고 있는데 친분 있는 기업인 선후배들이 모여 있다며 와서 와인이나 한 잔 하자고 전화가 왔다. 표를 파는 것도 프로듀서의 주요 임무 중 하나이기에, 같은 자리에 있던 사람들에게 양해를 구하고 기업인들이 모인 자리로 갔다. 그리고 또 그곳에 가자마자 다시 양해를 구했다. 다음 작품의 방향을 의논하기 위한 자리가 약속되어 있었기 때문이다. 어쩌다가 한 번 생기는 일이 아니다. 오랜만에 집에서 저녁을 먹겠다며 아내에게 생색을 냈는데 몇 숟갈 뜨지 못하고 일어서야 하는 때도 더러 있다. 아내 눈치가 보여도 가야 하는 자리니까 어쩔 수 없다. 꼭 그렇게까지 해야 하느냐고 묻는다면, 답은 '아니올시다'다. 같이 일하는 사람들에게 용기를 주고 기발한 상상력을 증폭시키게 하는 방법 중 내가 잘 알고 잘하는 방법일 뿐이다.

모든 콘텐츠는 사람에서 시작해 사람으로 끝난다. 최초의 무대를 꿈꾸는 것도 프로듀서라는 사람이고, 그의 꿈에 최종적으로 동참하는 것도 관객이라는 사람이다. 혼자서 완성할 수 있는 예술도 있지만 그 역시 사람을 향하고 있다. 무대는 혼자서는 절대로 완성시킬 수 없는 예술이다. 프로듀서는 '고작' 최초의 꿈을 꾸는 사람이다. 어쩌면 사람에 대한 사랑과 관심이 프로듀서라는 일의 시작이자 끝일지도 모르겠다.

뮤지컬 〈아리랑〉. 사철가를 열창하는 안재욱과 이소연.

뮤지컬 〈에어포트 베이비〉

배우 기용의 원칙

한 무대에 선 배우들은 서로 경쟁한다. 주연과 주연이 경쟁하고 앙상블과 앙상블이, 앙상블과 주연이 서로 경쟁한다. 더블캐스트라면 말할 것도 없다. 그것은 전쟁이자 고행이다. 관객의 박수로 먹고살고, 관객의 환호를 즐기면서 사는 배우들이다. 그들은 더 많은 박수와 환호를 받고자 하며, 그 무대에서 누구보다도 주목받고 싶어 한다. 경쟁심이 생기는 것은 자연스러운 일이다. 앙상블이라면 주연 배우와 경쟁해야 더 많이 발전한다. 주연끼리의 경쟁은 작품의 질을 높인다. 멋진 경쟁이라는 전제 하에서 보자면 그렇다는 것이다.

내가 본 멋진 경쟁 중 하나는 이건명과 이석준이었다. 〈아이다〉에서 라다메스 역에 더블캐스팅된 두 사람이 서로를 의식하고 있음은 누가 봐도 알 정도였다. 서로 상대보다 더 멋진 라다메스가 되기 위해 열정을 불살랐다. 감성의 전쟁. 그 자리에 있었다면 누구나 느껴지는, 그러나 말로는 설명하기 어려운 전쟁이었다. 그 정도의 경쟁심이라면 연습이 끝난 후에는 뒤도 돌아보지 않고 갈 것 같은데 그들은 그러지 않았다. 그들은 대학교 동창으로 제일 친한 친구 사이다. 그날의 전쟁이 끝나면 그들은 같이 차를 마시고 맥주를 마셨다. 그런 게 참 좋아 보였다.

다른 방식의, 삼류 같은 경쟁심의 표현도 있다. 상대 배우보다 돋보이기 위해 연습했던 것보다 과한 표현을 하거나 약속되지 않은 연기를 하는 배우가 있다. 다 그런 것은 아닌데 자신이 나왔던 광고의 멘트를 한다거나 뜬금없는 애드리브를 넣는 배우들을 종종 볼 수가 있다. 그렇게 보기 드문 사례는 아니다. 정통 뮤지컬 배우보다는 다른 분야에서 스타가 된 사람들인 경우가 많다. 배우라는 타이틀이 부끄러울 때가 있는데, 물론 우리 작품에서는 그런 일이 없었다.

널리 소문을 내주기를 바라는 마음에서 한 마디 덧붙이면, 옛날에는 분장실에서 선배들에게 따귀를 맞았을 행동이다. 나야 애드리브를 할 주제도 못 되는 배우였지만, 분장실에서 찰진 따귀가 올라가는 걸 본 적은 있다. 그때는 선배들이 아무리 사소한 것이라도 약속을 깨는 행동을 용납하지 않았다.

연습을 하는 이유는 두 가지다. 각 개인의 역량을 최대치로 키우는 것, 그리고 그렇게 키운 각 개인의 최대치를 하나의 앙상블로 통합하는 것. 무대의 모든 것은 약속에 따라 움직여야 한다. 배우들의 감정연기도 약속이다. 어떤 배우가 연습 때보다 더 격렬한 감정을 실어 노래를 한다고 하자. 관객들이 박수를 치니까 자기가 잘한 줄 안다. 그가 뿌듯해하고 있을 때 상대 배우는 진땀을 흘린다. 연습 때보다 더 격렬해진 감정에 대응하려면 약속이 깨지고, 연습한 대로의 감정을 연기하면 맥이 빠진다.

공연을 거듭하면서 감성이나 연기력이 발전할 수는 있다. 배우가 자신이 몰랐던 감정을 찾아내기도 하고 그때까지 풀리지 않았던 감정이 신이 내린 것처럼 딱 오는 경우도 있다. 그런 모습은 관객에게 진정한 감동을 준다. 그렇다고 하더라도 약속의 범위에서 크게 벗어나지 않아야 한다. 그날 공연이 끝난 후에 상대 배우와 많은 이야기를 통해 다시 약속을 맞출 수 있지만 공연 중에는 아니다.

무대는 신성한 곳이다. 몇 주씩 하는 연습은 대사를 외우기 위한 게 아니다. 배우, 무대 메커니즘을 운영하는 기술 스태프, 오케스트라 등 모든 구성원이 매 장면마다 함께한 약속을 공유하고 정서적으로 교감하기 위한 것이다. 그 약속의 최종 점검이 리허설이다. 그렇게까지 하고서 약속을 깬다는 건 무대를 우습게 생각한다는 것이고, 무대에 설 자격이 없는 것이다. 배우로서의 기본을 망각하는 처사다.

사실 이런 배우들을 캐스팅하지 않으면 된다. 그러면 더 말할 것도 없는데, 너도 나도 인기 스타의 팬들을 관객으로 불러들이려고 한다. 대중적인 인기가 있다고 실력 없는 사람을 주인공으로 시켰을 때, 전혀 그 역할을 해석하지도 못하고 소화하지도 못하는 사람이 왔을 때 다른 배우들의 마음은 어떨까? 그걸 바라보는 스태프들의 마음은 또 어떨까?

프로덕션은 왜 저런 사람을 주인공으로 캐스팅했나, 저 사람은 주인공감도 안 되면서 왜 한다고 했나 싶을 것이다. 이건 호기심도 아니고 질투도 아니다. 실망이다. 최정원, 남경주, 전수경 등은 앙상블에서 시작해 30년 가까이 무대만 지켜온 배우들이다. 그들에게 무대는 신성한 공간이고, 그에 맞게 책임감과 사명감을 갖고 무대에 선다. 그런데 갑자기 아이돌이 난데없이 나타나서는 주인공을 하고 자신은 조연을 한다면 그들은 상처를 입을 것이다. 무대를 지켜온 대가가 고작 이건가 싶지 않겠는가. 그런 마음의 상처는 어떤 것보다 골이 깊다. 앙상블도 마찬가지다. 그들 입장에서 보면, 굳이 무대에서 고생할 필요가 뭐가 있나 싶을 것이다. TV에 나가 인기를 끌면 무대 주인공은 덤으로 따라오는데 말이다.

그들이 실망감으로 자신을 돌아보게 만들어서는 안 된다. 무대의 약속을 지킬 줄 모르는, 애초에 약속이란 걸 할 실력도 되지 않는 사람을 기용해서는 안 된다. 이건 연출의 몫이 아니라 철저하게 프로듀서의 몫이다. 그런 공연 환경을 만들어서는 안 된다. 프로듀서가 스타의 인기에 영합하는 건 스스로 능력 없음을 인정하는 것이다. 관객들은 좋은 작품에는 지갑을 열기 마련이다. 그런데 좋은 작품을 만들 자신도 없고, 시대에 대한 질문을 던질 능력도 없고, 감동을 줄 능력도 없으니 실력이 검증되지 않은 인기 스타를 쓰는 거라고 나는 생각한다.

경쟁을 하다 보면 분장실에서도 갈등이 있을 수 있고 서먹할 때가 있다. 그럴 때 튀는 정서를 조금씩 눌러주는 것, 그 중 어떤 배우가 풀이 죽어 있을 때 용기를 주는 것이 프로듀서의 일이다. 배우들끼리의 경쟁은 어쩔 수 없다. 그들이 아름다운 경쟁, 멋진 경쟁을 할 수 있는 토대를 만들어주면 된다. 그렇게 열정적인 경쟁을 하다 보면 그 작품에 빠져드는 깊이가 달라진다.

배우의 빛깔을 파악하라

2005년부터 시작해 500회 이상 공연한 〈아이다〉는 많은 공연 중에서도 특히 주 · 조연, 앙상블 모두 수준 높은 배우들이 선발되는 공연이다. 그 어떤 공연보다 춤, 노래, 연기가 고루 조화를 이루고 있고, 거기에 왕실의 이야기를 다루고 있으므로 빼어난 신체적 조건까지 갖춰야 한다. 그러니 격이 있는 배우만이 참여할 수 있다 해도 과언이 아니다. 지금까지 〈아이다〉를 거쳐 간 배우들은 항상 그 시대의 탑 클래스 배우들이었다.

특히 그 중 가장 드라마틱한 배역을 꼽는다면 단연 암네리스다. 아이다와 라다메스의 사랑을 본의 아니게 방해하는 이집트의 공주로 갈등의 한 축을 이루는 인물이다. 옷을 열두 번 갈아입는 화려한 역할이기도 하거니와 웃음과 슬픔을 넘나드는 배역으로 공연 중 가장 많은 박수 갈채를 받는다.

이 역할을 2005년 초연에서 배우 배해선이 매우 훌륭하게 해냈다. 요즘에는 브라운관에서 빼어난 감초 연기로 시청자들에게 인정받고 있는 그녀는 뮤지컬계에선 이미 탑 배우였다. 그녀는 암네리스 역으로 특유의 호소력 있는 연기와 노래를 보여주었고 관객들의 혼을 쏙 빼놓았다. 어쩌면 주인공 아이다보다 더 사랑받았다 해도 과언이 아니다. 그녀는 이 연기로 2005년 제11회 한국뮤지컬대상 여우주연상을 받았다.

세월이 흐르고 2010년 두 번째 공연을 시작한 〈아이다〉에서 암네리스는 낙천적인 배우 정선아로 바뀌었다. 배해선의 암네리스를 기억하는 사람이라면 새로운 암네리스가 과연 그녀의 연기를 뛰어넘을 수 있을까 궁금했을 것이다. 정선아 또한 그 역할을 이전보다 더 빛나게 완성해보고자 노력했고, 캐릭터를 창조하는 데 매우 힘들어했다.

두 배우는 각기 갖고 있는 장점이 다르다. 그러니 정선아가 아무리 배역에 대해 어려움을 겪고 있어도 이전의 공연과 똑같이 하라고 할 수는 없다. 배해선이 창조했던 해석의 장점이 정선아에게서는 보여지지 않을 수 있다. 하지만 정선아도 그 배역을 자신의 것으로 만들어야만 한다. 배역에 대한 당찬 욕심으로 접근한다면 새로운 암네리스가 탄생할 수 있는 것이다. 프로듀서는 그렇게 할 수 있도록 독려해야 한다.

정선아는 악바리로 소문난 배우다. 2010년과 2012년 공연에서 계속 암네리스를 연기하면서 그 배역을 기필코 완성해냈다. 2013년 한국뮤지컬대상과 뮤지컬어워즈에서 여우주연상을 휩쓸었다.

너무 상식적인 이야기를 조금 더 하자면, 배우마다 인물에 대한 해석이 다르므로 연출은 그 사람의 장점, 그 사람만이 할 수 있는 해석을 끄집어내야 한다. 그러면 성공하는 배역이 되는 것이다. 나오지 않는 것을 계속 요구해서는 안 된다. 빨리 분위기를 바꿔서 그 배우가 가진 장점에 더 풍부한 상상력을 불어넣도록 도와줘야 한다. 그러려면 그 배우를 잘 알아야 한다. 장점과 단점을 알아야 '그 배우의 최대치'를 뽑아낼 수 있다.

연출만 배우를 알아야 할까? 프로듀서도 마찬가지다. 누군지 밝힐 수 없고 어떤 작품이었는지도 말할 수 없다. 오리지널팀이 오디션을 통해 선발한 어떤 배우가 나는 마음에 들지 않았다. 오리지널팀에 다시 생각해보길 권했으나 그들은 자신들의 판단을 믿어달라며 그 배우를 선택했다. 그 배우는 보여줄 수 있는 최고치를 오디션에서 보여줬고 그것이 그들에게 무한한 기대를 갖게 한 것이다. 그런데 아니나 다를까, 연습이 꽤 진행되었는데도 그 배우는 발전하지 않았다.

내가 반대한 이유는 그가 '오디션 전문 배우'라는 걸 알고 있었기 때문이다. 오디션을 볼 때는 정말 철저하게 준비하고 합격을 하고 나면 게으른 배우, 연습을 거듭해도 오디션 때 실력에서 조금도 발전하지 않는 배우였다. 외국에서 온 사람들이 그런 부분까지 알 리 없었다. 그들에게 내 반대는 편견에 지나지 않았을 것이다.

다양한 배우들이 있다. 어떤 배우는 연습 초기에는 쑥쑥 달려가다가 공연이 임박할수록 속도가 느려지며 그 수준에서 공연까지 간다. 또, 처음에는 지독한 연습량에도 불구하고 인물에 몰입하지 못하다가 공연에 임박해서 그 배역에 대한 해석이 달라져서 확 터뜨리는 배우도 있다. 분위기를 띄우는 배우가 있고, 어색하게 만드는 배우가 있다. 분노할 때 더욱 빛나는 배우가 있고, 슬플 때 더욱 빛나는 배우가 있다.

이석준은 날카롭고 차갑다. 이건명은 온화하고 감미롭다. 배해선은 연기를 기본으로 노래와 춤 실력도 뛰어나다. 성기윤은 연기력이 탄탄하고 좋은 체구를 가졌다. 여기서는 간략한 인상만 언급하지만, 주연급 배우들의 특징과 한계치가 무엇인지 정도는 꿰고 있어야 한다. 배우들은 무대 위에서 직접 관객과 만나 우리의 꿈을 실현하는 사람들이다. 프로듀서가 자신이 펴놓은 멍석 위에서 놀 배우들을 모르고서 어떻게 그들과 함께 꿈을 꿀 수 있을까. 내가 꾸는 꿈의 빛깔에 가장 잘 맞는 빛깔을 가진 배우가 누군지 알아야 한다. 이런 배역이라면 그 배우를 캐스팅했을 때 정말 아름다운 빛깔이 나겠구나 하는 확신이 있어야 한다. 그런 각각의 빛깔들이 모여 공연이라는 하나의 그림을 완성하는 것이다.

그리고 작업을 해가면서 배우가 가진 인간적인 면모도 알아가야 한다. 배우들은 상처받기 쉬운 존재들이다. 배우만 보고 그 바탕에 있는 사람을 보지 못한다면 어떻게 상처받은 그들의 마음을 위로해주고 팀워크를 유지할 수 있겠는가. 어떻게 그들의 마음이 무대를 떠나지 않게 할 수 있겠는가.

앙상블은 무대의 꽃이다

〈맘마미아!〉 지방공연이 한창이던 2013년. 샘 역으로 출연 중이던 성기윤이 모친상을 당했다. 미안하지만 우리는 그의 슬픔을 온전히 함께하지 못했다. 배우들은 신나는 무대를 위한 준비를 해야 했고, 나는 성기윤이 빠진 자리를 대신할 배우를 구해야 했다. 연극쟁이의 고충이다.

비중이 큰 성기윤을 대신할 배우가 없다면, 대신하더라도 퀄리티가 떨어진다면 공연을 하지 않는 것이 맞다. 그때 배우 서만석이 거기에 있었다. 그가 우리를 구했다. 당시 앙상블로 출연 중이던 서만석이 공부하는 마음으로 그 배역을 준비하고 있었던 것이다. 서만석 덕분에 공연은 무사히 마칠 수 있었다. 그에게 소주 한 잔 진하게 사고 싶었다.

여기까지가 도입을 위한 미끼다. 나는 여러분이 이런 질문을 떠올렸기를 바란다. '간혹 주요 배역을 대신할 수 있기 때문에 앙상블이 중요하다고? 위급한 상황에서 대역을 해줘야 소주를 사고 싶다고? 앙상블로 출연하는 서만석에게는 소주를 사고 싶지 않다고?' 미리 말해두자면, 신시의 작품에 출연하는 주연급 배우들의 개런티는 다른 회사에 비해 적다. 그리고 앙상블의 개런티는 다른 회사에 비해 많다. 내가 앙상블을 귀하게 여기기 때문이다.

지금 공연계에서 앙상블의 위상은 낮다. 솔직히 말해 형편없다. 앙상블 때문에 주연 배우들이 빛나는데도, 쉴 틈 없이 뛰어다니고 의상을 수십 번 갈아입으며 일인다역을 소화하는데도 마치 수준 낮은 배우들이나 앙상블을 하는 것처럼 생각한다. 그래서 심하게는 주연 배우와 200배까지 차이 나는 개런티를 받기도 하고, 배우로서 제대로 대우받지도 못하는 게 현실이다.

어떤 프로듀서는 앙상블을 뮤지컬의 구색이나 갖추기 위해 필요한 존재, 무대의 그림이나 병풍처럼 생각하는 듯하다. 그렇지 않고서야 앙상블을 죄다 신인들로만 기용할 리 없다. 제작비를 아끼려는 고육책임을 모르는 바 아니지만, 앙상블이 받쳐주지 않으면 뛰어난 연기력과 가창력을 갖춘 주인공이라고 해도 빛날 수 없다. 관객 중 누구도 앙상블을 위해 기립하지 않지만, 앙상블이 없다면 주인공 역시 박수를 받지 못한다.

앙상블의 짜임새 있는 합이 작품의 완성도를 높인다. 단순히 주연 배우들을 받쳐주는 데 그치는 것이 아니라 독자적인 캐릭터를 구축할 수 있어야 한다. 〈시카고〉, 〈아이다〉, 〈고스트〉 등의 작품에 나오는 앙상블은 서른 살이 넘은 배우들이 많다. 특히 〈시카고〉는 모두 30대 중반 이상 배우들이다. 노래와 춤은 기본이고 연기력까지 갖춘 배우들을 선발하다 보니 그렇게 된 것이다. 〈댄싱 섀도우〉에서는 성기윤, 정영주, 황현정, 김경선 등 주연급 배우들을 설득해 앙상블로 기용했다.

앙상블은 실력이 모자라는 사람이 아니다. 아직은 기회를 잡지 못한 잠재적인 스타들이다. 이건명, 김경선, 김보경, 안시하 등의 배우들도 주연 배우의 대역을 했다가 주연급 배우로 성장한 사례다. 오랫동안 주연급으로 있는 많은 배우들이 앙상블의 시기를 거쳤다. 최정원, 전수경, 정선아, 성기윤, 배해선, 문종원, 김호영 등 대다수의 스타들이 앙상블에서 시작해 정상에 오른 배우들이다. 지금처럼 앙상블을 홀대하는 프로덕션이 많다면, 그래서 재능

있는 배우들이 무대를 떠난다면 프로듀서의 꿈을 이뤄줄 배우를 찾기가 점점 더 어려워질 것이다.

오해할까 봐 덧붙여 둔다. 〈아이다〉, 〈푸르른 날에〉처럼 앙상블 팀이 보여주는 혼신의 열정이 주연 배우들 못지않은 감동을 주는 경우도 많다. 앙상블 중 미래 스타가 나올 것이기 때문에 그들이 중요한 게 아니다. 미래 스타가 육성될 토양이기도 하지만, 앙상블은 그 자체로 무대의 꽃이다. 배우 스스로 스타를 꿈꾸지 않더라도 무대의 꽃 그 자체로 자부심을 느끼게 해줘야 한다.

이들의 사기를 북돋우는 데 특별한 기술이 필요할 것 같지 않다. 그들을 무대의 꽃으로 보기만 한다면 나머지는 저절로 해결될 것이다.

공존의 기술

나는 주연 배우보다 앙상블을 더 챙긴다. 맞다. 편애하는 것이다. 그리고 굳이 비교를 하자면 배우들보다는 스태프를 더 챙긴다. 이것 역시 편애다. 전체 회식을 잡을 때 스태프 쪽에서 시간이 맞지 않으면 다른 시간을 잡는다. 공연할 때는 스태프들이 있는 방마다 가서 인사 겸 격려를 한다. 내 고향에서 올라온 해남 고구마도 주고 명절 때는 작은 선물, 그게 안 되면 떡이라도 돌린다. 소주 한 잔 하는 횟수도 배우들보다는 스태프 쪽이 더 많다. 이제와 고백하자면, 배우들 몰래 소주에 삼겹살을 먹었다.

배우들도 춤을 추다 다치지만 스태프들은 어두운 곳에서 일하다 보니 소소한 부상을 종종 입는다. 병원에 갈 정도는 아니더라도 부상은 부상이다. 몸의 작은 상처가 자칫 마음의 상처가 되기도 한다. 아팠겠다고 치료는 받았냐고 관심을 받으면 아무것도 아닐 수 있는데, 그걸 알아주지 않으면 마음의 상처로 번지고 공연에서 마음이 떠나게 된다.

좀 심각한 사고는 주로 조명 쪽에서 발생한다. 사다리 위에서 하는 작업이 많고 간혹 조명 배튼이 떨어지는 대형사고가 발생하기도 한다. 〈아이다〉와 〈고스트〉는 조명 물량을 대량 투입하는 작품이라 설치하는 데만 3주 이상 걸린다. 안전사고가 항상 걱정이 된다. 내가 조명 설치를 도울 수도 없고, 그 자리에 앉아 조심하라고 말하고 있을 수도 없다. 내가 그들에게 해줄 수 있는 것은 시간을 넉넉히 주는 것이다. 제아무리 전문가라도 시간에 쫓기면 안전에 소홀하게 된다.

공연을 한 번 못해도 좋다. 환불해주면 된다. 그러나 절대로 사람이 다쳐서는 안 된다. 그건 우리가 하는 일, 앞으로도 하고 싶은 일에 회의를 느끼게 한다. 사고가 나면 팀 분위기는 침울해지고 가라앉는다. 이것이 나의 지론이다.

신시가 하는 모든 뮤지컬의 무대감독을 하는 사람이 있다. 그가 무대감독으로 마이크를 잡으면 모든 것이 안정적으로 돌아간다. 면도날처럼 섬세하게 각 파트의 앙상블이 맞아 들어간다. 장기공연을 하다 보면 무대 오토메이션에서 문제가 발생하지 않을 수 없다. 그러나 그가 있으면 걱정 없다. 놀라운 순발력과 센스로 문제를 해결한다. 마흔이 넘은, 아직 결혼도 하지 않고 무대에만 미쳐서 사는 김재홍 감독이다. 연세대학교 연극 동아리에서 시작해, 연극에 대한 애정이 남다르고 무대감독으로서의 책임감과 사명감이 굉장히 투철한 사람이다.

그런 그가 공연이 3분의 1 정도 지나갈 무렵 결핵에 걸렸다. 딱 봐도 건강하게 생겼고 술도 마시지 않는 사람이 요즘에는 다이어트 하는 사람들이나 걸린다는 결핵에 걸렸다니 건강 관리에 많이 소홀했구나 싶었다. 일에 미친 그는 공연이 끝난 후에 치료를 받겠다고 버텼다. 프로듀서의 권력은 이럴 때 쓰라고 있는 것이다. 나는 반강제적으로 그를 입원시켰다. 10일 정도 입원해 있는 동안 조감독이 그를 대신했다.

공연에 관련된 일을 하는 사람은 언제나 최고의 공연을 보여줘야 하기 때문에 아플 수도 없고 아플 자격도 없다는 말이 있다. 아프다는 건 자기관리를 하지 않았다는 증거다. 하지만 그건 아프기 전에 하는 말이고 다 나은 후에 해주는 말이다. 사람이 아프면 다 나은 다음에 일을 하는 거고, 자기가 하고 싶은 일이라도 건강해야 재밌게 즐기면서 할 수 있다. 그래야 본인도 행복하고 팀원들도 행복하다.

나는 스태프를 흑막 뒤의 마술사라고 부른다. 오케스트라, 조명, 음향, 의상을 갈아입혀주는 스태프. 그들은 보이지 않는 곳에서 배우들이 연기를 할 수 있게 하고 그들의 연기를 돋보이게 한다. 박수도 받지 않으면서 컴컴한 곳에서 자기 일을 묵묵히 하는 사람들이 스태프다. 밤에 일하고 주말에도 일하니까 친구를 만나기도 어렵고 연애도 하기 힘들다. 그래서 시집 장가 못 간 사람이 많다. 공연에만 미쳐 사는 사람들, 그야말로 장인정신이 없으면 하기 힘든 직업이다. 그들은 지금보다 더 많이 존중받아야 한다.

"여러분이 공연을 위해 제일 고생을 많이 하는 사람들입니다. 공연을 만드는 데 있어 여러분이 하는 일의 가치가 얼마나 큰지 알았으면 합니다. 늘 무대예술의 한 축을 담당한다는 자부심을 가져주세요."

내가 스태프들에게 심심찮게 하는 말이고 지금 이 순간에도 그들에게 해주고 싶은 말이다.

신뢰도 실력이다

연극 〈산불〉의 압권은 극 마지막에 대나무밭이 불타는 장면이다. 점례와 사월의 사랑도, 규복의 두려움도, 산골사람들의 삶도 전쟁과 이데올로기에 불타버린다는 상징이다. 이 장면이 관객을 압도하고 남음이 있어야 연극이 전달하고자 하는 메시지가 감동적으로 전달된다. 그래서 담양에서 진짜 대나무도 베어오고 시들지 않는 플라스틱 대나무 잎도 수작업으로 붙이는 등 제작비를 많이 투자했다. 연극 한 편에 8억 원의 제작비. 나는 즐겁고 행복하게 이 미친 짓을 저질렀다. 적자를 보긴 했지만 무대의 풍성함에 비하면 크지 않은 액수였다.

'정상적으로' 제작을 했다면 적자 폭이 더 컸어야 한다. 그런데 차범석 선생의 작품이라는 이유로 모두들 도와주었다. 강부자 선생을 비롯해 누구도 출연료에 욕심을 내지 않았다. 특히 조명과 음향에서 큰 도움을 받았다. 나는 토탈코리아의 신재 사장에게 〈아이다〉에 썼던 조명을 모두 다 내놓으라고 했다. 서울음향의 최기선 사장에게도 비슷한 부탁을 했다. 두 사람에게 적은 예산으로 많은 기재를 쓰자고 한 것이다. 요즘 유행하는 '갑질'이라고 오해할 수도 있지만 그런 게 아니다. 두 사람 다 신시와 20년 가까이 같이 일해오고 있는 파트너들이다. 분장, 의상 등 다른 파트도 마찬가지다. 다들 우리와 길게 일하고 있는, 한 팀이라고 해도 좋을 파트너들이다. 사업적인 관계지만 그것을 뛰어넘는 뭔가가 있다.

〈맘마미아!〉, 〈아이다〉, 〈고스트〉 같은 대작을 할 때, 기획사만 부담스러운 것은 아니다. 다른 파트의 협력사들도 그만큼 투자를 해줘야 한다. 특히 음향과 조명이 그렇다. 〈맘마미아!〉의 경우, 세계 최고의 음향 기재가 들어왔다. 한국의 어느 뮤지컬도 이 작품만큼 음향 부분에서 물량공세를 한 작업이 없다. 음향의 질에서 〈맘마미아!〉를 할 수 있으면 어떤 공연이든 할 수 있다고 할 정도다. 초연 당시 서울음향은 무려 20억 원의 음향 시스템을 수입해와야 했다. 방송국, 콘서트 등에서 수익을 얻을 수 있다고는 해도 가볍게 결정할 액수는 아니다. 실제로 초연에서는 투자한 금액이 회수되지 않았다.

조명도 크게 다르지 않다. 〈아이다〉는 무대 디자인과 조명이 가장 뛰어나다는 평가를 받는 작품이다. 혹자는 뮤지컬이 아니라 과학이라고 말할 정도로 매우 섬세하고 디테일하다. 이것을 구현하기 위해서는 엄청난 물량의 특수 조명기가 필요했다. 이것도 엄청나다고 했는데 〈고스트〉의 조명은 더 대단하다. 빛의 마술과도 같은 이 작품 역시 국내에 없는 특수 조명기가 많이 쓰였고 모두 수입을 해왔다. 어떤 조명은 정말 특수해서 다른 곳에서는 쓰지 못하는 것도 있다. 〈아이다〉에 쓰인 조명기 중에는 너무 옛날 거라 구하기 어려운 것도 있었다. 미국에도 없고, 영국에도 없고, 백방으로 수소문해서 싱가포르에서 사왔다. 이 조명기 역시 다른 데서는 쓰지 못한다.

〈고스트〉에는 무려 400대의 특수 조명기가 쓰인다. 일반적인 국내 창작 뮤지컬에 쓰이는 특수 조명기의 숫자가 40대 정도인 걸 생각하면 어마어마한 물량이다.

그들이 이렇게 투자를 할 수 있었던 것은 신시라면 공연을 성공시킬 거라는 믿음이 있기에 가능한 것이었다. 믿음은 그냥 생기지 않는다. 세월이 간다고 저절로 생기지도 않는다. 일단은 실력으로 보여줘야 한다. 그리고 공존하고자 하는 마음이 있어야 한다. 초연 때 투자비 회수가 덜 됐다면 재공연 때는 좀 더 신경을 써줘서 그 회사들을 보호해줘야 할 의무가 프로듀서에게는 있는 것이다. 서로의 이익을 잘 조율하는 순발력 또한 필요하다. 이렇게 오래 같이 일을 하다 보니 지금은 돈 때문에 하니 못하니 줄다리기를 하지 않는다. 문제가 있으면 어떻게 해결할 것인가에 집중할 수 있게 된다.

총리허설은 각 파트별로 연습한 사람들이 한자리에 모여 조명, 음향, 오케스트라 등과 배우들의 눈빛 하나, 발자국 한 발까지 서로 약속하는 시간이다. 0.1초 단위까지 호흡을 맞춰야 하는 작업이다. 〈고스트〉의 경우 2시간 30분 동안 900개의 큐가 넘어간다. 배우의 발걸음과 음향이 맞아야 하고, 오케스트라에 맞춰 조명이 바뀌어야 하는 절묘한 앙상블이 이루어져야 한다. 조금이라도 틀리면 공연의 질이 떨어지고 사고가 난다. 각 파트가 모여 하나의 유기체가 되어야 하는 것이다.

그래서 함께 계속 손발을 맞추어왔던 팀끼리 협업을 이어가는 것이 좋다. 재공연을 한다면 지난번 공연에서 미비했던 부분을 보완하기에도 좋다. 매번 새로운 회사와 작업을 한다면 팀워크가 생기기도 어렵고, 시스템 통합도 어렵다.

프로듀서는 한 프로덕션의 총감독이다. 예술가들이 편하게 작품을 만들 수 있도록 멍석을 깔아주는 사람이다. 그 멍석 위에 올라서는 사람들은 우리가 소중하게 생각하는 목표를 위해 모인 것이다. 그러면 회사든, 개인이든, 배우든, 작품에 참여하는 모든 사람이 그 멍석 위에서 공존해야 한다는 것이 첫 번째 원칙이다. 이 원칙이 무너지면 신뢰도 따라 무너진다.

돈보다 신뢰의 벽돌을 쌓아라

"무슨 소리야, 당장 입금해!"

그때 그 일은 지금 생각해도 얼굴이 화끈거린다. 〈댄싱 섀도우〉를 제작할 때였다. 차범석 선생께 원작료의 절반을 계약금으로 드리고 나머지 돈을 입금해야 할 날짜가 다가오고 있었다. 좀 죄송하긴 해도 15년 넘게 친아버지처럼 모셔온 분이니 며칠 늦어도 이해해주시려니 했다. 그러다가 선생의 호통을 들은 것이다.

"나와의 약속도 지키지 않는다면 다른 사람에게도 그럴 것 아니냐! 돈 문제에서 꼬랑지가 길면 안 돼! 이런 일이 반복되면 습관처럼 굳어지는 거야. 친하고 가까운 관계일수록 돈 문제는 깨끗해야 한다. 너도 대학로의 누구누구처럼 그 잘난 연극한답시고 손가락질이나 받으며 살 거야?"

좀 창피하지만, 그날 나는 울었다. 어머니께 물려받은 철학 중 하나가 '남들에게 손가락질 받는 일을 해서는 안 된다'는 것인데 손가락질 받는 사람, 책임감 없는 프로듀서가 될 뻔했다. 그 후 돈 약속은 철저하게 지키는 프로듀서가 되었다. 감사한 일이다.

예술 하는 사람이 너무 돈, 돈 하면 안 된다고 말하는 사람이 있다. 예술가는 돈을 초월한 뭔가를 하는 사람이니 출연료 늦게 들어온다고, 계약금 좀 밀린다고 징징거려서는 안 된다고 말하는 사람이 있다. 연극판에서도 작품이 망하면 출연료를 주지 않는 극단이 꽤 있다. 줄 수 없는 형편이라는 게 맞겠다. 그러면 소주 한 잔 마시면서 "관객들이 우리 작품의 높이를 못 따라오네, 다음에는 멋진 작품 하나 만들어서 그때 출연료를 챙겨주겠다"고 하면서 위안을 삼는다. 그럴 리 없겠지만 만에 하나 잘 됐을 때 어떻게 할지 몹시 궁금하다.

돈으로 신뢰를 살 수는 없다. 그러나 깔끔한 돈 처리는 신뢰의 기본이다. 열 번 잘해도 한 번만 잘못하면 신뢰가 깨지는 것이 돈 문제다. 이번 작품이 실패하면 다음 작품에서 만회할 수 있지만 신뢰는 한 번 깨지면 회복하기 어렵다. 프로듀서가 투자자들에게 받은 돈을 자기 돈인 양 쓰다가 형사처벌까지 받은 사례들이 있기에 하는 말이다. 투자금은 작품을 위해, 배우를 위해, 스태프를 위해 써야 할 돈이고, 원금에 수익을 더해 투자자들에게 돌려줘야 하는 돈이다.

최근에도 돈 때문에 생긴 말썽이 있었다. 공연 직전에 제작사 대표가 공연 취소를 통보했다고 한다. 관객들은 며칠 후에야 일부 배우들과 오케스트라가 임금을 받지 못해 생긴 문제라는 것을 알았다. 관객들이 보고 싶은 공연을 보지 못한 것, 그리고 배우들이 무대에 서지 못한 것이 가장 안타깝지만 오로지 프로듀서 개인의 입장에서만 생각을 해보자. 그는 오랫동안 공연 쪽 일을 하면서 쌓아온 모든 것을 잃었다. 다소 극단적으로 말하면, 관객들은 다른 작품을 보면 된다. 배우들은 다른 작품에 출연하면 된다. 스태프들 역시 마찬가지다. 하지만 그는 공연계에 다시는 발을 붙일 수 없게 되었다. 개인적인 친분이 없으니 그간의 사정을 속속들이 알지 못한다. 막상 사연을 들어보면 일견 수긍이 가는 측면이 있을지 모르지만, 그것은 개인적인 연민일 뿐이다. 공연계는 그런 잘못을 용납하지 않는다.

아직 젊은 프로듀서라면 매 작품을 할 때 신뢰의 벽돌을 쌓아간다는 생각을 했으면 한다. 당장 대작을 할 수는 없고 소극장에서 운용되는 돈이 얼마 되지 않는다고 해도 작은 작품에서부터 실수를 하지 않겠다고 생각했으면 한다. 서로 불신하면서 어떻게 좋은 작품을 꿈꾸겠는가. 그건 그야말로 돈 놓고 돈 먹기다. 서로 돈만 보면 앙상블은 없다. 장기적인 파트너십도 없다.

예산 집행은 유리알처럼 투명하고 칼날처럼 명확해야 한다. 함께 꿈을 꿨던 파트너를 조금 더 챙겨주는 '투자'도 해야 한다. 그렇게 프로듀서로서의 신뢰를 쌓아가면 투자회사도 늘어난다. 결국에는 대작을 제작할 수 있는 투자를 받을 수 있고 대작을 기막힌 성공으로 완성시킬 파트너를 얻게 되는 것이다.

프로듀서로서 공연계에서 인정받기까지는 많은 세월과 노력이 필요하다. 좌절감도 느낄 것이고 사람에게 상처를 받기도 할 것이다. 흔해빠진 말일지 모르지만 결국 그런 경험들이 미래에 무엇과도 바꿀 수 없는 자산임을 알게 될 것이다.

세계무대에서 거나하게 놀아제끼다

2014년 1월, 연극, 뮤지컬과는 완전히 다른 도전을 제안받았다. 2015 광주하계유니버시아드대회 개 · 폐회식의 총감독을 맡아달라는 것이었다. 고민이 많았다. 연극이든 뮤지컬이든 매번 새 작품을 할 때마다 도전이고 모험이지만 유니버시아드대회는 기본적으로 그라운드에서 펼쳐지는 대형 문화행사다. 내용도 다르고 형식도 다르고 감동시켜야 할 관객도 다르다. 그럼에도 개 · 폐회식 총감독이라는 중책을 수락한 것은 내용, 형식, 관객이 달라도 공연을 통해 사람을 감동시킨다는 것은 다르지 않기 때문이다. 30년이 넘는 공연 제작 경험을 모두 쏟아붓는다면 감동을 줄 수 있을 것이라는, 세계에 우리 문화의 아름다움을 보여줄 수 있는 좋은 기회가 될 것이라는 확신이 있었다. 또 하나의 '미친 짓'을 한다는 덤도 있었다.

두 달 동안 서울과 광주를 부지런히 오갔다. 서울에서는 뮤지컬 〈아리랑〉의 사람들을, 광주에서는 유니버시아드대회 사람들을 만났다. 일반적인 공연이라면 콘셉트를 잡는 데 꽤 많은 시간을 들였겠지만 유니버시아드대회는 달랐다. 유니버시아드대회는 대학생들의 축제이고, 도전은 그들의 상징이다. 만만한 도전이 어디 도전이던가. 좌절에 난타당하면서도 기어코 극복하고 마는 것이 뜨겁고 선부른 청춘이다. 그래서 청춘은 빛난다. 찬란한 젊음, 빛나는 젊음이라는 표현처럼 젊음은 빛나는 존재이고 끊임없이 도전했던 젊음은 인류의 역사를 관통하며 시대의 빛이 되어왔다. 이렇게 빛나는 청춘들의 대회가 빛고을 광주에서 펼쳐진다. 그러니까 빛을 공연의 중심에 두는 것은 당연하다. 대회의 콘셉트는 빛, 슬로건은 'Light Up, Tomorrow(창조의 빛, 미래의 빛)'로 정해졌다.

젊은이들의 빛을 어떻게 형상화할 것인가? 이 빛 속에 '미래의 리더십은 나눔과 배려'라는 구체적인 주제를 어떻게 녹여낼 것인가? 2011년의 중국 선진이나 2013년의 러시아 카잔처럼 많은 비용을 투입할 수 없다는 한계는 분명했다. 대회 전체 예산은 카잔 대회의 12분의 1인 6,127억 원이었고, 그중 개 · 폐회식에 배정된 예산은 104억 원이었다. 적은 예산으로 두 대회의 규모를 따라가려고 하면 엉성한 공연이 될 수밖에 없다. 최대한 창의적인 아이디어를 내고 선택과 집중을 통해 경제적이고 효율적인 공연을 만들어야 한다. 그러면서 호남의 전통문화를 보여줘야 하고 동시에 보편성도 확보해야 한다.

세계 젊은이들의 축제인 유니버시아드대회, 예향의 도시 광주, 전통문화를 미래 문화 콘텐츠로 발전시키는 새로운 해석, 세계인들이 감동할 수 있는 보편성을 한 번에 담을 수 있는 형식을 고민했다. 그리고 대규모 행사에서 빈번하게 보이는 '화려한 지루함'이 없어야 한다. 대형 스타들을 줄줄이 무대에 세우면 그들 각자는 화려한 무대를 만들겠지만 전체적으로는 흐름이 뚝뚝 끊기면서 지루해진다. '예산이 적다, 일관된 스토리가 이어져야 한다'는 두 가지 숙제를 놓고 고민하다가 내가 잘 아는 분야인 뮤지컬과 마당놀이를 떠올렸다. 뮤지컬이라는 놀이 형식이라면 이 요소들을 충분히 담을 수 있고 주제를 쉽게 전달할 수도 있을 것이다. 그러면 지금까지와는 다른 한 편의 뮤지컬 같은 개 · 폐회식이 될 것이라고 생각했다.

연극이나 뮤지컬을 만들 때처럼 개 · 폐회식에서의 내 역할도 프로듀서였다. 주제를 잡고 사람들을 모으고 함께 우리의 꿈을 만들어갔다. 그 꿈을 통해 우리 국민들과 세계인을 감동시키고자 했다.

절박함 속에서 피어난 상상력과 열정

어떻게 개 · 폐회식의 주제를 하나의 이야기로 끌어나갈 것인가? 그래서 광주에서 활동하고 있는 소설가 문순태 선생을 모셨다. 문순태 선생은 이번 대회의 개 · 폐회식 추진위원으로도 활동하셨는데 그동안의 개 · 폐회식 영상을 보면서 광주의 방향을 생각하셨다고 한다. 우리나라만의 문화 특수성과 세계적인 보편성을 접목하기 위해 많은 노력을 해주셨다.

어떻게 대회의 주제인 빛을 시각적으로 보여줄 것인가? 그래서 세계적인 미디어 아티스트 이이남 작가에게 함께해줄 것을 제의했다.

"'창조하는 힘의 신성한 섬광은 아직도 우리 안에 살아 빛나고 있다'는 아놀드 토인비의 말처럼 스케일이 다른 빛의 마술을 열린 마음으로 감상하다 보면 그 빛의 주인공이 바로 '나'라는 것을 느끼게 될 것이다."

그는 언론과의 인터뷰에서 이렇게 말했다. 이이남 작가의 빛은 남도예술의 고전과 현대의 만남, 동서양의 만남, 고전예술과 뉴미디어아트의 만남을 보여줄 것이었다.

사람의 몸짓으로 빛을 보여주기 위해 한국 무용계를 대표하는 박금자 선생에게 안무감독을 부탁드렸고, 의상에도 광주의 빛이 지나가게 하기 위해 이제는 고인이 되신 패션 디자이너 박항치 선생에게 의상감독을 부탁드렸다.

이들 모두의 공통점은 호남을 대표하는 예술가들이라는 점이다. 대규모의 국제적인 행사가 처음으로 호남에서 열린다는 기대치에 걸맞게 그 지역 예술가들과 협업을 하는 것은 당연한 일이다. 평소 예술적 의견을 나누던 분들이라 우리의 꿈을 함께 꿀 수 있는 분들이라는 확신도 있었다.

개 · 폐회식을 합쳐 3,000명이 넘는 젊은이들이 6월 광주의 뙤약볕 아래에서 뒹굴면서 연습을 했다. 그들을 뒹굴게 하면서 나 역시 살아오면서 맛보지 못한 경험을 했다. 청춘들과 함께하는 기쁨, 그들과 새로운 것을 만들어 가는 기쁨을 느꼈다.

드디어, 개회식. 'U are Shining'이라는 주제로 대한민국 특유의 흥으로 시작해 세계 젊은이들의 어울림이 이어졌다. 한국 젊은이들의 문화적 자산을 바탕으로 세계 젊은이가 소통하는 이야기가 신나게 펼쳐지고 마지막에는 대한민국 광주가 전하는 생명 사랑의 메시지와 큰 대동놀이가 한 편의 뮤지컬처럼 펼쳐졌다.

특히 팻말 대신 큐브 모뉴먼트 조명을 이용한 것이 신선하다는 평가를 많이 받았다. 지금껏 선수단이 입장하면 국가명이 적힌 팻말을 들었는데 그 대신 LED 조명이 장착된 상자를 들게 한 것이다. 147개의 상자는 무대 가장자리에서 무대장치로도 활용되었다. 처음에는 "궤짝 같다"며 반대했던 이들도 실제로 본 다음에는 역발상이라며 칭찬했다.

또, 가장 많은 반대와 칭찬을 받은 것이 개회식의 피날레였다. 지난 대회의 선수들은 입장식을 마치면 객석에서 관중들과 함께 개회식을 구경했다. 그것이 관례였다. 우리 연출단은 선수들이 구경꾼이 되는 관례를 깨고 싶었다. 그래서 무대 주위에 선수들을 동그랗게 둘러앉게 하자고 했다. 집행부는 전통적으로 그런 일은 없었다며 강하게 반대했다. 우리도 강하게 고집했다. 선수들이 함께 참여하고 즐기는 새로운 축제의 모델을 시도해보자고 설득하고 또 설득했다. 결국 '광대들의 고집'이 더 셌다. 혹은 집행부에서 광대들을 믿어주었다.

우리가 상상한 개회식의 피날레는 마당놀이의 한 판 굿이었다. 뮤지컬과 마당놀이를 융합한 새로운 형식이었다. 마당놀이는 무대와 객석의 구분이 없다. 처음 흥을 돋우는 것은 광대이지만 마지막에는 광대는 슬쩍 뒤로 물러나서 사람과 사람이 함께 어울려 놀도록 만들어준다. 정돈된 느낌보다 어수선하고 떠들썩한 분위기가 필요했다. 그래서 일부러 의자를 선수단의 숫자보다 적게 준비했다. 잔디밭에 앉을 사람은 앉고 서서 볼 사람은 서서 보고 의

자에 앉아서 볼 사람은 앉아서 보도록 한 것이다. 그리고 마지막은 국경의 구분 없이 서로 어깨를 걸고 강강술래를 돌도록 했다. 그야말로 우리의 문화로 강강술래를 통해 세계 젊은이들이 하나가 되는 광경을 빚어낸 것이다. 걱정스러워했던 집행부에서도 "우리 문화를 공유하는 게 아주 좋았다"고 평가했고 언론도 여기에 주목했다.

폐회식은 '광주의 빛을 나누는 시간'으로 대회기간 동안 보이지 않는 곳에서 땀 흘렸던 자원봉사자들과 대한민국 국민들과 세계 젊은이들이 함께 즐기는 시간으로 K-POP 가수들의 공연과 우리의 놀이가 함께 어우러진 특별한 공연이 펼쳐졌다.

행사는 무사히 끝났다. 적은 예산으로 비교적 큰 성과를 냈다. 각 파트 수장들의, 그리고 함께 참여한 모든 분들의 아이디어와 노력이 만들어낸 성과다.

특별히 감사의 인사를 전할 분이 있다. 김황식 조직위원장과 윤장현 광주시장, 두 분이다. 김황식 위원장은 전문가니까 알아서 잘할 거라며 믿어주셨다. 통 큰 리더십으로 우리가 책임감과 사명감을 갖고 일하게 해주셨다. 회의가 끝난 뒤에 사주시던 막걸리도 참 달았다. 훌륭한 분과 함께 일할 수 있어서 영광이었다. 윤 시장님도 사소한 부분까지 걱정하는 공무원들에게 "행사는 전문가들에게 맡겨두고 우리는 잘할 수 있게 지원만 해주면 된다"고 하셨다. 이렇게 해두시고 대회의 성공을 위해 뛰어다니시는 모습이 정말 감동적이었다.

대회가 성공적으로 끝난 후 대회 관계자들이 모인 자리에서 나는 예산이 적어서 박명성이를 총감독으로 임명했던 것 같다고 웃으며 말했다. 나의 농담에 모두가 웃었지만, 농담만은 아니었다. 절박하게 창의력이 필요한 상황이었고, 그래서 좋은 평가를 받는 공연이 나올 수 있었다고 생각한다. 예산이 많다고 해서 좋은 공연을 만든다는 법이 없고 예산이 적다고 해서 나쁜 공연이 나온다는 법은 없다. 만드는 사람들의 열정과 사명감이 멋진 무대를 만든다. 결국 예산보다는 참여하는 사람들의 상상력과 창의력의 문제다.

모두가 만족하지는 않았겠지만 전반적으로 호평이 많았다. 호평이든 악평이든 '새롭다, 의외다'라는 공통된 반응이었다. 그러니 미친 짓에는 성공했다는 자평을 해도 좋을 듯하다. 이렇게 큰 굿판에서 프로듀서라는 광대로 놀 수 있는 기회를 갖게 된 것에 감사한다.

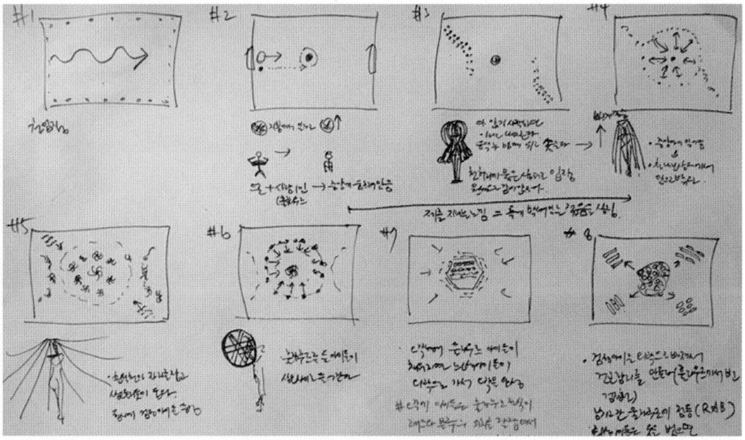

FIFA U-20 월드컵 개막식 총감독을 맡아 짧은 시간에 한국을 알리는 개막식과 완벽한 경기준비까지 만족시켜야 하는 숙제를 받고 지금껏 해보지 못한 고민에 빠졌었다. 이 숙제는 여러 가지 새로운 시도를 통해 신선한 경험과 미시적 표현의 또 다른 배움을 얻은 계기가 되었다.
#국제행사 최초로 시도해본 3m 드론을 그라운드에 띄워 흑과 백의 조화를 통한 축구공을 형상화.
#축구공에서 태극, 그리고 아리랑에 이르기까지의 표현을 라이팅트랜스폼을 통해 전통과 기술의 조합을 이끌어냈다.(무대 디자인:황지영)

우리가 상상한 개회식의 피날레는 마당놀이의 한 판 굿, 뮤지컬과 마당놀이를 융합한 새로운 형식이었다.

세계 정상의 미디어 아티스트 이이남 작가.

제6부

완성된 프로듀서는 없다

김진, N_either 13z21, 227.3x181.8cm, oil on linen, 2013

프로듀서가 좋은 작품을 만들기 위해서는
후배들에서부터 어른들까지 조율하고
조정하는 역할을 잘해야 한다.
그래서 내가 내린 프로듀서의 정의는
'가장 낮은 곳에서
가장 먼 꿈을 꾸는 사람'이다.

프로듀서의 필요충분조건

프로듀서는 기획자로도 불리고, 제작자로도 불린다. 그런데 프로듀서가 정확하게 무슨 일을 하는지는 다들 잘 모른다. 특히 뮤지컬을 포함한 연극에서 프로듀서의 역할은 더 모호하게 느껴지는 것 같다. '조명, 무대장치, 의상 등 각 파트의 수장이 있고, 연출에 배우까지 있는데, 굳이 기획자가 필요할까?'라는 생각이 들 법도 하다. '이런 작품을 하자'라고 작품을 선정하는 사람이 프로듀서인지, 아니면 그냥 돈을 대는 사람이 프로듀서인지 헷갈려 하는 경우도 있다.

우리나라에서 프로듀서라는 개념이 생긴 지는 고작 20년 남짓밖에 되지 않는다. 그나마도 프로듀서라는 직함이 업계에서 '공식적으로' 인정된 역사는 더 짧다. 그 이전에는 극단의 대표가 하던 일인데, 전문화, 세분화되면서 프로듀서가 필요하게 된 것이다.

어떤 일을 하든 자기 직업에 대한 명확한 정의를 내릴 수 있어야 한다. 그래야 장기적으로 발전이 가능하다. 그렇다고 직업에 대한 정의를 내리는 데 교과서처럼 정답이 있는 것은 아니다. 각자 자신의 가치관에 따라 다르지만 대략적인 방향은 잡을 수 있다. 우선 감을 잡기 위해 일반적인 프로듀서의 분류부터 보자.

첫 번째는 관리자형 프로듀서다. 공연예술의 인프라인 극장 출신의 프로듀서들 중 이런 유형이 많다. 이들은 극장의 직원인 셈인데 기획공연을 한다든가 좋은 공연을 초청한다든가 하는 일들을 잘한다. 이런 유형은 관리와 경영에는 강하지만 배짱과 예술가적 기질이 부족한 경우가 많다.

두 번째는 기업가형 프로듀서다. 투자회사나 큰 엔터테인먼트 기업에서 일하는 사람들이 대체로 이런 성향이다. 이들은 계산에 빠르고 합리적이다. 수익 창출을 최우선 목표로 두기 때문에 대중적이고 상업적인 작품을 위주로 한다. 지극히 비즈니스적인 마인드로 접근하기 때문에 공연을 작품성보다는 돈벌이 수단으로 전락시킬 위험이 높은 그룹이다. 그래서인지 오랫동안 일을 해도 연극판에 녹아들지 못하는 사람이 많다.

세 번째는 예술가형 프로듀서다. 연극판에서 잔뼈가 굵은 사람으로, 따로 프로듀서 수업을 받은 것이 아니라 현장에서 온몸으로 뒹굴면서 자연스럽게 프로듀서가 된 유형이다. 배고픈 시절을 겪었고 그럼에도 불구하고 연극판을 떠나지 않은 사람들이니만큼 근성이 굉장히 강하고 상업성보다는 좋은 작품을 만들려고 노력하는 사람들이다. 작품에 대한 자존심이 강하고 연극에 대한 사명감을 갖고 있다. 회사나 극장의 자본을 갖고 하는 게 아니라 본인들이 직접 투자를 하기 때문에 한 작품, 한 작품 굉장히 절박하게 현장을 지키는 사람들이다. 안전한 수익 창출을 기대한다면, 투자회사에서는 피할 수도 있는 유형이겠다.

프로듀서도 사람이고 사람을 무 자르듯이 딱딱 분류할 수는 없다. 어떤 사람은 예술가적 기질이 있는 관리자형일 수도 있고, 또 어떤 사람은 기업가적 성향이 강한 예술가형일 수도 있다. 가장 이상적인 유형은 각각의 장점만을 갖춘 사람이겠으나 그런 사람은 아주 드물다.

현실에서 보이는 유형들을 염두에 두면서 조금은 이상적일 수도 있는 프로듀서의 정의를 내려보자. 다시 한 번 강조하지만 내가 내리는 정의는 정답이 아니라 하나의 예일 뿐이다. 각자 프로듀서에 대한 자신만의 정의를 찾아야 한다는 점을 명심해야 한다.

프로듀서는 공연으로 돈을 벌지만 돈을 벌기 위해 공연을 하는 사람이 아니다. 프로듀서는 작품을 통해 수많은 대중들에게 꿈, 환상, 행복감을 전해주는 직업이다. 관객을 감동시키는 공연을 만들었기 때문에 돈이 생기는 것이지, 돈을 벌기 위해 감동적인 공연을 만드는 것은 결코 아니다.

행복한 작품, 감동적인 작품을 만들려면 프로듀서 스스로 아름답고 행복한 마음을 가져야 한다. 우울한 사람이 다른 사람을 웃길 수 없듯이, 스스로 행복한 마음을 가진 사람만이 관객도 행복하게 할 수 있는 법이니까. 나는 늘 프로듀서는 대중들에게 삶의 윤활유 역할을 하고, 정서를 풍요롭게 하고, 복잡하고 어지러운 정신을 맑게 해주겠다는 마음으로 일을 해야 한다고 말한다. 그러기 위해서는 프로듀서 자신의 정서가 풍요로워야 하고, 맑은 정신을 유지해야 한다.

진정한 프로듀서는 명함에 '프로듀서'라고 쓰여 있다고 해서 되는 게 아니다. 대단한 성공을 거두었더라도 하나의 작품으로 프로듀서가 되는 것도 아니다. 1, 2년 단기간에 평가를 받는 것이 아니고 한 작품, 한 작품이 프로듀서로서의 정체성을 만들어가는 과정이다. 한 작품, 한 작품을 자신의 인생의 깊이를 만들어간다는 태도로 만들어야 함은 물론이다. 관객이 만족하고 스스로도 만족하는 작품을 거듭해서 만들어갈 때 비로소 진정한 프로듀서가 되는 것이다.

오해가 없길 바란다. '진정한 프로듀서'란 만들어지는 과정이지 완성은 없다. 간혹 몇몇 작품을 성공시킨 프로듀서라고 목에 힘을 주고 다니는 사람들이 있다. 마치 문화권력인 양 자만하면서 공연예술계의 귀족이 되어 높은 곳에서 군림하려고 한다. 이는 반(反)예술가적 태도이며, 이런 생각으로는 절대 좋은 작품이 나올 수 없다. 프로듀서가 좋은 작품을 만들기 위해서는 가장 밑에 있는 후배들에서부터 어른들까지 조율하고 조정하는 역할을 잘해야 한다. 그래서 내가 내린 프로듀서의 정의는 '가장 낮은 곳에서 가장 먼 꿈을 꾸는 사람'이다.

유정유일(惟精惟一). 오직 한 가지 일에 정신과 마음을 쏟아부어 최선을 다한다는 뜻이다. 세상 모든 일이 그렇듯 프로듀서의 일도 고통 없이 안 되고, 즐거움 없이 안 되고, 사람 없이 안 되고, 열정 없이 갈 수 없는 길이다. 이 모든 것들을 감내하겠다는 자세가 있어야 한다. 거기서부터 시작이다.

구성원 스스로 리더가 되도록 하라

작품을 만드는 제작 현장은 수많은 스태프, 배우가 분주하게 움직이는 공간이다. 언뜻 자유분방해 보이지만, 가장 긴장되고 집중력이 발휘되어야 하는, 살아 있는 공간이다. 그러다 보니 어떤 공연에서는 스태프나 배우 사이에 불화가 생기기도 하고, 때로는 몸과 마음이 지친 배우가 중도하차 하는 일도 생긴다. 서너 명 있는 친구들 사이에서도 갈등이 생기는데 100명이 넘는 사람이 모였으니 갈등이 생기는 것은 어쩌면 당연한 일이다.

모든 인간관계가 그렇듯, 처음에는 작은 균열로 시작된다. 그러다가 그 균열이 표면으로 드러났을 때에는 되돌리기에 너무 늦어버린 경우가 많다. 갈등이 있다는 것은 거기에 에너지가 소모된다는 뜻이다. 작품에 쏟아야 할 에너지가 낭비되고 있는 것이다.

프로듀서는 이 미세한 균열을 간파해야 한다. 균열을 발견하되 그것을 대하는 태도 역시 중요하다. '왜 쓸데없는 데 에너지를 낭비하느냐'고 다그쳐서는 안 된다. 서로 다른 정서와 의견을 갖고 있는 사람들이 모여 있는 만큼 갈등은 당연한 일이라고 여겨야 한다. 프로듀서의 역할은 갈등을 묻어버리는 것이 아니라 조율을 통해 작품 진행이 원활하게 되도록 하는 것이다.

서로 다른 정서를 하나로 통합하기 위해서는 사람들의 마음을 알아야 한다. 프로듀서가 현장을 장악하기 위해서는 강력한 리더십도 필요하지만,

자상한 배려와 이해심으로 예술가들의 생각을 바꾸고 믿음을 주는 통합의 리더십이 필요하다.

우리는 흔히 리더십이라고 하면 앞에서 이끌고 나가는 것만 생각한다. 때로는 강제력이 필요하다는 생각도 한다. 그러나 진정한 리더십은 끌고 나가는 것이 아니라 구성원 모두가 스스로 리더가 되도록 하는 것이다. 만약 리더가 권위로 구성원을 끌고 나가려고 하면 자발적인 협력에 의한 아이디어 창출은 기대하지 않는 것이 좋다. 아이디어 창출의 전제 조건이 자발성이기 때문이다.

우리가 따로따로 일하지 않고 함께 모여서 일을 하는 것은 조화로운 협력의 가치를 알기 때문이다. 개개인의 합보다 더 큰 가치를 창출할 수 있기에 함께 작업을 하는 것이 아닌가. 협력 작업을 할 때, 개인으로서의 나 자신이 누구인가는 중요하지 않다. 100명이 넘는 스태프, 배우 등 모든 사람과 함께 있을 때 자신의 역할이 무엇인지 아는 것이 중요하다. 리더는 여러 관계들을 종합적으로 고려하고 신속히 판단을 내려야 한다. 그래야 모든 일이 원활하게 돌아간다.

리더는 어떤 상황에서도 끝까지 책임진다는 정신으로 무장된 사람이다. 회사를 위해서, 월급을 위해서가 아니라 자기 자신을 위해 일하는 사람이다. 누구의 일을 돈 받고 대신 해주는 것이 아니라 바로 자신의 일이라고 생각해야 한다. 구성원 모두가 자신의 일에 대한 자부심과 쾌감을 느끼게 해야 구성원 스스로 기발한 상상력을 발휘하고 아이디어의 창고를 여는 것이다.

리더는 강제력이 있는 사람이 아니라 영향력이 있는 사람이어야 한다. 강제력은 그 사람의 행동을 바꿀 수는 있지만 마음은 바꾸지 못한다. 우리가 하는 일은 몸만 쓰면 되는 일이 아니다. 영혼으로 움직이고 그 움직임으로 관객의 영혼을 움직이는 예술가들이다. 그런 사람들과 일을 하면서 그 마음을 이해하지 못하고 강제력만 동원한다면 관객의 마음을 움직이는 작품을 만들어낼 수 없다.

갈등이 생길 때 가장 쉽고 어리석은 방법은 사람을 버리는 것이다. 자동차는 자동화기기가 생산할 수 있지만 공연은 다르다. 사람으로 시작해서 사람으로 끝난다. 곧 사람은 회사의 미래이자 희망이며 보물 같은 존재다. 뭔가 잘못했다고 질책하고 추궁하기보다는 성취감을 느낄 수 있도록, 그 보물이 가진 고유의 빛을 낼 수 있도록 적극 지지해주어야 한다.

공연계에서도 이제 일률적으로 인재를 관리하는 낡은 방식을 던져버릴 때가 됐다. 과거에는 똑같은 방식으로 일해서 최고의 효율을 내야 했다면 지금은 각자의 개성으로 독창적인 결과물을 내놓는 것이 중요한 시대가 되었다. 일반 기업이 그런데 공연계는 오죽하겠는가. 우리의 목표는 업무 스타일이 아니라 작품이다. 구성원이 개방적으로 서로의 협력과 공유를 통해 만들어내는 앙상블이야말로 가장 경쟁력 있는 조직의 참모습이다.

현장을 읽어내는 안목, 갈등을 조율해 기막힌 앙상블을 만들어내는 리더십은 책에서 배울 수 있는 것이 아니다. 물론 이론으로 배울 수는 있겠지만 결국에는 현장에서 해결해야 한다. 많은 경험을 바탕으로 예술가를 존중하고 그들과 신뢰를 쌓아나갈 때 얻어지는 것이다.

스스로에게 추상같이 엄격하기를

요즘 연극이나 뮤지컬 한 작품을 만들기 위해서는 막대한 제작비가 투자된다. 이런 현실을 감안하면 대다수 프로듀서는 투자 유치에 적극적으로 나설 수밖에 없다.

견물생심이라 했던가. 많은 자금이 생기니 잿밥에 눈이 멀어버리는 일이 종종 있다. 몰지각한 몇몇 프로듀서가 투자금을 자기 돈 쓰듯이 펑펑 쓰다가 형사처벌까지 받는 일은 드물지 않게 일어난다. 회삿돈과 투자받은 돈을 내 돈과 구분하지 않고 주먹구구로 집행한 결과일 것이다. 투자받은 돈은 작품의 수준을 높이기 위해 써야만 투자 환경이 좋아진다. 자금의 투명성을 확보하는 것은 프로듀서로서의 첫 번째 덕목이다. 프로듀서가 한 번 신뢰를 잃어버리면 다시는 이 바닥에 발을 들여놓기 어렵다.

투자금을 횡령하는 일이 벌어지면 모르는 사람들은 공연계 전체를 싸잡아 '못 믿을 사람들, 부도덕한 사람들'이라며 비난한다. 미꾸라지 몇 마리가 개울물 전체를 흐리는 형국이다. 물론 몇몇 미꾸라지들 때문에 전체가 욕먹는 것은 부당한 일이지만, 그렇다고 억울한 감정만 품고 있을 수는 없다. 나 하나 투명하게 해봐야 소용없다는 생각보다는 내가 먼저 깨끗해야 한다는 자세가 필요하다. 이럴 때일수록 도덕적이고 깨끗한 경영을 해야 한다. 그렇게 해야 프로듀서에 대한 믿음, 공연기획사에 대한 믿음이 깊어지면서 투자회사도 늘어난다. 투자를 받지 못해서 무대에 올리지 못하는 작품들이 있음을 감안하면 투명한 회계와 성숙한 투자문화는 예술경영에 있어서 무엇보다 중요하다.

앞에서도 잠깐 얘기했지만, 내가 어머니에게 물려받은 철학이 '남들에게 손가락질 받는 일을 해서는 안 된다'는 것이다. 가장 쉬운 일이면서도 가장 지키기 어려운 일이라는 것을 살아가면서 거듭거듭 느끼고 있다.

프로듀서도 그래야 한다. 사실 투명한 회계는 기본적인 소양이다. 프로듀서에 대한 기본 개념만 갖고 있다면 저지르지 않을 일이다. 프로듀서는 돈 문제는 물론이고 다른 문제에 있어서도 다른 사람들의 입길에 오르내리지 말아야 한다. 한 분야에서 인정을 받기 위해서는 엄청나게 험난한 길을 헤쳐가야 한다.

프로듀서도 공연계에서 그 능력을 인정받기까지 많은 시간과 노력이 필요하다. 때로는 좌절감도 느끼고 사람들에게 상처를 받기도 한다. 이런 역경들을 이기고 차근차근 성장해야 한다. 그렇게 수십 년 동안 노력한 모든 것이 비도덕적인 문제로 인해 한 방에 무너질 수도 있는 것이다.

실수를 하지 않는 사람은 없다. 누구나 실수를 통해 성장한다. 그러나 위치가 올라갈수록, 어떤 단체의 대표 자리에 가까워질수록 엄격한 잣대가 적용된다. 한 사람의 개인으로 보면 이해되거나 용서될 수 있는 일도 프로듀서의 자리에 있을 때는 용인되지 않는다. 프로듀서의 자리가 그만큼 중요하기 때문이다. 앙상블 열 사람의 실수보다 연출가 한 사람의 실수가 작품에 더 큰 악영향을 미치는 것처럼 프로듀서 한 사람의 실수나 비도덕적 행동이 극단 전체의 운명을 좌지우지한다. 나아가 공연계 전체에 악영향을 끼친다. 그래서 스스로에게 추상같이 엄격해져야 하는 것이다.

프로듀서의 든든한 자산, 예술가적 소양

작품을 만들다 보면 골치 아픈 문제들이 많이 발생한다. 문제에 직면했을 때는 머리가 아프지만 지나고 보면 그것이 재미이자 보람이고 프로듀서로 살아갈 수 있는 이유이기도 하다. 프로듀서만이 해결할 수 있는 문제가 없다면 프로듀서는 존재할 필요가 없거나 아주 하찮은 존재가 될 것이다.

프로듀서를 골치 아프게 하는 문제는 다양하다. 거듭 수정되었음에도 대본이 마음에 들지 않을 경우, 작품을 시작할 때부터 생각해두었던 연출가와 일정이 맞지 않을 경우, 딱 맞는 배우를 섭외했는데 갑작스러운 일이 생겨 출연하지 못하게 되는 경우 등등이 대표적인 예일 것이다. 그 밖에도 작품을 만들어가는 와중에 애초에 구상했던 것과 다른 방향으로 간다거나, 캐스팅한 배우가 기대했던 연기를 보여주지 못할 때도 있다.

어떤 문제든 해결의 시작은 사람을 만나는 것이다. 대본이 마음에 들지 않으면 작가를 만나야 하고, 일정이 맞지 않는 연출가를 대신할 누군가를 추천받으려고 해도 사람을 만나야 한다. 작품을 만들어가는 중에는 연출가, 배우, 스태프를 계속해서 만나야 한다. 그냥 만나는 것만이 능사가 아니다. 소통이 필요하다. 다양한 생각을 갖고 있는 사람들의 생각을 조율하는 소통의 힘이 필요하다.

그런데 프로듀서가 작품에 대해 잘 모른다면, 무대 언어를 전혀 이해하지 못한다면 어떤 일이 벌어질까? 프로듀서라는 자리를 이용해 일방적으로 자기주장만 내세울 수 있다. 또 다른 가능성은 다른 사람의 말에 휘둘리거나 작품을 만드는 과정에 일체 참여하지 않을 수도 있다. 대형 뮤지컬의 경우 스태프, 배우 등 작품에 참여하는 사람의 수가 100명이 넘는다. 이 모든 사람과 작품에 대해 이야기하면서 일방통행을 하거나 휘둘리기만 한다면 제대로 된 작품이 나올 수 없다. 프로듀서는 작품에 대한 정확한 정보, 지식, 미래의 진로에 대한 명확한 방향을 제시해 그들의 의견을 우리 모두의 의견으로 만들어야 한다.

이는 단순히 작품에 대한 외적인 지식만을 의미하지는 않는다. 작품에 대한 해석이 정확해야 하고, 지식이나 정보도 가장 많이 갖고 있어야 하며, 동시에 그것을 가슴으로 이해할 수 있는 예술가적 소양도 있어야 한다. 그래야만 작품을 무대에서 구현하는 예술가와의 소통이 가능해진다. 예를 들어 연출이 작품에 대해 다른 방향으로 가려고 할 때, 프로듀서가 작품을 이해하고 있어야 대화가 가능하고 조율이 가능하다.

프로듀서는 무대에 올릴 작품을 선정하는 사람이다. 따라서 가장 먼저 그 작품과 만나는 사람이다. 내가 아는 사람을 다른 사람에게 소개해줄 때 그에 대해 잘 알고 있어야 제대로 된 소개가 가능한 것처럼 작품에 대해 잘 이해하고 있어야 작품에 대해 오해를 할 때 그것을 바로잡아줄 수 있다.

예술가적 소양은 마음먹는다고 가질 수 있는 것이 아니다. 자신이 선택한 작품만 연구한다고 되는 것도 아니다. 오랜 시간, 넓고 깊은 수양이 있어야 한다. 공연예술, 전람회, 음악회, 문학 등 문화적인 안목, 지식, 품위 있는 매너, 세련된 언어 등은 문화생활을 통해서 축적된다. 업종에 상관없이 문화 콘텐츠의 저장 창고가 가득 채워졌을 때 비로소 사람들의 정서를 풍요롭게 하는 문화적인 자산을 만들어낼 수 있는 능력이 생기는 것이다. 그랬을 때 프로듀서는 문화 CEO로서의 가치를 인정받게 된다.

박정자 선생, 김갑수 형, 최정원 등 기라성 같은 배우들이 〈빌리 엘리어트〉의 오디션에 다른 후배 배우들과 똑같이 참여해주었다. 그를 통해 〈빌리 엘리어트〉는 최고의 캐스팅을 완성할 수 있었다.

어떤 작품을 올릴 것인가

월요일에서 일요일까지, 드라마를 보면 늘 사극 한두 개쯤은 있다. 수백 년 전에 있었던 일인데도 시청자들은 때로는 가슴 졸이고, 때로는 분노하고, 때로는 공감하면서 본다. 반면 현대의 이야기인데도 전혀 공감하지 못하는 드라마도 있다. 이 차이는 어디에서 오는 것일까?

결론은 현시대와의 호흡이다. 역사물을 하더라도 그 시대의 이야기가 오늘날 우리에게 어떤 의미와 공감을 줄 수 있다면 시대와 호흡하고 있는 것이다. 반면에 현대물이라 하더라도 관객이 듣고 싶은 이야기가 아니라 자신이 하고 싶은 이야기만 한다면 혼자만의 호흡을 하고 있는 것이다.

요즘 관객은 어떤 환상을 갖고 있고, 어떤 이야기에 목말라하고, 어떤 이야기에 열광할까? 어떤 이야기가 관객에게 환상을 줄 수 있을까? 과연 사람들을 감동시킬 수 있는 콘텐츠는 무엇일까? 프로듀서는 끊임없이 관객에게 환상을 줄 수 있는 스토리를 찾는 데 골몰하고 트렌드의 흐름을 읽고 있어야 한다. 여기서 환상은 허황된 것이 아니라 꿈, 카타르시스, 즐거움, 정서적 환기 등을 종합하는 말이다.

유행은 변한다. 관객이 듣고 싶은 이야기도 변한다. 관객이 보고 싶은 형식도 변한다. 우리 사회가 어떤 문제를 안고 있는지, 우리 시대를 살아가는 사람들이 어떤 아픔을 겪고 있는지, 어떤 문제를 작품으로 만들었을 때 시사성이 있을지 끊임없이 공부하고 함께 호흡해야 한다.

그렇다고 트렌드를 맹목적으로 따라가라는 것은 아니다. 트렌드를 읽되 한 걸음 앞서 나가면서 유행을 선도할 수 있어야 한다. 놀랍게도, 관객은 자신이 보고 싶은 공연이 무엇인지 정확하게 알지 못한다. 공연을 보고 난 다음에야 자신이 원했던 무대인지 아닌지 판단할 수 있다. 마치 식당에 가서 "내가 뭘 먹고 싶은지 모르지만 내가 원하는 메뉴를 가져와봐요"라고 말하는 것과 다르지 않다.

그러니까 프로듀서는 관객이 원하는 것을 그들 자신보다 더 잘 알아야 한다. 그래서 어려운 것이다. 매 공연마다 피를 말리는 '관객과의 승부'를 벌여야 하는 것이다. 지름길은 없다. 사람 그 자체에 대한 탐구와 연민, 공연된 작품에 대한 사람들의 평가와 반응, 미술, 음악, 문학을 비롯해 드라마와 영화까지 문화 전반에 대한 탐닉 등을 포함해 사회 전반에 대한 지속적이고 진지한 관심이 필요하다. 이런 '훈련'이 쌓여 통찰력을 만들어낸다.

그렇다고 해도 늘 흥행에 성공할 수 있는 것은 아니다. 세상에는 여전히 성공하는 작품보다 실패하는 작품이 더 많다. 이것이 내가 완성된 프로듀서란 없다고 말하는 이유이자 그럼에도 불구하고 프로듀서로 살아가는 이유다. 성공할 수 있기 때문에 연극쟁이로 살아가는 게 아니라 '이 시대를 살아가면서 고통받고 상처받고 좌절한 사람들을 위로하고, 잘못된 사회를 고발하고, 영혼을 치유하는 정신적인 벗이 되어주는 성공'을 거두어야 하기 때문에 연극쟁이로 살아가는 것이다.

작품의 목표치를 설정하라

연극 〈엄마를 부탁해〉는 소설을 연극으로 만든다는 어려움에도 불구하고 대중적인 성공을 거두었다. 두 달의 공연기간 동안 600석이 넘는 세종문화회관 M시어터의 좌석이 매진되다시피 했다. 공연이 끝난 후에도 많은 관객이 훌쩍거렸고, 누군가는 집으로 돌아가는 지하철 안에서 참았던 울음이 터졌다고도 했다. 지금은 늙고 쭈글쭈글한 할머니이지만 그에게도 꽃다운 스무 살이 있었다는 사실, 엄마에게도 엄마가 필요하다는 사실이 관객에게 정서적 충격으로 다가왔을 것이다.

작품성이 떨어진다는 지적도 없지 않았다. '정리가 덜 됐다, 장면이 너무 많다'는 것이다. 공연계에 있는 분들이나 연극을 많이 본 분들의 의견이었다. 나는 놀라지 않았다. 그분들의 지적은 옳고, 나 역시 공연을 올리기 전부터 걱정하고 있었던 것들이다. 그런데 내가 보기엔 약점이 아니라 강점이었다. '어느 세대의 누가 보더라도 공감할 수 있는 연극'이 내가 설정한 목표였기 때문이다. 장면을 깔끔하게 정리했다면 연극은 고급스러워질 수 있었지만 그것은 〈엄마를 부탁해〉 초연의 목표가 아니었다. 나는 사람들이 연극을 보고 난 후에 엄마에게도 엄마가 필요하다는 메시지를 안고 가기를 바랐고, 가장 중요한 존재를 잊고 살았던 지난날을 반성할 수 있는 계기가 되기를 바랐다.

재공연의 목표는 '선이 굵고 투박한 스타일의 연극'이었다. 그래서 탤런트 중심이던 초연의 배우들을 연극배우들로 교체했다. 연출 역시 심재찬 선생께 부탁했고 대본도 연극적으로 바꿨다.

뮤지컬 〈엄마를 부탁해〉에 대해서도 비판이 있었다. '음악적인 분량이 부족하다, 너무 연극적인 뮤지컬이다'라는 지적이었다. 이번에도 나는 순순히 인정했다. 그렇게 만들려고 했으니까. 오히려 좀 더 악극처럼, 좀 더 신파적으로 만들지 못한 아쉬움이 있었다. 뮤지컬 이후 다시 연극을 올렸다. 재공연과는 다른, 더 연극적인 연극으로 만들기 위해 한진섭 형에게 연출을 맡겼다.

연극 〈산불〉은 대극장에서 연극을 한다는 이유로 많은 걱정을 들었다. 소극장 연극도 적자를 보기 일쑤인데 투자 규모가 다른 대극장 연극을, 그것도 한 달 동안 한다? 수익의 측면에서 보면 이 공연은 망한 것이 맞다. 그렇지만 수익보다도 내가 이 공연에서 얻고자 한 목표는 따로 있었다. 소극장 연극과는 다른, 대극장 연극만이 줄 수 있는 감동을 관객에게 선보이겠다, 동시에 대극장 연극의 가능성을 타진해보겠다, 이것이 연극 〈산불〉에 대한 나의 목표치였다.

그래서 연출을 맡은 임영웅 선생께도 제작비 아낄 생각 마시고 대극장 연극에서만 보여줄 수 있는 무대 메커니즘을 보여주십사고 말씀드렸다. 〈산불〉의 주요 무대장치는 두 개의 산과 두 채의 초가집, 그리고 대나무밭이다. 선생은 내 고향 해남에서 산 두 덩어리와 동네 하나를 묶어서 살 수 있는 비용을 들여 무대장치를 만드셨다. 〈산불〉을 대극장에서 한다고 했을 때, 거의 유일하게 놀라지 않고 당연한 듯 받아들이셨던 임영웅 선생은 원 없이 대극장 연극의 진수를 보여주셨다. 나는 지금 『엄마를 부탁해』라는 소설이 어떻게 연극과 뮤지컬로 만들어졌는지, 〈산불〉의 무대장치에 들어간 돈이 얼마인지 말하고자 하는 것이 아니다. 각 공연마다 프로듀서로서의 목표치가 있어야 하고, 그것이 작품을 선정한 이후 모든 활동의 기준이 되어야 한다는 점을 말하고 있는 것이다.

작품의 목표치를 설정하려면 먼저 프로듀서가 작품에 대한 해석이 되어 있어야 한다. 뛰어난 연출가에게 맡기면 알아서 하겠지라고 생각할 수 있지만 아니다. 작품의 목표치를 정하고 그것을 잘 구현할 수 있는 연출가를 찾는 것이 프로듀서의 일이다. 연출만 잘 선정하면 나머지는 그가 알아서 하는가? 어떤 경우엔 주연 배우를 먼저 정하고 연출을 찾는 경우도 있다.

그래서 프로듀서도 예술가가 되어야 한다고, 콘텐츠의 저장 창고를 가득 채워야 한다고 말하는 것이다. 예술가적 소양이 필요한 이유는 작품을 선정하고 크리에이티브팀을 구성하는 데에 그치지 않는다. 프로듀서가 그 작품에 대한 꿈을 연출과 배우를 비롯한 스태프들에게 설명할 수 있어야 하고, 그 목표를 향해 잘 항해할 수 있도록 이끌어야 한다. 그것이 어떻게 가능할까? 그 방법은 대화를 통해서다.

두려움을 이기고 설렘을 즐겨라

나를 포함해 많은 프로듀서들이 히트한 레퍼토리를 우려먹고 있다. 재공연 자체가 나쁘다는 말은 아니다. 많은 관객들이 감동한 작품이라면 더 좋은 작품으로 다시 만들어서 기존의 관객과 새로운 관객을 만날 수도 있다. 문제는 '그것만' 한다는 것이다. 히트한 작품, 검증된 작품만 하면 당장은 안전하고 편안하다. 그런데 이게 언제까지 안전할 것 같은가? 고인 물은 썩고, 같은 작품만 되풀이하는 프로듀서의 실력은 녹이 슨다. 영혼에도 녹이 슨다. 결국에는 뒤처지고 마는 것이다.

프로듀서는 문화 CEO로서 새로운 콘텐츠를 남보다 먼저 창출하는 혁신 경영을 할 줄 알아야 한다. 누구도 시도하지 않은 새로운 작품을 공격적으로 개발해야 한다. 단기적으로 보면 위험할 수 있다. 지나친 실험정신으로 관객의 외면을 받을 수도 있다. 그러나 장기적으로는 위험을 감수해야만 살아남을 수 있다.

공연에서는 역발상 전략이 성공할 확률이 높다. 역발상이라는 건 '거꾸로', '남들이 한 번도 시도한 적이 없는', '뭔가 생각을 뒤집어보는' 괴짜 기질을 뜻한다. 남들도 다 하는 걸 하면 뭐 하나. 문화 콘텐츠의 다양성이 힘이다. 새로운 일, 실험적인 작품에 도전하고 모험을 감행하면 관객들은 '저 작품이 뭔가' 하고 궁금해질 수밖에 없다.

우리는 가장 품질이 좋은 냉장고를 만들려고 하는 게 아니다. 냉장고라면 기막힌 제품을 만들어놓고 오랫동안 팔아도 된다. 그런데 공연, 예술작품은 다양성이 생명이다. 각 프로듀서가 독창적인 아이디어로 새로운 작품들을 시도할 때 다양성이 확보된다. 내가 〈맘마미아!〉, 〈시카고〉, 〈아이다〉만 한다면 이게 바람직한 일인가? 프로듀서라는 직함을 가진 내가 존재할 이유가 무엇이 있겠는가.

남들이 가지 않은 길을 갈 때, 거기에 이야기가 있고 감동이 있다. 항상 그렇다. 남들이 가는 길을 따라간 사람들은 감동적인 이야기뿐 아니라 어떤 이정표도 남기지 못한다. 사람들이 잘 가지 않는 오솔길로 갔을 때, 심지어

힘겹게 길을 만들어가며 전진했을 때 이야깃거리가 많은 법이다. 고속도로로 간 사람보다는 시골길로 간 사람이 더 많은 스토리를 만날 수 있는 것과 같은 이치다.

물론 새로운 길을 개척하는 것은 어려운 일이다. 누구든지 새로운 길을 갈 때는 두려움을 느낀다. 첫 등교, 첫사랑, 첫 데이트, 첫 출근, 첫 해외여행, 첫 작품 등 낯선 일이 목전에 닥쳤을 때는 내가 잘 해낼 수 있을까 하는 걱정이 생긴다. 때로는 익숙한 길을 두고 새로운 길을 선택했다가 괜히 허송세월하는 건 아닌지 조바심이 나기도 한다.

그러나 두려움만 있는 것은 아니다. 새로운 길에는 두려움과 함께 설렘이 있다. 여기서 두려움을 크게 느끼면 낯선 길을 탐험하는 즐거움이 얼마나 큰 행복인지 잊어버리게 된다. 그 낯선 길에서 생각지도 않았던 행운을 얻게 되는 기쁨도 잊어버리게 된다. 나도 새로운 길을 갈 때는 두렵다. 하지만 설렘에 더 큰 무게를 두려고 노력하면서 나아가려고 한다.

만약 프로듀서라는 이름으로 살아가면서, 지금 하고 있는 일이 편하게 느껴진다면 뭔가 문제가 있는 것이다. 주변의 걱정을 듣지 못하면 그것 역시 문제가 있는 것이다. 편안하고 익숙한 길에 안주하고 있다는 뜻이기 때문이다. 누구도 '이제부터 과거에 머물러야겠다'라고 다짐하지 않는다. 젊었을 때는 과감한 시도를 하던 사람도 가진 것이 많아지고 그것을 지키고 싶다는 생각이 더 커지면 자기도 모르게 안전해 보이는 길로 가려고 한다. 사람인 이상 자연스러운 반응이다. 이 자연스러움을 거스르고 프로듀서로서의 자존심을 지키려면 스스로를 경계하고 마치 20대처럼 새로운 콘텐츠를 흡수해야 한다. 그렇게 해야 연륜에서 얻은 노련함과 젊은 사람들보다 더 젊은 정신을 유지할 수 있다.

나는 지금 프로듀서의 정체성을 묻고 있다. 히트한 작품만 하는, 프로듀서 같지 않은 프로듀서가 될 것인가, 아니면 자기만의 길을 개척하는, 프로듀서다운 프로듀서가 될 것인가?

작품 판단은 오직 관객 몫이다

큰마음 먹고 비싼 텔레비전을 샀다고 하자. 설치를 하고 전원을 켰는데 잡음만 나올 뿐 화면이 나오지 않는다면 당장 판매처 혹은 구입처에 항의를 할 것이다. 이때 우리는 텔레비전을 만든 사람의 노고나 상품 설명을 해준 사람의 친절 따위는 생각하지 않는다. 문제는 오로지 불량 텔레비전뿐이다.

공연 역시 마찬가지다. 우리가 고품질의 텔레비전을 원하는 것처럼 관객은 수준 높은 작품을 원하고 기다린다. 관객은 배우가 얼마나 많은 땀을 흘렸는지, 연출가가 얼마나 많은 밤을 새웠는지, 프로듀서가 얼마나 많은 사람과 이야기했는지 같은, 힘들게 만든 과정을 이해하려 하지 않는다. 이해할 필요도 없다. 관객은 결과만 갖고 냉정하게 평가한다. 배우의 땀, 연출과 프로듀서의 노고는 오직 작품이 마음에 들었을 때 부가적으로 관심을 갖는 것이다. 프로듀서는 시시콜콜 관객에게 이해를 구하려 해서는 안 된다. 프로듀서가 관객에게 말할 수 있는 언어는 오직 작품뿐이다.

관객에 비해 제작되는 뮤지컬이 많기는 하지만 여전히 개발할 수 있는 관객은 무궁무진하다. 무한하게 새로운 관객을 개발하는 것이 프로듀서의 임무이기도 하다. 새로운 관객 개발의 첩경 역시 작품이다. 좋은 작품은 충성도 높은 마니아 그룹을 만들고, 그 마니아들이 입소문을 퍼뜨리면 뮤지컬에 관심이 없던 관객도 극장을 찾게 된다. 그리고 이들 역시 마니아가 된다면 공연시장은 폭발적으로 성장할 것이다. 좋은 작품이 축적되면 그것을 만든 기획사에 대한 신뢰가 쌓이면서 선순환 구조를 이루게 된다.

화려한 수사로 관객을 현혹시키려고 해서는 안 된다. 오로지 작품으로만 승부하겠다는 정신, 최고의 홍보 전략은 최고의 작품이라는 사실을 늘 잊지 말아야 한다. 물론 적절한 홍보와 마케팅 전략은 더 많은 관객을 끌어올 수 있다. 그러나 이 역시 작품이 바탕이 되어야 한다. 기막힌 홍보 전략으로 초기에 관객을 모은다고 해도 작품이 나쁘면 그만큼 빨리 그에 대한 소문이 나기 때문이다.

〈맘마미아!〉는 웨스트엔드에서 흥행돌풍을 일으킨 작품이다. 이럴 때 우리는 "흥행성은 담보된 작품이다"라는 말을 하곤 한다. 그런데 정말 그럴까? 영국에서 인기를 끈 작품이라고 한국 관객도 좋아할까? 영국과 한국의 문화적 차이를 제대로 소화시키지 못했다면 생뚱맞은 작품이 될 수도 있었다. 배우들이 연기와 노래를 못했다면 엉터리 뮤지컬이 될 수도 있었다. 내가 〈맘마미아!〉를 선택한 것은 '성공할 것 같다'라는 감이 있었기 때문이지 '이 작품은 대중성이 있다'라고 판단했기 때문은 아니었다.

달리 말하면 대중성에 대한 판단은 오로지 관객의 몫이라는 것이다. 관객이 보고 좋아서 또 보고 소문을 내면서 흥행이 됐을 때 비로소 대중성을 갖는 것이라고 생각한다. 작품이 태어나기도 전에 이거는 상업적인 작품, 저거는 예술적인 작품이라고 규정하는 것 자체가 난센스다.

우리가 〈맘마미아!〉를 올렸을 때 사람들은 이 작품에 대해서 잘 몰랐다. 〈렌트〉도 마찬가지였고 그 외 많은 작품들이 그랬다. 그 나라에서는 아무리 유명한 작품이라도 우리 관객에게 사전 정보가 없으면 새로 시작하는 작품이나 마찬가지다. 처음부터 대중성을 갖고 태어나는 작품은 없다. 대중성이든 예술성이든 만드는 사람들의 노력에 의해서 갖게 되는 것이다.

예를 들어 신중한 주제를 가진 무거운 작품도 대중성을 확보할 수 있다. 관객이 "머리가 묵직하지만 정말 좋았다"라고 한다면 대중성이 있는 것이다. 예술성이 강한 작품이라고 해서 관객이 들지 않는 것도 아니고 대중적이라고 해서 관객이 많이 찾아오는 것도 아니다. 예술성과 대중성은 따로 가는 것이 아니라 함께 가는 것이다.

작품이 태어나기 전에는 아무도 모른다. 판단은 관객의 몫이다. 그러므로 프로듀서는, 배우는, 스태프는, 최대한 작품성이 있는 작품을 만들고, 그 판단은 관객의 몫으로 돌려야 한다.

프로듀서는 가능성의 씨앗을 보고 작품을 선택한다. 그 씨앗을 제대로 키우는 건 프로듀서와 배우, 스태프의 몫이다. 그리고 관객이 마지막 판단을 내리는 것이다. 프로듀서가 제2의 창작자라는 것은 작품의 씨앗을 가지고 좋은 작품이라는 커다란 나무로 키워내야 하기 때문이다.

프로듀서는 제2의 창작자인 만큼 침몰해가는 작품도 살려내는 용기와 도전정신이 필요하다. 흑막 뒤의 마술사, 관객의 가슴에 불을 지르는 정신적인 방화범 역할을 해야 한다. 초연에 실패한 작품이라고 대중적으로 성공할 가능성이 전혀 없을까? 이럴 때 새롭게, 훨씬 더 수준 높은 작품으로 재탄생시키는 것이 프로듀서의 역할이다. 이 역시 작품을 만들어가는 과정에서 대중성, 예술성이 갖춰지기 때문에 가능한 일이다. 물론 최종 판단은 관객이 한다. 〈갬블러〉는 초연 때 내게 큰 실패를 안겨주었지만 다시 올렸을 때는 성공했다. 〈댄싱 섀도우〉는 공연 당시 관객의 외면을 받았지만 다시 원작으로 돌아가 〈산불〉이라는 연극으로 공연해 대극장 연극의 가능성을 보여주었다.

프로듀서는 대본을 보고 '이건 흥행이 되겠다'거나 해외 작품을 보고 '이건 무조건 된다'라고 섣불리 판단해서는 안 된다. 그 작품을 우리 사회에 내놓는 의미를 생각하고 작품을 만드는 과정에서 있을 어려움을 예측하는 것이 좋다. 그런 다음 대본이 가진 힘을 무대로 옮기는 작업, 외국의 정서를 우리 정서에 맞게 변화시키는 작업에 몰두해야 한다. 진인사대천명이라는 말처럼 프로듀서로서 할 수 있는 모든 일을 다 하고서 관객의 판단을 기다리면 될 일이다.

홍보의 전제는 자신감이다

유명 스타를 기용하는 것만으로도 마케팅이 거의 완료되는 호시절(?)이 있긴 했다. '저렇게 인기 있는 사람이 주연이니까 당연히 작품도 좋겠지', '좋아하는 연예인을 보는 것만 해도 반 본전은 챙기는 거다'라는 판단을 과거의 관객은 했었다. 요즘에도 여전히 아이돌 스타의 팬들을 관객으로 끌어들이려는 컴퍼니가 있다. 그러나 지금 시대에 그 전략의 유효성이 얼마나 되는지는 의문이다.

뮤지컬 시장이 한창 성장하던 10여 년 전과 현재는 세 가지 지점에서 다르다.

첫째는 내수시장의 부진, 즉 관객들의 주머니 사정이다. 경기가 지금보다 좋을 때 두세 작품 보던 관객들이 지금은 한 작품을 본다. 두세 작품 볼 때는 한 작품에서 실망을 해도 심리적 타격이 적지만, 한 달에 한 작품이라면 다르다. '반드시' 티켓 가격 이상의 만족을 얻어야 한다. 그러니 신중하게 작품을 고를 수밖에 없다. 작품의 내용을 꼼꼼히 살피고, SNS 등을 통한 구전에도 민감하다.

둘째, 관객들의 눈높이가 높아졌다. 이제는 인기 스타가 출연한다고 그 작품을 선호하지 않는다. 아무리 유명한 스타가 출연하더라도 좋은 공연과 나쁜 공연을 구분해서 볼 수 있는 눈이 생겼다. 그동안 너무 많이 속아온 탓도 있다. 스타가 나온다고 해서 갔더니 공연이 엉망이었던 경험이 누적된 것이다.

셋째, 구전의 막강한 발전이다. 옛날에는 작품을 보고 마음에 들지 않아도 주변 몇몇 사람에게만 그 사실을 알릴 수 있었다. 지금은 어떤가. 브로드웨이 관객의 불만도 실시간으로 볼 수 있다. 허위과장 광고가 먹히지 않는 시대가 된 것이다. 홍보를 잘해서 소문난 잔치를 만들어봐야 먹을 게 없다는 소문이 더 빠르게 퍼진다. 공연 전에 엄청난 예매율을 보이다가 오픈 이후 뚝뚝 떨어지는 경우가 허다하다.

관객들에게 주는 정보는 일단 솔직해야 한다. 홍보 전략을 세우다 보면 광고 문안을 살짝만 과장해도 훨씬 더 많은 관객들이 올 것 같은 유혹을 느낀다. 이 유혹에서 완전히 벗어나 있는 프로덕션이 있을까 싶다. 우리도 2011년 〈피아프〉 재공연 때 솔직하지 못한 정보를 줄 뻔했다. 〈피아프〉를 뮤지컬로 포장해 홍보하자는 의견이 나온 것이다. 최정원이 주연을 맡았고 노래도 20곡이나 나온다. 일본에서도 뮤지컬이라고 했다는 말은 정말 솔깃했다. 갑론을박하나가 난순한 사실에서 납을 찾았다. 우리가 런던에서 가져올 때 연극으로 가져왔고, 그래서 초연도 연극으로 했었다.

"정직하게 연극으로 가자."

이런 상상을 해본다. 만약 최정원이 아닌, 이름은 널리 알려졌으나 배우로서는 삼류인 사람이 주연이었다면 어땠을까? 피아프는 밑바닥에 있는 감정까지 쥐어짜야 하는 배역이다. 그 감정들을 받아낸 관객들도 공연이 끝나면 진이 빠지는데 연기하는 배우는 오죽할까. 최정원 같은 배우가 〈맘마미아!〉 3개월 하는 것보다 〈피아프〉 열흘 하는 게 더 힘들었다고 할 정도다. 그런데 그런 역할을 최정원 같은 일류 배우가 아니라 삼류가 한다? '작은 참새' 피아프의 삶은 공감을 일으키지 못했을 것이다. 피아프의 삶을 알았던 관객이라면 배출되지 못한 정서 때문에 찜찜했을 것이다. 일류 배우를 썼더라도 작품 자체가 나빴다면 또 어땠을까? 음… 상상만으로도 진땀이 난다.

조금 과장해서 홍보하면 좀 더 많은 관객을 불러올 수 있는 작품이 있다. 또, 과장해야만 관객을 모을 수 있는 작품도 있다. 홍보가 중요한 시대여서 약간의 과장은 어쩔 수 없는 측면이 있지만, 반드시 과장해야만 하는 작품이라면 서글프다. 이제는 별 효과도 없다. 그렇다면 답은 하나밖에 없다. 자신 있는 작품을 내놔야 한다. 그래야 작품에 대한 솔직하고 정확한 정보를 줄 수 있다. 작품에 대한 자신감이 홍보의 전제라는 것이다. 관객들은 좋은 작품에 지갑을 열지 아무 작품에나 자신의 소중한 돈을 낭비하지 않는다. 경기가 어려울수록 더할 것이다. 또, 나쁜 작품에는 지갑을 열지 않지만, 좋은 작품이라고 해서 무조건 보러 오지도 않는다. 그래서 홍보가 필요하다. 좋은 작품을 좀 더 많은 사람들에게 보여주기 위해서 말이다.

같은 말이지만 컴퍼니에 대한 신뢰도 중요하다. 이 컴퍼니는 절대로 허투루 작품을 만들지 않는다, 이 시대가 요구하고 우리 관객들이 보고 싶은 이야기를 무대에서 구현한다, 내 취향은 아닐지언정 작품성은 담보되어 있다, 기본 이상은 하니까 내 취향에 맞는 작품인지만 보면 된다, 하는 신뢰 말이다. 이런 신뢰를 쌓기 위해 좋은 작품을 만들어야 하고, 좋은 작품을 만들다 보면 이런 신뢰가 쌓인다. '뮤지컬을 한 편 보고 싶은데 요즘 이 컴퍼니에서는 무슨 작품을 하고 있지?' 하며 찾아오는 충성도 높은 관객을 확보해야 한다.

우리 관객부터 사로잡아라

간혹 "이 작품으로 세계시장에 진출하겠다"라는 인터뷰를 보곤 한다. 그렇게 하면 한국 관객의 관심을 끌어 흥행에 도움은 되겠지만, 그들의 말이 그대로 실현된 예는 극히 드물다. 욕심내서 열심히 만들었다는 건 알겠지만, 세계시장이 그렇게 만만하지 않다는 것을 깨달아야 한다.

하나의 작품이 탄생하기까지의 과정을 역으로 추적해보자. 어떤 주제, 어떤 이야기에 감동한 작가가 작품을 쓴다. 그다음에는 프로듀서가 그 작품을 보고 감동한다. 그다음은 연출이 감동하고 그다음은 배우가 감동해야 한다. 스태프가 작품을 만드는 과정에서 감동하고 마침내 관객이 감동한다. 그 감동이 국경을 넘었을 때 글로벌한 작품이 탄생하는 것이지 처음부터 세계인을 감동시키는 작품은 없다.

작품을 글로벌화 한다는 것이 세계인의 입맛에 맞춰야 한다는 뜻은 아니다. 처음부터 세계인을 만족시키겠다는 발상으로 시작하면 어느 누구도 만족시키지 못하는 작품이 되어버린다. 나 스스로 이런 실패를 경험해봤기에 자신 있게 이야기하는 것이다. 〈댄싱 섀도우〉는 시작부터 해외 유명 아티스트들과 함께한 작품이다. 영어권 뮤지컬 시장에 진출하기 위해 워크숍도 런던에서 진행했다. 당시에는 영어권뿐 아니라 아시아 뮤지컬 시장에 대한 전략도 세우고 있었다. 그러다 보니 보편성이 강조되면서 원작이 가지고 있는 한국적인 정서가 희석되어버렸다. 세계를 감동시키려다 한국 관객도 감동시키지 못한 결과를 낳은 것이다.

소박하게 시작한 꿈이 큰 꿈이 되듯이, 우선은 우리나라 사람이 공감하고 감동하고 즐거워하는 작품을 만들어야 한다. 그런 다음에야 해외에 나가고 라이선스를 수출할 수도 있는 것이다. 처음부터 이 작품은 해외에 진출해야겠다고 하는 건 그 사람의 생각이고 욕심일 뿐이다. 우리 관객이 공감하지 않으면 다른 나라 관객도 공감하지 않는다.

앞에 말하였듯이 고선웅은 내가 아끼고 좋아하는 연출가다. 희곡도 쓰고 연출도 하는 그는 묵직한 주제를 기발하고 독특한 상상력으로 풀어내고 있다. 5 · 18을 〈푸르른 날에〉라는 신파극으로, 맥베드를 〈칼로막베스〉라는 '스타일리쉬 무협 액션극'으로 담아내는 그의 과감한 상상력은 파격적이되 억지스럽지 않고 재미있되 가볍지 않다. 관객과 타협하지 않고 그들과 승부하면서 자기 갈 길을 간다. 자기만의 확실한 색깔이 있고, 기막힌 이야기를 기막히게 풀어낸다.

이런 점 때문에 내가 고선웅을 좋아한다. 가장 전통적이라 할 수 있는 소설 『아리랑』을 뮤지컬로 만들면서 가장 파격적이라고 할 수 있는 연출가에게 맡긴 것도 이런 이유에서다. 전통적인 것을 전통적으로 풀어내면 그 따분함을 어떻게 할 수 없기 때문이다.

아직 젊다는 점에서 그에 대한 내 기대, 연극계의 기대가 크다. 벌써 '고선웅식 연출 문법'이라는 평가를 듣는다. 신인의 재치가 아니라 여러 작품에서 내공을 보여줬기에 섣부른 기대는 아니다. 기대가 되는 연출가이자 든든한 후배다.

여기저기서 칭찬을 받는 고선웅에게 내 칭찬까지 보탤 필요는 없다. 내가 말하고자 하는 것은 고선웅처럼 파격적인 상상력을 파격적으로 시도하는 가슴 뛰는 젊은 예술가가 아직까지는 적다는 것이다. 혁신적인 젊은 예술가를 더 많이 만나고 싶다. 훌륭한 창작 콘텐츠를 만들겠다는 예술가들과 독창적인 컴퍼니를 이끌겠다는 예술경영가들이 다양한 작품을 만들어내고 있고 그것이 위안을 주지만 젊은 예술가들의 다수는 대중들의 입맛에 맞춘 로맨틱 코미디나 쇼적이고 오락적인 작품을 만드는 데 급급한 실정이다.

불과 20년 전인 1990년대 중반까지 우리 뮤지컬의 수준을 되돌아보자. 라이선스 계약도 없이 외국에서 몰래 가져온 작품을 올렸다. 출연도 하지 않는 다른 배우의 소리를 틀어놓고 입모양만 뻥긋거리는 공연을 했다. 그래도 관객은 불평하지 않았다. 뮤지컬이라는 장르가 생소했기에 으레 그런 거라 생각했기 때문이었다.

지금은 어떤가? 수준 높은 명품 뮤지컬에 길들여진 관객들은 웬만한 작품은 뮤지컬로 생각조차 하지 않는다. 그런데도 현실은 웬만하거나 그보다 못한 창작 뮤지컬이 다수를 이루고 있다. 이대로 간다면 미래의 한국 뮤지컬은 어떻게 될까? 생각만 해도 암담해진다.

왜 대한민국에서는 우리 색깔에 맞는 작품으로 우리 관객을 감동시키는 창작 콘텐츠가 나오지 않는 것일까? 우리 국민 정서에 맞는 수작들은 언제쯤 쏟아져 나올까? 스토리텔링을 만들고 공연예술계를 이끌어갈 우리 예술계의 젊은 지도자는 언제쯤 나올 것인가?

지금 대한민국은 혁신적인 젊은 예술가들이 우후죽순으로 나타나주기를 애타게 기다리고 있다. 문화강국의 꿈을 이루기 위해서는 스토리 대한민국을 만들어야 한다. 우리 민족에게는 발굴 가능한 스토리가 무궁무진하다. 그 스토리의 보고가 그냥 잠들어 있다. 옛것이라고 다 고리타분한 것은 아니다. 거기에 파격적인 상상력의 옷을 입힐 수 있다면 온 국민들에게 감동을 주는 문화 콘텐츠가 될 수 있다.

에필로그

비틀거린 발자취나마

김진, N_either 13z10, 90.9x72.7cm, oil on linen, 2013

우리 1세대 프로듀서들은 프로듀서의 개념조차 없던
이 땅에서 역할과 위상을 맨몸으로 직접 만들어왔다.
젊었을 때는 그저 헤쳐 나오기 바빠서 몰랐는데
지금에 와서 보니 우리가 고군분투했던 현장들이
프로듀서의 영역이 되어 있다.

비틀거린 발자취나마

프로듀서로 살아오면서 참 많은 상을 받았다. '분에 넘치는 상'이라는 등의 겸손은 생략하겠다. 감히 겸손하지 않아도 될 것 같기 때문이다. 자랑스럽고 뻔뻔하게 지금껏 내가 받은 상들을 나열해보면 '한국뮤지컬대상 프로듀서상', '오늘의 젊은예술가상(문화관광부 장관상)', '대한민국 국회대상(대중미디어부문)' 2회, '대한민국 문화예술상(대통령상)', '옥관문화훈장', '이해랑연극상' 등이 있다. 작품으로 받은 상은 모두의 것이므로 생략했다.

나는 독자들이 '문예인 해외연수 지원', '옥관문화훈장', '이해랑연극상'에 주목해주었으면 한다. 문예인 해외연수 지원은 상은 아니지만 내 연극 인생에 큰 전환점이 되었다. 1981년부터 1999년까지 시행되었는데 연극, 전통, 무용, 음악 등 순수예술 각 분야에서 한 명씩 뽑아 6개월 동안 정부에서 해외연수를 보내주는 인재양성 프로그램이다. 대상자의 나이가 마흔 이전이어야 한다는 기준이 있는데 발전 가능성에 투자한다는 의미였던 것 같다. 실제로 이 혜택을 받은 많은 분들이 대한민국 문화예술계의 중심에서 많은 공헌을 했고 지금도 하고 있다. 연수자로 선정된 덕분에 뉴욕에서 연극과 뮤지컬을 실컷 볼 기회가 생겼다. 문화훈장은 "문화예술 발전에 공을 세워 국민문화 향상과 국가발전에 기여한 공적이 뚜렷한 자에게 수여하는 훈장"이라고 한다. 40대에 이 상을 받은 사람이 많지 않은 것으로 안다. 그리고 이해랑연극상. 이것으로 받을 수 있는 상은 거의 다 받아버렸다.

흥미로운 점은 이 모두가 프로듀서로서는 처음이라는 것이다. 특히 이해랑연극상은 1991년 제정된 이래 프로듀서는 단 한 번도 수상하지 않았다. 23회가 이어지는 동안 배우, 연출가, 극작가, 무대미술가, 연극단체 등이 받았을 뿐 프로듀서는 몇 년 전 내가 후보가 되었던 것이 전부였다. 프로듀서는 무대예술을 하는 연극인이 아니라 공연계의 사무직 혹은 사업가였던 것이다.

상을 받는다는 건 기분 좋은 일이다. 나는 지금껏 내가 받아온 상을 프로듀서로서 새로운 문화를 만들어왔다는 데 대한 보상이면서 도덕적으로도 큰 흠이 없다는 인정으로 받아들인다. 앞으로 더 잘하라는 격려의 의미도 있을 것이다. 이런 의미를 기꺼이 받아들이면서도 한편으로는 무겁다.

상은 과거에 대한 인정이면서 동시에 미래에 대한 족쇄다. 이해랑연극상을 보자. 수상자로 선정된 후 나는 농담처럼 말했다. 이제 꼼짝없이 돈 안 되는 연극을 계속해야 하는 팔자가 되어버렸다고. 내가 연극을 제작하지 않으면 사람들이 '먹튀'라고 손가락질하지 않겠느냐고. 프로듀서로서 처음 받는 것이니 더욱 그렇다. 이해랑연극상 심사위원회는 "기획 · 제작 분야가 취약했던 우리 연극계에서 박명성은 전문 프로듀서로서 커다란 역할을 해왔다. 또한 예술성 높은 작품들을 만들어 한국 연극에 역동성을 불어넣고 조타수 역할을 한 전문 프로듀서로서 이해랑연극상 수상자로 손색이 없다"라고 선정 이유를 밝혔다. 이런 이유로 이해랑연극상을 처음으로 받은 프로듀서가 연극 발전에 도움이 되는 모습을 보여야지 그렇지 않으면 '장사꾼에 불과한 자에게 귀한 상을 낭비했다'고 할 것이다. 그러면 후배 프로듀서들은 이 상을 받기 어렵게 된다. 민폐다.

상은 수상자뿐 아니라 비수상자를 향하고 있기도 하다. 어떻게 보면 이 의미가 더 큰 것 같기도 하다. 후배 프로듀서들을 만나면 종종 이런 이야기를 듣는다.

"정말 형님 덕분에 자부심을 느껴요. 형님이 프로듀서의 위상을 높여주고 우리 일 자체의 퀄리티를 높여준 데 대해서 정말 고맙게 생각해요."

꼭 상을 받기 위해 하는 건 아니지만 열심히 하면 수상의 영광을 안을 수도 있다는 것은 비수상자를 포함한 미래 세대들에게 자극제가 된다. 20대의 누군가는, 최소한 한 사람쯤은 '프로듀서 박명성'을 보면서 자신의 미래를 꿈꾸고 있을 것이다. 그래서 더 무거워진다. 내가 문예인 해외연수 지원에 선정된 이후 몇몇 후배 프로듀서들이 같은 혜택을 받고 연수를 다녀왔다. 시간이 지나면 문화훈장을 받는 프로듀서가 또 나올 것이고, 이해랑연극상을 받는 프로듀서도 나올 것이다. 개중에 누군가는 상의 기대를 저버리고 다른 길로 갈지 모른다. 수상자가 많을수록 비난의 강도는 약해질 것이다. 그런데 첫 수상자는 다르다. '최초'라는 것은 언제나 사람들의 주목을 받을 수밖에 없다. 그래서 '감히' 겸손하지 않은 것이다. 수상의 기쁨보다는 그 책임감이 훨씬 길기 때문에, 그것을 무겁게 느끼고 있기 때문이다.

그리고 프로듀서로서의 첫 수상이라는 것이 나만의 영광은 아니다. '이러저러한 행보를 보이고 있는 박명성이라면 이 상을 받기에 충분하다'라는 것도 있지만 '오늘날 프로듀서의 위상과 역할을 볼 때 그들도 이 상을 받아도 되겠다'라는 것도 있다. 내가 너무 잘해서 받은 게 아니라 시대가 만들어준 상이라는 뜻이다.

우리 1세대 프로듀서들은 프로듀서라는 개념조차 없던 이 땅에서 프로듀서의 역할과 위상을 맨몸으로 직접 만들어왔다. 우리의 활동 범위가 곧 프로듀서의 역할이 되었다. 젊었을 때는 그저 헤쳐 나오기 바빠서 몰랐는데 지금에 와서 보니 우리가 고군분투했던 현장들이 프로듀서의 영역이 되어 있다. 어떻게 될지 장담할 수는 없지만 앞으로 프로듀서의 영역은 더 넓어질 것이고 1세대 프로듀서들의 행보가 큰 영향을 미칠 것이다.

언제였더라, 강부자 선생이 어떤 시상식에서 백범의 말을 인용하신 것이 기억난다.

"눈길을 걸어갈 때 어지럽게 걷지 마라. 오늘 내가 걸어간 길이 훗날 다른 사람의 이정표가 될 것이다."

나는 어지럽게 걷지 않았던가? 이정표라고 자신할 수 있는 걸음도 보이지만 그렇지 않은 걸음도 많다. 종종 비틀거린 발자국이 보인다. 짧으나마 주저앉았던 자국도 보인다. 다른 사람은 몰라도 내 눈에는 보인다. 부디 타산지석으로 삼아주기를 바랄 뿐이다.

이해랑연극상은 심사위원들이 수상자 선정 이유를 상패로 만들어 주는 특별한 전통이 있다. 임영웅 심사위원장으로부터 상패를 받는 모습.

2001년, 오늘의 젊은예술가상 수상

2010년, 대한민국 문화예술상 수상

2012년, 옥관문화훈장 수훈

2014년, 프로듀서로는 최초로 이해랑연극상을 수상하였다.

나는 최초의 프로듀서 수상자이지만 앞으로 또 다른 프로듀서가 이 상을 받게 될 것이다.

나의 소중한 가족들, 고된 날도 기쁜 날도 언제나 함께이다.

추천의 글

험한 길 마다 않는 한국 뮤지컬의 프런티어

뮤지컬평론가 박용재

그는 배우였다. 그런데 극단 신시의 고(故) 김상열 선생으로부터 "배우는 글렀으니 기획 일을 해보라"는 권유에 기획자로 변신했다. 그는 김상열 선생에게 감사해야 한다. 아니 어쩌면 우리 공연계 역시 김상열 선생에게 큰 절을 올려야 할지도 모르겠다. 그를 배우에서 기획자로 변신하게 하고, 박명성을 한국의 대표적인 공연기획자이자 뮤지컬 프로듀서로 우뚝 서게 했으니까 말이다.

박명성은 1987년 신시 창단 멤버로 시작해 1999년 대표가 된 이후 연극기획자, 뮤지컬 제작자, 대학 교수, 굵직굵직한 이벤트의 총감독까지 그야말로 다방면에서 우리 공연계와 축제 이벤트 현장에 있었다. 그는 연극기획자로서 아무나 엄두를 못 내는 공연들을 선보였다. 대극장 연극이 소멸 상태인 연극계에 차범석 선생의 〈산불〉을 국립극장 대극장에 올려 화제가 됐다. 또 국립극장 무대를 객석으로 만든 파격적인 형식에, 평균 나이 60세가 넘는, 세계 공연 사상 최고령 연기자들이 출연한 셰익스피어 연극 〈햄릿〉을 올려 큰 반향을 불러 일으켰다. 그만큼 그는 대범했다. 그는 '세상에 없는 무대'를 만들어서 관객들과 만나고 싶어 했다. 남들이 엄두를 못 내는, 가고는 싶지만 실제 실행하기 어려운 길을 만들어낸 것이다.

뮤지컬 제작자로서는 국내 처음으로 정식 라이선스 계약을 한 〈더 라이프〉를 비롯하여 〈맘마미아!〉, 〈아이다〉, 〈시카고〉, 〈고스트〉, 〈빌리 엘리어트〉, 〈마틸다〉 등을 통해 배우와 스태프 발굴과 뮤지컬 대중화에 밑거름을 쌓았다. 1990년대 중반 뮤지컬 〈갬블러〉로 국내 최초 일본 투어 공연을 했으며, 〈댄싱 섀도우〉, 〈아리랑〉 등 대형 창작 뮤지컬을 무대에 올리는 뚝심을 보여줬다. 뿐만 아니라 대학교 뮤지컬학과 교수가 되어 후학을 양성하는 데 정열을 쏟기도 하고, 광주 하계유니버시아드대회 등 각종 축제 이벤트에서 총감독을 맡아 성공적으로 행사를 이끌기도 했다.

그는 풍부한 현장 경험으로 선 굵은 작품의 프로듀서로 활동하면서 명품 콘텐츠 유통과 새로운 콘텐츠 개발을 동시에 이루어냈으며, 이로써 한국 공연계에 큰 기여와 역할을 했다. 박명성 그는, 공연을 통한 우리 시대의 희망의 메신저이자 공연 제작의 첨단병이다.

올해로 신시컴퍼니가 창단 30주년을 맞았다. 창단 이후 쉬지 않고 지속적으로 공연을 올린 것은 국내 뮤지컬 컴퍼니 역사상 단연 독보적이다. 공연 현장에 있지 않으면 몸이 근질근질하다는 박명성이 앞으로 또 무슨 일을 저지를지 사뭇 기대된다.

1963년 전남 해남 출생
1981년 광주 서석고등학교 졸업
1985년 서울예술대학 무용과 졸업
2003년 단국대학교 연극영화과 졸업
2008년 단국대학교 대중예술대학원 석사
1999년 ㈜신시컴퍼니 대표(~2010년)
2001년 오늘의 젊은예술가상(문화관광부 장관상)
2002년 한국뮤지컬대상 특별상
2004년 한국뮤지컬대상 프로듀서상
2004년 대한민국 국회대상(대중미디어부문)
2004년 한국공연프로듀서협회 초대회장(~2006년)
2007년 대한민국 국회대상(대중미디어부문)
2007년 대한민국 경제문화대상
2007년 한국공연프로듀서협회 올해의 프로듀서상
2007년 한국뮤지컬대상 최우수작품상(〈댄싱 섀도우〉)
2007년 서울연극협회회장(~2009년)
2008년 한국뮤지컬대상 베스트 외국뮤지컬대상(〈헤어스프레이〉)
2009년 한일연극교류협의회 회장(~2010년)
2009년 『뮤지컬 드림』 출간
2010년 대한민국 문화예술상(대통령상)
2011년 ㈜신시컴퍼니 예술감독(~2016년)
2011년 명지대학교 뮤지컬학과 전임부교수(~2016년)
2011년 더 뮤지컬어워즈 베스트 리바이벌상(〈아이다〉)
2012년 한국예술문화단체총연합회 대한민국 예술문화대상
2012년 옥관문화훈장 수훈
2012년 『세상에 없는 무대를 만들다』 출간
2014년 제24회 이해랑연극상
2015년 (사)한국뮤지컬협회 제6대 이사장
2015년 하계유니버시아드(광주) 개 · 폐회식 총감독
2016년 『이럴 줄 알았다』 출간
2017년 FIFA U-20 월드컵 개막식 총감독
2017년 ㈜신시컴퍼니 프로듀서
2018년 예그린뮤지컬어워드 대상(신시컴퍼니 30주년)
2018년 예그린뮤지컬어워드 베스트외국뮤지컬상(〈마틸다〉)

연극 작품

더 플레이 댓 고우즈 롱 / 햄릿 / 렛미인 / 아버지와 나와 홍매와
니 부모 얼굴이 보고 싶다 / 흑인 창녀의 고백 / 레드 / 산불
푸르른 날에 / 33개의 변주곡 / 대학살의 신 / 엄마를 부탁해
가을소나타 / 피아프 / 피카소의 여인들 / 침향

뮤지컬 작품

마틸다 / 빌리 엘리어트 / 에어포트 베이비 / 원스 내한공연
아리랑 / 원스 / 맘마미아! 내한공연 / 고스트 / 미남이시네요
엄마를 부탁해 / 베로나의 두 신사 / 퀴즈쇼 / 지나돈트
박정자의 19 그리고 80 / 헤어스프레이 / 댄싱 섀도우
까미유끌로델 / 아이다 / 뱃보이 / 더씽어바웃맨 / 노틀담의 꼽추
블러드 브라더스 / 캬바레 내한공연 / 맘마미아! / 시카고 내한공연
라스트 파이브 이어스 / 유린타운 / 캬바레 / 틱, 틱… 붐!
럭키루비 / 키스미, 케이트 / 시카고 / 로마의 휴일 / 듀엣 / 렌트
사운드 오브 뮤직 / 갬블러 / 더 라이프

프로필 얼굴 그림 **한홍수**
프랑스 베르사유 미술학교 수학. 2016년 중국 출신 세계적인 조각가 왕두와 함께 파리에서 유네스코 창립 70주년 '제3의현실' 기념전 개최. 현재 프랑스에서 활동하고 있다.

본문 그림 **김진**
대구대학교 현대미술과 부교수. 국내외 개인전 16회와 다수의 그룹전 개최.
강렬한 붓질과 색감으로 주변의 공간을 자신의 관점으로 재해석하여 그리는 서양화가다.

드림 프로듀서

초판 발행
2019년 1월 15일

지은이
박명성

펴낸이
김정순

책임편집
오세은

편집
박유진(렛잇플로우)

표지 디자인
박재범

본문 디자인
윤태원(From11F), 이수진, 문혜정(렛잇플로우)

마케팅
김보미 임정진 전선경

펴낸곳
(주)북하우스 퍼블리셔스

출판 등록
1997년 9월 23일 제406-2003-055호

주소
04043 서울특별시 마포구 양화로 12길 16-9
www.bookhouse.co.kr

전자우편
editor@bookhouse.co.kr

전화번호
02-3144-3123

이 도서의 국립중앙도서관 출판예정도서목록(CIP)은 서지정보유통지원시스템 홈페이지(http://seoji.nl.go.kr)와 국가자료공동목록시스템(http://www.nl.go.kr/kolisnet)에서 이용하실 수 있습니다.
(CIP제어번호: CIP2018039018)

ISBN 978-89-5605-947-1 03680